国 防 大 学 政 治 学 院
学科基础理论学术专著资助项目

国际战争合法性研究
基于国际政治社会学视角

朱同银◎著

时 事 出 版 社
北 京

图书在版编目（CIP）数据

国际战争合法性研究：基于国际政治社会学视角／朱同银著.
—北京：时事出版社，2022.7
ISBN 978-7-5195-0494-6

Ⅰ.①国…　Ⅱ.①朱…　Ⅲ.①战争法—研究　Ⅳ.①D995

中国版本图书馆 CIP 数据核字（2022）第 097165 号

出版发行：时事出版社
地　　址：北京市海淀区彰化路 138 号西荣阁 B 座 G2 层
邮　　编：100097
发行热线：（010）88869831　88869832
传　　真：（010）88869875
电子邮箱：shishichubanshe@ sina. com
网　　址：www. shishishe. com
印　　刷：北京良义印刷科技有限公司

开本：787×1092　1/16　印张：17　字数：270 千字
2022 年 7 月第 1 版　2022 年 7 月第 1 次印刷
定价：104.00 元

引　　言

学科专业是现代教育体系的核心支柱，学科专业建设是院校教育的基础和支撑，是院校办学水平的重要标志。没有一流的学科，就培养不出一流的人才。习近平总书记指出，学科专业建设是院校改革创新关键所在，要摆在突出位置紧抓不放。贯彻落实习近平总书记指示精神，适应新时代国防和军队建设发展、备战打仗对新型军事人才培养的新要求，迫切需要聚力构建新时代军事教育学科专业体系，更好实现军事人才培养供给侧同未来战场需求侧的精准对接。

万丈高楼平地起。军事理论创新所取得的每一次重大推进和突破，都要求或伴随着基础理论的变迁与跃进。为推进学院基础理论研究，力争学科专业基础理论研究有所突破，军事理论创新能力有所提升，更好地为学科建设、人才培养和重大现实问题研究提供理论支撑，学院组织开展了“学科基础理论学术专著扶持建设计划”，资助军事理论和人文社会科学等领域的优秀成果，并委托军内外出版社支持出版。

这是一个需要理论而且一定能够产生理论的时代，这是一个需要思想而且一定能够产生思想的时代。时代呼唤伟大的学术，呼唤独立的和拒绝盲从的知识界，基础理论学科必须承担起重任与使命——远离浮躁庸浅，通过艰辛卓绝的努力迎来学术上的繁花盛开。我们希望通过这样一种形式，一方面促进学院的学科建设和人才培养，同时为繁荣国家和军队的科学理论研究贡献微薄之力，使之成为展现学术繁荣的窗口、促进学术交流的平台、扶掖学术新人的摇篮。创新难免瑕疵，碰撞产生火花。学术专著的出版也蕴含着成果作者的热切期盼，渴望各方专家不吝赐教。

国防大学政治学院

序

就在本书杀青之际，俄罗斯与乌克兰之间硝烟骤起。2022 年 2 月 24 日，普京宣布旨在“保卫八年间饱受基辅当局欺侮和种族灭绝之痛的人民”，“决定在顿巴斯地区发起特别军事行动”。[①] 一时间，世界为之屏息凝神……

暴力有时是欲望的赤裸裸膨胀与放纵，有时是图穷匕现式的歇斯底里，有时则是“恶”的“历史的杠杆”和“历史的动力”[②]，成为“社会运动借以为自己开辟道路并摧毁僵化的垂死的政治形式的工具”[③]。

但是，“人们是自己的观念、思想等等的生产者”，也必然“受自己的生产力和与之相适应的交往的一定发展——直到交往的最遥远的形态——所制约”。[④] 威斯特伐利亚体系诞生以来，一方面，国家使得战争目的性更强，力量更集中，规模和领域空前扩展；另一方面，随着国际社会交往日益加深，特别是全球化日益演进，国际共享价值与国际组织、制度和法规不断孕育繁衍，战争变得越来越“驯化”和依法循规。冲破一切义绳律索、恣意妄为的战争，在国际社会已逐渐失去空间。战争合法性与合法性战争的脉搏日益清晰、强劲，这是国际政治文明在理念价值、国际规制和

---

① 《俄罗斯对乌克兰发起军事行动》，《新华每日电讯》，2022 年 2 月 25 日，第 8 版。

② 马克思、恩格斯曾写道：“到目前为止，暴力、战争、掠夺、抢劫等等被看作是历史的动力。”参见［德］马克思、恩格斯著，中共中央马克思恩格斯列宁斯大林著作编译局译：《德意志意识形态》，《马克思恩格斯文集（第 1 卷）》，人民出版社 2009 年版，第 577 页。

③ ［德］恩格斯：《反杜林论》，《马克思恩格斯选集（第 3 卷）》，人民出版社 1995 年版，第 527 页。

④ ［德］马克思、恩格斯著，中共中央马克思恩格斯列宁斯大林著作编译局译：《德意志意识形态》，《马克思恩格斯文集（第 1 卷）》，人民出版社 2009 年版，第 524—525 页。

社会赞同等维度发育发展的必然结果。

每一种养育和平的重大因素也能养育战争。和平条件下研究战争合法性与合法性战争，是因为和平如宁静的夜空值得守望，但随时会被子弹呼啸的尖叫所划破。魔高一尺，道高一丈。非合法性战争还存在多久，合法性战争佑护人类的路途就有多远。过于乐观的和平主义，其实是一支自制自用的麻醉剂。即使是一场胜负决绝、奠定世界格局的战争也不可能有永久的影响，因为胜利总是一项容易损耗的资产，和平的变迁将使一切面目全非。

基于此，本书以国际政治社会学为视角，按“国际战争合法性是什么—源泉基础在哪里—如何考量评判—怎样指导现实实践”这样一个逻辑链路，通过深入的理论研究，对海湾战争、阿富汗战争、伊拉克战争等案例的检验分析，以及对现实问题的探讨后认为：第一，国际战争合法性具有区别于国内政治合法性的鲜明特点，对于战争胜利、国家软实力增强和维护国际社会和平发展具有重要作用。第二，理念价值、国际规制和协商赞同三大基础是国际战争合法性的源泉。以理念价值为基础的战争，往往依据“适当性逻辑”，遵循和维护国际共有价值或国际规制内在的意识形态，将社会建构作为动力，追求的是道义、信念和认同，具有价值合法性。而以国际规制、协商赞同为基础的战争，往往依据“预期结果逻辑”，按照成本—收益原则进行决策评估，把理性选择作为动力，出于降低战争成本、增大收益目的来决策，故更趋于工具合法性。价值合法性与工具合法性既会相融契合，也会龃龉难调，从而形成程度不同的合法性状况。第三，合法性丧失、合法性缺乏、合法性欠足、合法性充足是依据战争合法性基础权力特性表现而划分的合法性考量评判等级，与前面的合法性“三个基础”论述共同构成战争合法性“三基四级”理论。第四，正义战争、依法战争、多边战争等，都有不同程度的合法性，但它们之间存在的“合法性梯度”“合法性冲突”等问题有待进一步认识或克服。第五，软实力是硬实力的社会化效应，合法性战争和多边军事行动富含软实力因素，当国家面对合法性战争机遇逼迫时，以战争合法性理论为指导，辩证把握合法性战争机遇，也许是不得已的最后最佳选择。

总之，在全球化浪潮涌动的今天，战争的形式、特征日趋多样化，传统的与非传统的、公开的与隐性的并存，规模巨大的与零星碎微的、暴烈彻底的与低度干预的、概率毁伤的与精确斩杀的同在，但是，只要战争产生的根源——阶级与私有制——没有消亡，统一于劳动之上、和平原则之下的“新社会”尚未完全诞生①，战争就不会寿终命绝，本质亦未就此彻底改变。因此，对战争合法性的思考仍不能停止，对合法性战争的需要有时也无法替补，因为正义、法律和国际社会最深厚之伟力，从来不会向邪恶低下高贵的头颅。

朱同银

2022 年 2 月 26 日

于上海

① 马克思在评价普法战争时英国工人阶级向法国工人和德国工人伸出了友谊的手时说，他们深信，“全世界工人的联合终究会根绝一切战争”，并申而论道：“同那个经济贫困和政治昏聩的旧社会相对立，正在诞生一个新社会，而这个新社会的国际原则将是和平，因为每一个民族都将有同一个统治者——劳动!”参见［德］马克思、恩格斯著，中共中央马克思恩格斯列宁斯大林著作编译局译：《国际工人协会总委员会关于普法战争的第一篇宣言》，《马克思恩格斯文集（第 3 卷）》，人民出版社 2009 年版，第 117 页。

目　录
CONTENTS

第一章　绪　　论

战争比和平发达得早。

——［德］马克思[1]

现实战争并不像战争的概念所规定的那样是一种趋向极端的努力，而是一种本身有矛盾的不彻底的东西，必须把它看做是另一个整体的一部分，而这个整体就是政治。战争无非是政治通过另一种手段的继续。

——［德］克劳塞维茨[2]

“一切文明都免不了经历战争。”[3]“战争是政治单位所进行的、相互之间的有组织的暴力行为。”[4]威斯特伐利亚体系诞生以来，现代国家不断成长壮大，国家成为战争的合法垄断者。从此，一方面，国家使得战争的目的性更加明确，力量更加集中，规模也扩大到无以复加的地步；另一方面，国际社会交往的日益深入，国际共享的理念价值与国际组织、制度和

---

① ［德］马克思：《〈政治经济学批判〉导言》，《马克思恩格斯全集（第2卷）》，人民出版社1995年版，第27页。

② ［德］克劳塞维茨著，中国人民解放军军事科学院译：《战争论（第三卷）》，解放军出版社2005年版，第946页；［德］克劳塞维茨著，中国人民解放军军事科学院译：《战争论（第一卷）》，解放军出版社2005年版，第26页。

③ ［美］斯坦利·霍夫曼著，林伟成等译：《当代国际关系理论》，中国社会科学出版社1990年版，第249页。

④ ［英］赫德利·布尔著，张小明译：《无政府社会——世界政治秩序研究》，世界知识出版社2003年版，第147页。

法规的不断孕育繁衍，使得纯粹的嗜血屠杀、横征暴敛式的战争已退出历史舞台，战争变得越来越“驯化”，它所承受的由政治、道德、法律和社会判断织成的合法性律令变得越来越清晰和繁密。特别是随着全球化的深入演进，国际社会得到不断发育，国际法规、制度也以空前的速度在创建、交织与延伸，战争的权利和行为越来越趋于依法化。正如赫德利·布尔在《无政府社会——世界政治秩序研究》中所言，“国际社会不得不限制国家介入战争的权利”，不仅“通过传统的战争法规等手段，对战争的方式加以限制”，还通过正义战争学说和诸如《联合国宪章》等法律工具，来限定国家借以合法地发动战争的理由或原因。① 可见，国际战争合法性已经成为现代国际社会发展和全球治理中日益凸显的议题和不可回避的问题。

察势者明，趋势者智。本书顺应国际社会的深刻演进和时代的变迁变革，着眼于推进世界和平与发展以及人类命运共同体构建，试图深化对国际战争合法性的认识和考量，强化对其规律的科学把握和理性运用。主要力求回答这样三个基本问题：

一是，什么是国际战争合法性？就是要揭示国际战争合法性的内涵，深入探讨国际社会中战争合法性的支撑基础，有没有一个或若干个在历史长河中沉淀形成的、历久弥新的“基石”，以托起战争合法性的“大厦”？只有做出这样的探讨，才能在纷繁复杂的世事中，透过现象看本质，抓住事物的根本和关键，把衡量国际战争合法性的核心因素、相对客观的尺度弄得比较清楚。

二是，怎样评判国际战争合法性？就是要探讨如何跳出用“是与否”的二元区分来衡量战争合法性，可否借鉴国际信用评价组织“标普”② 用不同的等级来评价一国信誉得失，或者借鉴气象预报用不同颜色代表不同天气状况以警示人们出行，从而用更具体的等级来分析、量化、评判国际

---

① ［英］赫德利·布尔著，张小明译：《无政府社会——世界政治秩序研究》，世界知识出版社 2003 年版，第 150 页。

② 即标准普尔，由亨利·瓦纳姆·普尔先生创立于 1860 年，是普尔出版公司和标准统计公司于 1941 年合并而成的世界权威金融分析机构，为全球资本市场提供独立的信用评级、风险评估等服务，总部位于美国纽约市。

战争的合法性程度。

三是，国际战争合法性评判的意义与启迪是什么？这也是探讨国际战争合法性的归宿点所在，重点探讨战争合法性对提升国家软实力①乃至构建人类命运共同体的重大意义和内在作用机理，以及对于作为坚持和平发展、致力于民族伟大复兴和人类美好未来建设的中国，在为维护国家主权、安全和领土完整而不得不进行防御自卫，或是在国际舞台发挥负责任大国作用而运用维和力量时，争取更加充足的合法性的启示。

第一节 研究的缘起

国际战争合法性问题，既是国际社会探讨的古老话题，更是当今时代讨论的重要问题；不仅是法学专业的重要议题，更是国际政治社会学中的不懈追问。在全球化深入发展的今天，以更为宏阔、宽广的视野研究国际战争合法性问题具有极其重要的理论和实践意义。

一、国际社会中的战争问题始终是国际关系研究的核心问题之一

创造和平，就不能不研究战争。在人类文明和社会变革的演进中，作为“政治通过另一种手段的继续”的战争，往往成为人类社会“一种通常

① “软实力”与“软权力”，一般都与英文“soft power”相对应，因它们的内涵与外延都很相近，在学界对二者常不做区别，进行混用，但也有的做具体的区别。做区别的人认为，“权力”是影响控制的能力，“实力”是内在的禀赋和素质；“软权力”是“软实力”发展壮大的必然结果，“软实力”是“软权力”存在的基础与依据。“软实力”多在政治语境中使用，而“软权力”则还可涉及到企业和个人。“软实力”主要包括以下内容：一是文化的吸引力和感染力，二是意识形态和政治价值观的吸引力，三是外交政策的道义和正当性，四是处理国家间关系时的亲和力，五是发展道路和制度模式的吸引力，六是对国际规范、国际标准和国际机制的导向、制定及控制能力，七是国际舆论对一个国家国际形象的认可程度。而“软权力”，按照约瑟夫·奈的观点，是一种“影响别人选择的能力，如有吸引力的文化、意识形态和制度”。由于二者产生的基础基本一致，而本书重在考察战争合法性对其产生的意义，故不做具体的区别，并遵从中国的语境，一般用“软实力”，但当在引文内和其他必需的时机，也用“软权力”。

的交往形式”,[①] 既产生着非常重要的作用，正如马克思曾写道的，“暴力是每一个孕育着新社会的旧社会的助产婆”,[②] 但也给人类社会带来深重灾难和无尽伤痛，列宁曾在分析当时所面临的帝国主义战争时指出：“战争把全人类带到了死亡的边缘”，“全世界正面临着一场大灾难”。[③] 数据显示，第一次世界大战，大约有6500万人参战，“夺去了2500万人的生命”;[④] 而第二次世界大战，卷入战争人口高达20亿以上，造成9000多万人伤亡。正如民谚所云：“战争一开始，地狱便打开”，“战争是死神的盛宴”。所以，无论是从构建国际秩序、维护国家利益，还是从捍卫和平、维护人权出发，国际战争问题始终是国际政治研究的核心问题之一。即使在未来相当长的人类历史内，战争仍然不会退出国际社会的历史舞台。一定程度上，忽视战争问题的国际关系理论是轻率的、不够成熟和完整的。和平与战争此起彼伏、隐显替行、相互交织，构成了“世界政治”这枚硬币相依相存的正面与反面，而容纳其中的政治、经济、文化和军事等力量、因素，却因全球或局部形势演变的失衡与再平衡，使得这枚硬币不断摆动甚至翻转，形成了人类战争与和平交替的历史。第一次世界大战把维也纳会议之后因大国均势政策而维持的所谓欧洲百年和平局面打得粉碎，在对战争灾难的反思中，理想主义理论应运而生；而第二次世界大战的爆发再一次击碎所有不切实际的幻想，同时期出版的爱德华·卡尔的《二十年危机（1919—1939)》成为国际关系理论研究重点从理想主义转向现实主义的先声，从而“第一次科学地论述了现代世界政治”[⑤]。倪世雄教授在梳理冲突论时指出，“长期以来，国际冲突一直被视为国际政治的一个核心问题。冲突论与利益论、权力论一起，被称作为国际关系理论（特别是

---

① ［德］马克思、恩格斯著，中共中央马克思恩格斯列宁斯大林著作编译局译：《德意志意识形态》,《马克思恩格斯文集（第1卷)》，人民出版社2009年版，第577页。

② ［德］马克思：《资本论（第一卷)》,《马克思恩格斯全集（第44卷)》，人民出版社2001年版，第861页。

③ ［苏］列宁：《俄国社会民主工党（布）第七次全国代表会议（四月代表会议）决议的引言》,《列宁全集（第29卷)》，人民出版社1985年版，第447—449页。

④ ［美］亨利·基辛格著，胡利平、林华、曹爱菊等译：《世界秩序》，中信出版集团2015年版，第95页。

⑤ Stanley Hoffmann, Janus and Minerva, “Essays in Theory and Practice of International Politics”, Westview Press, 1987, p. 5.

现实主义）的三个核心理论和研究方法”。[①] 而这一理论显然包含了战争问题，因为人类冲突的极限就是战争。和平的年代虽岁月静好，但并不意味着矛盾静止。和平有时只是脆弱的外表，暗流涌动才是最彻底的现实。随着矛盾与不和谐因素与日俱积，当压力超过了临界点，战争将决堤奔涌、席卷而来。可见，当国际社会的发展因国家间壁垒高筑而致改革之渠渐趋淤塞时，战争将成为“泄洪”的唯一闸门。对于人类社会而言，很多时候“和平兮战争之所伏，战争兮和平之所倚”。

二、战争合法性问题是国际社会发展特别是全球治理下必须关注的问题

全球化的过程，在一定意义上是人类走向单一社会的长时期、大规模的社会变迁过程，[②] 在这一过程中，“不同的国家集团被卷入这个历史变化进程的速度差异很大”，而且“可能它是急进与暂时倒退并存的一个长期过程”，[③] 包括政治、经济、文化、安全等在内的诸领域的国际社会中的矛盾将交织激荡，因而维护世界和平、推进全球治理中一个不可回避的重要议题就是如何看待和应对国际战争。因为一则，全球治理从主体上看是国家行为体与非国家行为体同行，从问题上看是安全问题与非安全问题并存，从手段上看是战争手段与非战争手段兼用的治理；再则，战争是政治体之间由于治理方面的重大分歧而发生的一种事实上的、大规模的、蓄意的武装冲突，其本质实际上是国际社会通过强权和武力实施的治理行为。[④] 全球治理面临着许多人类难以跨越的鸿沟，比如种族差异、文化隔阂、人类自身的缺陷（如不信任）、经济发展不平衡、宗教排斥等，不承认这些长期存在的现实，就会陷入理想主义的狂热或现实主义的悲观。[⑤] 所以，维护世界和平、

① 倪世雄等：《当代西方国际关系理论》，复旦大学出版社 2001 年版，第 269 页。

② 王逸舟：《全球化时代的国际安全》，上海人民出版社 1999 年版，第 3 页。

③ ［美］詹姆斯 · N. 罗西瑙主编，张胜军等译：《没有政府的治理》，江西人民出版社 2001 年版，第 66 页。

④ Michael Gelven，“War and Existence”，Pennsylvania State University Press，1994.

⑤ ［美］詹姆斯 · N. 罗西瑙主编，张胜军等译：《没有政府的治理》，江西人民出版社 2001 年版，“译者的话”，第 14 页。

推进全球治理并不意味着可以铸剑为犁，世界不再有硝烟；战争也并不一定意味着法度与秩序的倒退，不存在治理。现实可能是，战争会渐次发生，并不同程度地在一个不断发展的由清晰或隐含的理念价值与规制组成的框架下得到解决或释放。马克思曾写道："在真正的历史上，暴力起着巨大的作用"，"但是在温和的政治经济学中，从来就是田园诗占统治地位"。[①] 全球治理中，战争可能既是要面对的问题，也是不能忽视的工具。

今天，全球化之势不可逆转，"世界正面临百年未有之大变局，和平与发展仍然是时代主题"，[②] 国家间相互依存，不仅复合性增强，程度也不断加深，权力让渡成为世界政治图景中不断增量的现实，战争所处的现实环境已然发生历史性变迁。但是，也必须看到，一些逆全球化因素在不断滋长，地区热点问题此起彼伏，非传统安全威胁持续蔓延，特别是冷战思维与强权政治不时死灰复燃，动辄重归对抗、干涉、扩张老路，"世界面临的不稳定性不确定性突出"[③]。特别是一些冷战做法日益恶化大国或区域关系，造成对立，给大国或国家集团带来地缘政治悲剧，甚至触发大规模战争横空出世。所以，维护世界和平，推进全球治理，关注和应对战争是一个不可回避的重要议题。如何既加深对国际战争合法性的认识，又进一步探讨战争合法性的具体衡量，对于正确审视战争、从严规避战争以及在迫不得已时合理运用战争，从而有效促进全球治理，具有重要意义。

三、战争合法性审视是与坚持和平崛起并不矛盾且为其必须重视的重大问题

习近平指出："中国坚持走和平发展道路，坚持独立自主的和平外交

---

① ［德］马克思：《资本论（第一卷）》，《马克思恩格斯全集（第44卷）》，人民出版社2001年版，第821页。

② 习近平：《为建设更加美好的地球家园贡献智慧和力量——在中法全球治理论坛闭幕式上的讲话》，《解放军报》，2019年3月27日第3版。

③ 习近平：《决胜全面建成小康社会 夺取新时代中国特色社会主义伟大胜利》，人民出版社2017年版，第58页。

政策，不是权宜之计，而是我们的战略选择和郑重承诺。”[①] 这充分表明了中国坚持和平发展的坚定立场。但是，重视战争合法性问题，并非放弃和平发展、倡导战争，而意在坚持走和平发展之路的同时，谨防战争陷阱和立足增强国家软实力的前提下理性应对战争。中国和平崛起是“通过和平的方式崛起、为了和平而崛起”[②]，力争“和平地成为地区性大国和负责任的世界大国，避免过去几个世界强权政治图景中大国依靠武力崛起的老路，完成国家崛起与中华民族伟大复兴的战略任务”[③]。它不仅是中国梦的核心内涵，是实现中国梦的必然之路和坚定的战略选择，也反映了其他大国的根本利益。习近平在 2015 年 9 月 28 日出席第七十届联合国大会一般性辩论时指出：“中国将始终做世界和平的建设者，坚定走和平发展道路，无论国际形势如何变化，无论自身如何发展，中国永不称霸、永不扩张、永不谋求势力范围。”[④] 但是，和平崛起，并不代表其道路一帆风顺、毫无罹战之忧。事实可能是，中国越是崛起，其面临卷入国际冲突乃至战争的风险越是增大。这是因为，中国和平崛起，未必完全由中国主动与世界沟通和建构所能决定。权势和平转移理论告诉我们，权势和平转移取决于两方面的因素，“一方面是崛起国选择和平道路，另一方面是体系主导国包容崛起国的和平发展”。[⑤] 所以，更为突出的问题可能在于国际体系主导国能否真心实意地包容中国的和平发展。正如 2015 年 9 月在对美国进行国事访问时中国国家主席习近平重申的：世界上本无“修昔底德陷阱”[⑥]，但是大国之间一再发生战略误判，就可能自己给自己造成“修昔底德陷阱”。[⑦]

---

① 习近平：《深化合作伙伴关系，共建亚洲美好家园——在新加坡国立大学的演讲（2015 年 11 月 7 日）》，人民出版社 2015 年版，第 6 页。

② 江西元、夏立平：《中国和平崛起》，中国社会科学出版社 2009 年版，序言，第 1 页。

③ 郭树勇：《中国软实力战略》，时事出版社 2012 年版，第 40 页。

④ 习近平：《携手构建合作共赢新伙伴 同心打造人类命运共同体——在第七十届联合国大会一般性辩论时的讲话》，人民网，2015 年 9 月 29 日。

⑤ 张春：《权势和平转移与中国对美战略选择》，《教学与研究》，2007 年第 3 期，第 65 页。

⑥ “修昔底德陷阱”这一说法，源自古希腊著名历史学家修昔底德的观点。他在著作《伯罗奔尼撒战争史》中表达了这样一个观点：当一个崛起的大国与既有霸权国竞争时，双方面临的危险多数以战争告终。雅典和斯巴达的战争之所以最终变得不可避免，是因为雅典实力的增长，以及这种增长在斯巴达引起的恐惧。现今，这一概念是指一个新兴崛起大国必然要挑战现存大国，而现存大国也必然来回应这种威胁，这样，战争就变得不可避免。

⑦ 《跨越“修昔底德陷阱”习奥会给“地球村”一颗定心丸》，央广网，2015 年 9 月 26 日。

实际上，中国的快速发展早已引起了不少西方国家特别是美国的担忧，一时间“中国威胁论”甚嚣尘上，并且有个别国家利用人权、领土等各种问题制造事端，企图制裁、打压、分裂中国，打断中国发展进程，阻遏中国崛起。

当然，这背后是根深蒂固的现实主义逻辑。在现实主义看来，“大国都是从霸权战争中脱颖而出的”，“和平变革”是国际关系中最为核心的困难。[①] 国家确保安全基本上要靠“自助”，国际体系中没有维持现状的国家，大国的崛起必然导致争霸战争，不存在和平权势转移。[②] 正如美国学者米尔斯海默多年前所预见的，目睹中国实力持续上升，美国很可能拉拢中国周边的部分邻国一起来遏制中国；而在台湾问题上中国对美国所扮演的角色非常不满。[③] 现实中，美国有过之而无不及，比如，反复拉拢部分国家炒作南海“航行自由”问题以围堵挑战中国。时任中国驻英国大使刘晓明曾在《卫报》网络版撰文指证说，“美国一边鼓噪所谓反对南海‘军事化’，一边频繁派军用舰机到南海‘秀肌肉’”，“美国提出的所谓‘航行自由行动’与国际法上公认的航行自由不能混为一谈”，“是美国为其在世界各地‘横行’提供的理由”，并奉劝“域外大国”停止到南海炫耀舰机搞“军事化”，让南海保持“风平浪静”。[④] 所以，当前中国周边安全环境呈现出“总体稳定，局部严峻，安全问题趋于复杂且风险加大”特点，台湾问题、南海问题等仍“被许多国家看作是制约中国和向中国讨价还价的有效筹码”。[⑤]

---

① Torbjorn L. Knutsen, “The Rise and Fall of World Orders”, Manchester: Manchester University Press, 1999, p. 21.

② ［美］约翰·米尔斯海默著，王义桅、唐小松译：《大国政治的悲剧》，上海人民出版社 2003 年版。

③ John J. Mearsheimer, “Better to Be Godzilla than Bambi”, Foreign Policy, January/ February 2005, pp. 47 – 48.

④ Liu Xiaoming, “China will not tolerate US military muscle – flexing off our shores”, The Guardian, 27 June 2018.

⑤ 孟祥青：《孟祥青讲稿自选集》，国防大学出版社 2014 年版，第 193、194 页。

可见，中国的国家安全正处在一个全面的拓展期,[①] 在地理上遍布全球，内容上延伸至社会各个方面。没有一个安全问题是孤立的，没有一个解决方案是唯一的，没有一种影响是简单的，必须要有大视角研究解决。对国际战争合法性的考量，正是对走和平发展之路的战略丰富和坚强支撑。因此，有必要强化底线思维，既要从良好的愿望出发，同国际社会一道积极创造和维护和平的国际环境和稳定的国际秩序，走和平发展之路，也要从防御和自卫的角度关注战争合法性和合法性战争，用合法性的强制手段打破非法敌对遏制行动，抵御侵犯，维护主权，坚持人类正义，积极展示和提升国家软实力，为和平发展提供可靠保障。

第二节 国内外研究现状综述

战争合法性与合法性战争，其实是随着国际社会不断发展，国际道义、国际制度、国际法不断成长，才逐渐进入人们视野的。赫德利·布尔说：“如果一群国家意识到它们具有共同利益和价值观念，从而组成一个社会，也就是说，这些国家认为它们相互之间的关系受到一些共同规则的制约，而且它们一起构建共同的制度，那么国家社会（或者国际社会）就出现了。”[②] 战争合法性与合法性战争提法正是国际社会孕育的结果，而在更早些时候，这颗种子并不饱满，人们更习惯于从广泛意义上，用“正义性”“正当性”“道德性”来讨论战争。对此，中外研究都有悠久的历史，产生了灿若星河的著作，总体上形成了三大传统：一是和平主义战争理论，二是现实主义战争理论，三是正义战争理论。

---

① 2014 年 4 月 15 日，习近平主持召开中央国家安全委员会第一次会议，并发表重要讲话指出，当前我国国家安全内涵和外延比历史上任何时候都要丰富，时空领域比历史上任何时候都要宽广，内外因素比历史上任何时候都要复杂。参见彭东昱：《国家安全法旨在保护人民根本利益》，《中国人大》2015 年第 1 期。

② ［英］赫德利·布尔著，张小明译：《无政府社会——世界政治秩序研究》，世界知识出版社 2003 年版，第 10—11 页。

和平主义战争理论。这一理论认为在道德上不可能证明任何暴力行为的正当性，战争从根本上就是错误的，任何形式的暴力行为都不应被接纳与实施。国际社会各行为体在面对争端和冲突时，应当排除战争手段，因为国际社会总能找到诸如政治、外交等适当的方式。早在中国的先秦时期，生活于“礼崩乐坏”、乱世之秋的孔子，从理想层面就否定战争，致力于建立一个“天下归仁”的世界。而在西方社会，最强大的渊源是基督教的诫命。和平主义有着深远的影响，产生了大量的文献。一些和平主义论者坚持笃信非暴力手段抵制暴力。由于有人认为战争源于人性的缺陷，于是甚至提出了运用道德教育、知识普及来消除战争。如，他们有的试图从精神领域着手，另一些人则使用精神病学的研究方法。赫尔威蒂斯认为，道德是“人们为了尽可能以最快乐的方式生活而创造出来的方法科学”，它将“随着人们获得更多的知识而相应地得到发展”。而对此深信不疑的狄德罗则马上着手编纂他的《百科全书》，以深化和普及这种知识。[①] 而珍妮·泰克曼作为和平主义战争理论的一个重要代表人物，将和平主义定义为“反战主义”。[②] 和平主义对战争不加区分地做了“不正当”的道德判断，对其根源无法做出科学的解释，因此，也不能提出有力的解决途径，从而难以形成补益国家政策的理论。

现实主义战争理论。这一理论从根本上否认战争中道德评判的可能性，将道德逐出政治真正的殿堂，甚至仅将其作为外交辞令或遮掩真实政治目的的“漂亮外衣”。现实主义认为，国家对自身的利益、权力和安全的迷恋，决定了它的本性追逐难能改变，特别是在无政府社会中，受到“人人相互为战”的“自然状态”法则的支配，[③] 国际政治是零和博弈、权力之争，主权国家毫无例外采取自助方式追求权力，国家之间是敌人、对手的关系，因此冲突与战争是国际关系的最基本特征，权力与利益的重

① ［美］肯尼思·华尔兹著，信强译：《人、国家与战争》，上海人民出版社 2012 年版，第 55 页。

② Jenny Teichman, “Pacifism and the Just War”, Oxford: Basil Blackwell, 1986.

③ ［英］霍布斯著，黎思复、黎廷弼译：《利维坦》，商务印书馆 1985 年版、2013 年重印，第 92—97 页。

要性超过道义和理想的重要性,[①] 对此，十九世纪英国政治家帕麦斯顿（又译为“巴麦尊”）有段流传很广泛的名言：“我们没有永恒的盟友，也没有永恒的敌人，只有永恒的利益。我们的义务就是维护这些利益。”[②] 也许，他们意识到了道德的存在，但认为国际政治缺乏道德环境，大多情况是“未曾有国家让自己身陷道德与现实的拉锯之苦中，道德价值是绝对的，但应用道德的环境天生就不完美”。[③] 所以，“战争不受道德约束，也不应该受道德约束”，从而否认了战争问题上的道德话语。道义论点“可能被当作宣传语言，用以掩盖见不得人的动机，而且较强大的国家往往无视道义问题”。[④] 在中国古代，曾有“春秋无义战”之说，而以商鞅为代表的法家在战争问题上具有明显的现实主义倾向，反对仁义说教。《商君书》指出：“国贫而务战，毒生于敌，无六虱，必强；国富而不战，偷生于内，有六虱，必弱。”[⑤] 现实主义思想在西方渊源久远，有着很多鼓吹者。远者可以上溯到古希腊时期的“现实主义之父”[⑥] 修昔底德在分析伯罗奔尼撒战争史时的论断：雅典人力量的增强令斯巴达人感到恐惧，并迫使后者发动了战争，其中就隐含了这样一种理念。[⑦] 这也就是人们常说的“安全困境”或“修昔底德陷阱”。实际上，该部著作“最为显著的教益就在于使我们清醒地估计到，只要人类继续存在，人的天性一有机会就会一次次地战胜正义和法律的脆弱约束”；“所有这些城邦和国家的行动一般并不是出

---

① 倪世雄等：《当代西方国际关系理论》，复旦大学出版社 2001 年版，第 32 页。

② ［美］亨利·基辛格著，胡利平、林华、曹爱菊等译：《世界秩序》，中信出版集团 2015 年版，第 24 页。

③ ［美］亨利·基辛格著，顾淑馨、林添贵译：《大外交（修订版）》，海南出版社 2012 年版，第 15 页。

④ ［美］小约瑟夫·奈著，张小明译：《理解国际冲突：理论与历史》，上海人民出版社 2005 年版，第 25 页。

⑤ 吴如嵩等：《中国军事通史（第 3 卷）》，军事科学出版社 1998 年版，第 361 页。引文意即，面对纷争之世，国家应积极进行战争，毒害就会疏散到敌国那里，“六虱”（六种祸害）就会失去市场，贫弱的国家也能走向强盛；相反如果国家强盛而不去进行战争，那么国内就会产生苟且偷安的风气，“六虱”就有市场，就会如瘟疫般传播开来，这最终会导致国家的削弱。

⑥ ［美］小约瑟夫·奈著，张小明译：《理解国际冲突：理论与历史》，上海人民出版社 2005 年版，第 15 页。

⑦ ［古希腊］修昔底德著，谢德风译：《伯罗奔尼撒战争史》，商务印书馆 2018 年版。

于正义，而是出于利益或其他动机”。[①] 后来，马基雅弗利的《君主论》、霍布斯的《利维坦》中所阐论的现实主义更是成为主导现代国际关系理论的重要思想。在二战之后，甚至冷战结束以来，现实主义一直为众多学者推崇，如汉斯·摩根索、乔治·凯南、亨利·基辛格、约翰·米尔斯海默，以及“新现实主义”的肯尼思·华尔兹、罗伯特·基欧汉等。即使在新现实主义代表人物肯尼思·华尔兹那部里程碑式的著作——《国际政治理论》中，也过于强调物质结构，把国际社会简化为系统的结构和互动的单元等关键要素，[②] 在体系结构和单元行为体中毫无文化含义。因此，亚历山大·温特在《国际政治的社会理论》中评论道，“新现实主义者把无政府逻辑当作常数，实际上就是认为这种逻辑严格限制了国家的作用，使国家对无政府逻辑无能为力。我认为……它是物质结构理论的臆想，遮蔽了真正决定无政府逻辑的因素：无政府文化和角色结构。没有文化，新现实主义就只剩下一个肤浅的定义。”[③]

正义战争理论。这一理论与其他理论一样源远流长，认为战争作为一种人类社会的特殊现象，完全可以运用道德判断。而且，“正因为其关系到人类生死存亡的极端重要性，对战争和战争中的行为作道德角度的思考才更显必要”。[④] 其实，人类从来都没有放弃过对战争道义的追问，即使是在现实主义学者笔下，也是一个绕不过去的话题。摩根索也承认国家道德的重要性和道德对国家行为的影响，从而成为其思想中最为复杂和矛盾之点。他说：“政治现实主义意识到政治行为的道德意义，同时也意识到在道德要求和政治成功需要之间不可避免的矛盾。”[⑤]

中国自古崇尚正义、讲求道德，正义战争理论产生久远，并为历代推

---

① ［美］列奥·施特劳斯、约瑟夫·克罗波西主编、李天然等译：《政治哲学史》，河北人民出版社1993年版，第8—13页。

② ［美］肯尼思·华尔兹著，信强译：《国际政治理论》，上海人民出版社2008年版。

③ ［美］亚历山大·温特著，秦亚青译：《国际政治的社会理论》，上海人民出版社2008年版，第309页。

④ ［美］迈克尔·沃尔泽著，任辉献译：《正义与非正义战争：通过历史实例的道德论证》，江苏人民出版社2008年版，“译者的话”，第4页。

⑤ Hans Morgenthau, “Politics Among Nations—A Struggle for Power and Peace”, Knopf Publisher, 1978, p. 10.

崇。如：《左传》中记载《军志》曰“有德不可攻”[①]；《孙子兵法》始计篇强调“故经之以五事，校之以计而索其情：一曰道，二曰天，三曰地，四曰将，五曰法”，[②] 这里的“道”即政治，就是“令民与上同意”，让老百姓认同、拥护君主，而其中重要一条就是战争要有道义，后来所说的“礼战”“义战”，也是这个意思。

在西方，正义战争理论最早出自于《旧约》。《旧约》认为由上帝指令的战争是正义的，对战争行为也有着限定的规则——当然，不仅在基督教中，在伊斯兰教中，以“圣战”为核心的正义战争学说也包含类似的内容。基督教正义战争理论强调，上帝是至高无上的，并且是神圣的，上帝授意发动的战争不可能是邪恶的；同时，正义战争必须满足三个基本条件：一是要有正当的理由，二是要有实施和控制战争的合法权力机构，三是要有达成战争目标的正确意图。以上两方面的结合便构成了基督教战争伦理观的基本内容，而前者又是整个基督教战争伦理的核心。圣·奥勒留·奥古斯丁和托马斯·阿奎那是这一战争理论形成中的重要人物。他们根据《圣经》“路加福音”有关战争的内容，以及有关基督教先知的战争传说进行了理论的构建。在奥古斯丁看来，上帝命令的战争是正义的，要由合法权力来宣战，宣战也必须有正当的理由。他说，战争的真正邪恶是对暴力的热爱、报复的残忍、凶暴而无法平息的憎恨等。阿奎那在此基础上更清楚地表明，出于保护自身生存的目的杀死进攻者是自我防卫，是正当的。在诉诸战争时，要求有正当意图。这意味着扬善除恶时，纯粹出于正义原因，而法律权力不足以应对。文艺复兴运动不断兴起带来了巨大而深远的效应，在资产阶级人文思潮的强烈冲击下，上帝在政治文化中的统治地位被动摇，基督教的正义战争理论也被普遍的、抽象的原则和道义而取代。神治开始破灭，人本思想日益强大，法治思想逐渐萌芽成长。理性的分析融入对战争的道德思考，国际法特别是战争法进入了人们的议题，法律和道德两者的内在关系成为分析战争性质的新的增长点。其主要围绕两方面展开，一是开战正义，就是要确立起诉诸武力的评判规则。二是交

① 朱梅生主编：《军事思想概论》，国防大学出版社 1997 年版，第 14 页。
② 孙武：《孙子兵法》，远方出版社 2007 年版，第 9 页。

战正义，就是在战争中要有一定的行为准则。关于屠杀平民是否合法、战犯处理、财产的分配等等，都是后者关注的主要问题。十七世纪的胡果·格劳秀斯和十八世纪的瓦泰尔就是其代表人物。格劳秀斯以其巅峰之作《战争与和平法》名垂青史。他认为如果不是为了个人或集团的自我扩张，而是为了达到或重建人类的自然目标——和平或平静安宁的社会条件，这样的战争就是正义的。他甚至认为反对真正野蛮人的战争是自然所允许的，"文明化的战争"在极端情况下是正义的。[①] 他在《战争与和平法》的原形——《捕获法》中以两条基本的自然法为开端："首先，要允许人们保护（自己的）生命，躲避那些威胁和有害的事物；第二，要允许人们为自己谋取并保留有益于生命的事物。"他还规定了另外两条法律，即"禁止任何人伤害其同伴"——这是不冒犯的法律，"禁止任何人占有其他人已经拥有的财产"——这是节制的法律。[②] 并认为永远应以恩报恩、以牙还牙——惩罚那些违反不冒犯和节制原则的人，不要伤害那些没有违反这些原则的人。"这种正义的作用是双重的，对好的是保存，对恶的则是纠正。因此产生了这样两条法律：第一，恶行必须要加以纠正；第二，善行必须要给以补偿。"[③] 因此，建于自然法规之上的两条法律和惩赏义务，就大致勾勒出了自然道德生活的最低限度要求。格劳秀斯等制定的国际法，"现在成为一个内涵不断扩大、被普遍接受的理论体系，旨在促进以威斯特伐利亚各项条约为核心的和谐关系"。[④] 而瓦泰尔指出："如果非正义战争能导致非法权力的话，公认法官不同意，就没有确定领地可以从战利品中获得，因为国家之间没有什么东西可以决定战争的正义；这样将永

---

① ［美］列奥·施特劳斯、约瑟夫·克罗波西主编，李天然等译：《政治哲学史》，河北人民出版社1993年版，第464页。

② ［荷］胡果·格劳秀斯：《捕获法》，转引自［美］理查德·塔克著，罗炯等译：《战争与和平的权利：从格劳秀斯到康德的政治思想与国际秩序》，译林出版社2009年版，第103—104页。

③ ［荷］胡果·格劳秀斯：《捕获法》，转引自［美］理查德·塔克著，罗炯等译：《战争与和平的权利：从格劳秀斯到康德的政治思想与国际秩序》，译林出版社2009年版，第103—104页。

④ ［美］亨利·基辛格著，胡利平、林华、曹爱菊等译：《世界秩序》，中信出版集团2015年版，第23页。

远可以要求讨回战利品，就像强盗抢走货物一样。”[①] 这就意味着即使是非正义战争，通过战争获得的领土也应被视作合法。这个阶段正值资本主义在全球扩张殖民，可见，评判战争的正义与非正义，实际上是以崛起的资产阶级利益为衡量标准，是为那个时代资本主义扩张服务的。

马克思主义的正义战争理论，运用辩证唯物主义和历史唯物主义方法观察和分析战争，富有创见，独具特色。尤其是奠基人马克思和恩格斯对形成新型的正义战争理论的创建做出了卓越贡献。其观点主要有：（1）战争是人类社会发展到一定历史阶段的产物，并非从来就有。马克思认为：“战争就或是为了占领生存的客观条件，或是为了保护并永久保持这种占领所要求的巨大共同任务，巨大的共同工作。”[②] 恩格斯认为：“暴力仅仅是手段，相反地，经济利益是目的。”[③]（2）不能一概否定战争，战争在历史上还起着革命的作用。（3）战争有正义与非正义之分。衡量战争正义与否的根本标志，在于这种战争是促进社会进步还是阻碍社会进步，不是抽象的主观道德原则。（4）战争是复杂的，一场具体战争可能同时具有两种性质，也可能会从一种性质转化为另一种性质。因此，要结合具体的历史条件进行具体的分析。一般来说，被压迫阶级和代表先进生产力的阶级所进行的战争是正义的，压迫阶段和代表落后生产力与生产关系的阶级所进行的战争是非正义的。此后，列宁、斯大林和中国的领导人都坚持与发展了这一理论。无疑，这一理论是具有划时代意义的，因为它是在广阔而深厚的革命战争实践基础上的总结和升华。

随着全球化的推进，民主、正义、法制、人权等理念不断传播，并为国际社会广为接受，特别是国际组织、国际制度和国际法的不断创立、成长和活跃，为人们深入思考正义战争，进而谈论战争合法性与合法性战争，从观念到现实提供了基础。

美国著名政治哲学家迈克尔·沃尔泽是西方当代正义战争理论代表人

---

① E. Vattel，“The Law of Nations”.

② ［德］马克思：《政治经济学批判》，《马克思恩格斯全集（第46卷上）》，人民出版社1979年版，第475页。

③ ［德］恩格斯：《反杜林论》，《马克思恩格斯全集（第3卷）》，人民出版社1995年版，第503页。

物。其已经出到第四版的代表作《正义与非正义战争》是探讨正义战争的经典著作。其观点与现实主义主张针锋相对，重在“通过历史实例的道德论证”，“为政治和道德理论收复研究正义战争理论的领地”。[①] 沃尔泽说，战争始终是“一种有目的的、经过深思熟虑的、有人应为其结果负责的人类活动”。所以，人们事实上总是在对战争和战争中的行为进行道德判断。道德并非是一副掩盖和扭曲现实的“有色眼镜”，可以随时摘下来以便看清真实的世界。[②] 他认为人们发动战争总是受到两次从道德伦理到法律上的判断：一次是为什么要开战，即关于国家开战的理由；另一次是战争中有没有违背道德律令和国际法规则，也就是关于战争中使用的手段问题。“开战正义要求我们对侵略和自卫作出判断；作战正义则要确定行为是遵守还是违反交战的习惯规则或成文法。”[③] 该理论更加关注开战正义问题。虽然他有时认为侵略行为只是赞成武力抵抗的前提，但他通常肯定侵略行为足够证明求诸战争的正义。沃尔泽还探讨了开战正义与交战正义之间的关系，提出了“极度紧急时刻”，并讨论了四种应对方式，提出为了促进开战的正当性，“在面临迫在眉睫的巨大危险时越过战争规约”是正确的。[④]

当今，我国国内对战争的正义性（或合法性）研究一直有着较高的热度。如国防大学的朱梅生、薛国安，军事科学院的夏征难，西安政治学院的熊梅，南京政治学院的朱之江等，主要从军事思想、战争伦理学诸视角进行研究，而郭树勇、万俊人、潘兴明、李寿庭等学者则从国际政治社会、国际关系、国际法等更为广阔的视角对其进行了探讨。尤其是郭树勇教授对战争合法性、合法性战争的提出和研究具有一定的贡献。其一，提出了社会建构主义分析范式。郭树勇的《建构主义与国际政治》梳理了社

① ［美］迈克尔·沃尔泽著，任辉献译：《正义与非正义战争：通过历史实例的道德论证》，江苏人民出版社 2008 年版，第 27 页。

② ［美］迈克尔·沃尔泽著，任辉献译：《正义与非正义战争：通过历史实例的道德论证》，江苏人民出版社 2008 年版，“译者的话”，第 4—5 页。

③ ［美］迈克尔·沃尔泽著，任辉献译：《正义与非正义战争：通过历史实例的道德论证》，江苏人民出版社 2008 年版，第 24 页。

④ ［美］迈克尔·沃尔泽著，任辉献译：《正义与非正义战争：通过历史实例的道德论证》，江苏人民出版社 2008 年版，第 256—257 页。

会建构主义国际关系理论，并提出了建构国际政治社会学的独到思考。对诸如战争等无政府状态中的现象分析就浸透着这一理念。其二，提出了战争合法性问题及其初步分析原则。2000 年科索沃战争一周年时他就战争合法性问题发表了看法，[①] 后又在伊拉克战争爆发时撰文指出："正义性是人类社会的千古主题，合法性基本上却是一种现代性。"并对战争合法性进行了初步揭示："所谓合法性，就国际政治层面而言，至少要符合四个方面的原则：一是要遵循联合国法律准则；二是要符合正义原则；三是权力使用要适当；四是要适时反映国际意志的新变化。"[②] 其三，较集中地阐释了合法性战争的内涵，并以其为重要变量考察了大国的成长。他在专著《大国成长的逻辑》中提出，之所以考虑用"合法性战争"而非"正当战争"或"正义战争"来研究大国成长的社会性因素，主要因为其"很有操作性"，而且，"战争是一种重要的社会现象，而从政治社会学的角度研究战争，合法性比正当性更接近社会科学而非哲学或者伦理学，便于进行准定量研究"。[③] 更为重要的是，他自觉地运用了这一维度考察分析了近代欧洲社会形成后西方大国崛起成败的重要因素。正如他所言：合法性战争"在战争仍然具有合理性与现实性的历史条件下一定程度上能够促进大国的社会性成长，我们却不能反过来说大国成长必然需要合法性战争"，"一味地排斥战争的作用，那种完全不要战争与战略的外交大战略显然只是一种乌托邦"。[④]

综上所述，战争理论的三大传统中，正义战争理论为战争合法性与合法性战争理论的最初主要源头，为其提供了坚实的理论基础与充足的成长营养，但从当前战争合法性与合法性战争的研究看，还存在不少差距，有待于进一步研究思考和丰富发展。

---

① 郭树勇、王义桅：《关于战争合法性与战争观念重构的对话》，《中国评论》，2000 年 9 月号。

② 郭树勇：《战争合法性与美国军国主义》，《博览群书》，2003 年第 5 期，第 9—10 页。

③ 郭树勇：《大国成长的逻辑：西方大国崛起的国际政治社会学分析》，北京大学出版社 2006 年版，第 75—77 页。

④ 郭树勇：《大国成长的逻辑：西方大国崛起的国际政治社会学分析》，北京大学出版社 2006 年版，第 62 页。以合法性战争为变量对各大国社会性成长成败的案例分析参见该书有关各章。

一是当前战争合法性的研究还过于狭窄，在一定程度上与战争正义、战争道义概念出现了混同、内容出现了重叠。正如前述，正义战争、道义战争、正当战争的研究更多地还停留于政治目的、道德伦理等范畴，即使在这方面也还有不少没有被重视之处，如当今国际社会中一些被普遍接受的社会价值观已经形成，比如尊重国家主权和不干涉内政的原则，反对殖民主义和种族隔离的观念，以及遵守《联合国宪章》、维护和平、促进共同发展理念等。当然，也有其他一些价值观念虽尚存争议，比如尊重人权观念就因衡量标准不同致各国态度不一，但引起了越来越多国家的重视。这些承载道德、习俗、信仰的共有理念非常重要，正如卢梭所说，“正是其他所有法律赖以成功的基础”，“具体法律实际上只是拱顶上的拱架而已”，但“只有那些发展缓慢的道德才是拱顶不可移动的基石”。[①] 另一方面，合法性不仅强调“义”的维度，也就是要强调社会价值观念的认同，还要放眼国际“公意”对战争权力运用者的认可，以及对国际规则遵守的维度。只有这样才能更为全面地审视战争，才能对战争合法性有比较准确的判断。

二是当前战争合法性的研究还过于浅显，缺乏深厚的理论根基、系统的理论框架和严谨的论证分析。往往以“是”与“否”评判合法性，且仅根据几条简单的原则来判断。但是，这些原则是怎么来的？它们与一些著名的相关理论之间有什么渊源？这些原则之间又有什么关系？战争合法性有程度上的不同吗？如果合法性不用“是”与“否”二元划分法，那么应如何进行划分？等等。这些都需要进行深入的、基础性的理论研究。唯有理论的根基扎得愈加厚深，分析阐述的观点才愈加准确、经得起辩驳。正如华尔兹所言：“在没有任何理论光芒指引的情况下，却试图寻找事物间的联系，就仿佛盲目地向一个看不见的靶标射击一样，不仅要浪费大量的弹药，而且即便击中了靶心，也无人知晓。”[②]

三是当前战争合法性研究的落脚点还不够实。当前相关研究，除了少

---

① ［法］让·雅克·卢梭著，徐强译：《社会契约论》，中国社会科学出版社 2009 年版，第 86—87 页。

② ［美］肯尼思·华尔兹著，信强译：《国际政治理论》，上海人民出版社 2008 年版，第 18 页。

数是具有建设性的，更多做的是一些梳理和简要、较浅且似曾相识的评论，并没有将理论运用到实践中去。理论的生命力在于指导实践。战争合法性与国际社会的成长关系如何？战争合法性对一个国家的软实力的成长有何重要意义？战争合法性对大国成长的价值何在？等等。这些问题都需要做前瞻的、创新的思考。当然，本书囿于篇幅，最后仅对战争合法性与国家软实力的关系以及对中国的启示做概要的探索。

以上存在的诸多问题与不足，正是本书希望予以思考、研究和试图回答的重点所在。

第三节 研究的视角与方法

一、研究的视角

国际战争合法性问题，本身就是一个国际政治属性与国际社会属性都很强的问题。正因为它是一个战争之与国际政治的问题，因而不能单纯地从个体角度去分析；它又是一个可譬之为战争在国际社会多维“评价坐标”下“投影”的问题，因而国际社会的评价维度及其演变成为问题探讨的核心之一；它还是一个拥有国际社会塑造战争、战争影响国际社会两个互动过程的问题，因而应该动态而非静止、联系而非孤立地研究它。所以，总体上，本书主要以国际政治社会学视角，运用社会建构主义理论方法，对国际战争合法性及其相关问题展开研究。这一视角、方法，与经济学方法论是相对的。经济学方法论主要是将个体作为分析社会现象的出发点，把对所有研究对象乃至集体行为的分析简约为对一个理性个体性质的描述，而个体沉浸于其中的集体、共同体或社会体系等集体形式都是虚幻的、不真实的，也不为个体所左右的，所以，只有个体才是真实的，唯有立足对个体研究才能理解和解释社会现象。这一思维方法机械地反映到国际关系研究上，就是主要从国际行为体，尤其是国家的根本利益或最优利益出发研究问题，而否认或忽视国际社会对国际行为体的制约。这种经济学研究方法通常被称为理性选择的研究方法，为主流的传统现实主义、自由主义以及新现实主义、新自由主义所奉行。但是，政治社会学方法坚持的其实是一种建构主义方法，与一些主流理论的物质本体论不同，其本体论是社会本体论，“这种社会本体论认为我们所面对的世界并不是独立于我们的物质事实，而是我们实践活动的产物，是一种社会事实或社会类别。社会世界是一种主体间性的和集体意义的世界”。[①] 在社会中，物质资源如果脱离其存在的社会观念结构是没有意义的，换言之，它们只有通过自己嵌入其中的共同知识结构，才对人类的行动具有意义。[②]

其实，国际政治研究的社会学转向早在20世纪末已见端倪，彼时美国的国际关系学界已把文化与认同纳入到国际关系学科中来。[③] 而中国国际关系理论界在世纪之交就掀起了国际政治社会学研究热潮，明确地提出了建设国际政治社会学学科的倡议，并在2001年至2007年的6年间知难而进取得了诸多成绩。适值中国学者为这一学科奋斗之时，国际关系研究会才着眼推动社会学与国际关系学的交叉研究和对话交流，创办了《国际政治社会学》杂志。[④]

所以，基于国际政治社会学视角，也就是在对诸流派理论博采众长的基础上，更侧重于以国际社会为本体或背景，借用社会学方法，以国际社会的结构构成与演变、国际社会与国际政治之间互动、国际社会与国家之间互动的特点与规律等为依据和工具研究战争合法性问题，做到既注重体系宏观分析，又注重单元微观分析，还注重体系、单元间互动分析。具体地说，着重突出以下几方面。

一是视角本体的集体性。该观点认同国际社会是客观存在的并持续进化的社会事实，国际社会对于融入其中的个体本质和行为方向具有规定

---

① 袁正清：《国际政治理论的社会学转向：建构主义研究》，上海人民出版社2005年版，第3页。

② Alexander Wendt, “Constructing International Politics”, International Security, Vol. 20, No. 1, 1995, p. 73.

③ Lapid, Yosef and Friedrich Kratochwil, eds., “The Return of Culture and Identity in IR Theory”, Lynne Rienner Publishers, 1996.

④ 郭树勇：《国际政治社会学简论——马克思主义的视角》，时事出版社2014年版，第5—6页。

性，行为体的任何行动意图都会受到所处国际社会环境的影响。因此，运用集体主义方法论，坚持从研究社会的集体形式中寻找答案，将战争行为体的考察置于国际社会之中，对战争合法性的研究依赖超越国家个体之上的国际社会共同体及其价值观念、规范、制度、主体意志等对战争行为的评价和塑造作用，避免使战争合法性讨论因局限于个体角度而无视国际社会现实情况，失去社会整体评判基础，成为“公说公有理，婆说婆有理”的主观辩解。

二是标准维度的多元性。国际战争合法性的考察实际上是国际政治社会性在战争问题上的投射。赫德利·布尔认为，国际社会比国际体系更为进化，“国际社会是以国际体系为自己存在的前提条件的，但国际体系可以在国际社会并没有产生的情况下得以存在”。并指出，如果说今天的国家构成了一个国际社会的话，则是因为其具有某些共同的利益，或许还具有某些共同的价值观念，它们认为在相互交往时受到一些规则的制约，必须尊重对方的独立地位，履行业已达成的协议，且对相互使用武力的行为加以某些限制；同时，它们也互相进行合作以构建国际制度，如国际法、外交机关、普遍的国际组织以及有关战争的惯例与公约等。[①] 历史其实证实了这一点。众所周知，现代国际关系肇始于欧洲“三十年战争”后《威斯特伐利亚和约》的签订与实施。“在当今时代，《威斯特伐利亚和约》因开创了遍及全球的一种新国际秩序而具有特殊意义”，它“成了国际关系史上的一个转折点，因为它的条款不仅简单明了，而且涵盖范围广。国家，而不是帝国、王朝或宗教信仰，被确认为欧洲秩序的奠基石”。[②] 和约不仅确立了国家主权的概念，肯定了国家不受外来干涉选择本国制度和宗教信仰的权利，还规定了国家间外交往来的方式，以及通过召开会议或举行磋商以求争端走向冲突之前就得到解决。所以，亨利·基辛格评价说：“到20世纪中叶，这一国际体系已涵盖地球各大洲，至今仍是国际秩序的骨架”，“威斯特伐利亚和约建立的架构是人类首次尝试把一个建立在普遍

① ［英］赫德利·布尔著，张小明译：《无政府社会——世界政治秩序研究》，世界知识出版社2003年版，第11页。

② ［美］亨利·基辛格著，胡利平、林华、曹爱菊等译：《世界秩序》，中信出版集团2015年版，第19、23页。

接受的规则和约束之上的国际秩序体制化”。[①] 可见，国际社会的政治社会性有诸多表现。第一，主权国家间具有某种体现共同价值观念的国际文化，且这种文化正由涓涓细流逐渐汇成滔滔江水；第二，主权国家间形成了能给行为体带来可信任、可预期、维持稳定秩序的国际法规、制度和组织；第三，主权国家间缔结成了某种社会契约，而这种契约约束力越来越强；第四，国际治理离不开重要的国际力量发挥作用，其最根本的是大国，此外，还有重要的多边性国际组织，以及日益活跃着的国际非政府组织。[②] 所以，本研究注重从国际社会的政治社会性出发，确立和依据以共享价值观念、国际法规制度、国际社会赞同程度等核心因素为主体的多元维度标准，对国际战争合法性进行分析和衡量。

三是体系单元的互动性。国际战争合法性是客观的、具体的，因为它受到所在时代主流价值观和基本法规制度的塑造与裁定；但也并非一成不变，它还要接受国际社会行为体的评判，毕竟人是一切历史的主宰，现实的国际公意十分重要。卡尔·波普尔把整个世界（宇宙）分为“世界1”“世界2”和“世界3”。“世界1”是一种物理客体或物理状态的世界；“世界2”是意识状态或精神状态，或许包括行为意向的世界；“世界3”是思想的客观内容的世界。[③] 显而易见，“世界1”具有物理性、客观性；“世界2”具有私有性和极强的动态性；“世界3”具有公有性和相对的静态性，往往作为集体知识或共有知识而存在。“世界2”在社会交往互动实践的作用下，其部分成果就会进入“世界3”，而“世界3”作为人类心智的产物，一旦创造出来，就具有客观实在性，并以“世界1”，即物理世界的形式表现出来，成为外在于我们的对象。与此相类似，评判战争合法性的理念价值、国际法规制度，就相当于“世界3”，而国际社会诸多相同或不同的意见则相当于“世界2”，国际社会的意见既会受到“世界3”的影

---

① ［美］亨利·基辛格著，胡利平、林华、曹爱菊等译：《世界秩序》，中信出版集团2015年版，第24、25页。

② 郭树勇：《国际政治社会学简论——马克思主义的视角》，时事出版社2014年版，第9—15页。

③ 袁正清：《国际政治理论的社会学转向：建构主义研究》，上海人民出版社2005年版，第3—4页。

响与制约，同时也会对其产生冲击和重塑作用。所以，在研究中，我们既要注意体系与单元的互动作用，看到单元离不开体系的塑造以及体系离不开单元的影响，也要注意国际社会行为体间的相互作用，看到可能会产生新的共享的理念价值和国际规制，进而重构定格战争合法性的社会事实。

二、研究的方法

国际战争合法性问题内涵的丰富性、深刻性和传承性，以及外延的广泛性、综合性和开放性，要求研究方法必须多元互补、量质兼析、众科并济、灵活增效。

一是理论研究。国际战争合法性问题，其实渊源久远，但从现代国际关系角度来看，其脉搏主要在1648年威斯特伐利亚体系形成之后日显清晰、雄浑、有力。对这一问题的研究，涉及政治学、国际关系学、战争学、法学、社会学、国际关系史、战争史等众多学科理论；单从国际关系学科领域看，就涉及到现实主义、自由主义、新现实主义、新自由主义、建构主义、全球治理以及国际政治社会学等理论或研究方法。在充分借鉴与吸收现有各种理论和方法成果的基础上，本书以国际政治社会学基本理论为主要分析视角，对国际战争合法性进行研究，试图吸纳古今中外有关重要理论营养，尤其是撷引现代国家体系形成以来国际关系方面的经典文献之精华，为国际战争合法性概念的阐释、理论框架的建构以及对现实问题的分析解答明确方向、奠定坚实基础。

二是经验研究。经验往往是理论产生的沃土，理论是经验升华的结晶。即使是横空出世的理论，也离不开经验燧石叩击出的思想火花。所以，本书注重运用历史上的，重点是现代国家体系形成以来的典型战争实例来进行分析，归纳概括，以得出一般结论。尤其是在“国际战争合法性的案例考核”章节，注重收集选择全球化条件下发生的海湾战争、阿富汗战争、伊拉克战争和伊拉克入侵科威特等具体战例进行分析，并运用建立的理论框架进行验证，以实现理论与实践互为应证、深入阐论的闭合回路。

三是实证研究。本书查阅了大量的文献资料，统计分析了部分历史阶段有关战争的数量以探寻规律，特别是对国际战争合法性基础的不同维度与合法性战争的相关度、大国成长与合法性战争的相关性等方面的论证重点运用了这一方法。具体体现，其一以1648—1989年战争争议问题为例，通过统计数据，分析领土问题变化与理念价值、民族国家创建问题变化与理念价值、经济问题变化与理念价值、王权强权与维护国家或政权的问题变化与理念价值、人道主义问题变化与理念价值的关系，以概括战争的理念价值的变迁。其二通过对1946—1989年冷战时期的49次主要战争或军事干涉行动与冷战后的17次主要战争或军事干涉行动的情况环比，来分析说明多边主义战争作为一种重要的实践范式正在兴起，并成为合法性战争的一种重要类型。其三是统计分析了美国从国家独立至1945年成为超级大国，发动或参与的8次大的战争的合法性情况，从而得出合法性战争所基于的理念价值本身会对国际社会产生价值认同力，为该国软实力注入丰富营养并促其显著提升这一结论。

四是辩证研究。道德、价值、正义等都是有具体时代、民族内涵的，分别既具有跨越时空的内在统一性，又具有因时代、民族而异的特殊性，必须具体问题具体分析，即使是一些战争史实分析也不能脱离其时代背景搞教条式评判。譬如，在研究理念价值变迁时，遵循量变质变规律，注重截取长时期的战争问题分析，以更好地窥得全貌；在研究国际战争合法性的特性时，注意把握一般性与特殊性关系，采取与国内政治合法性相比较的方法来进行，以使其个性更为鲜明；在研究案例时，注意历史地、发展地分析问题，对不同历史条件下的理念价值和国家行为选择，不教条机械地苛求指责，而是历史地、发展地看待，以得出科学合理的分析结论。

第四节 研究的结构与创新点

作为对国际战争合法性的基础性原创性研究，本书以国际政治社会学视角，围绕国际战争合法性的内涵、源泉基础、评判框架、常见实践类型以及现实中如何指导实践运用等问题，进行较为系统性、开创性的探索。

一、主要结构

本书总体上按“国际战争合法性是什么—源泉基础在哪里—如何考量评判—怎样指导现实实践”这样一个逻辑链条，层层展开、步步深入进行研究。主体可以分为三个部分：第一部分，包含第一、第二章，主要从总体上概述国际战争合法性的研究现状和本书的研究情况，阐述国际战争合法性的内涵；第二部分，包含第三、第四、第五章，主要构建和论述国际战争合法性的源泉基础、考量评判的理论，并以案例考核分析检验理论建构。第三部分，包含第六、第七、第八章，重点是围绕战争合法性理论运用，对国际战争或武力使用类型的合法性、国际战争合法性与国家软权力的关系、国际战争合法性对中国的意义与启示进行分析和论述。具体各章的概要是：

第一章为绪论，主要阐述国际战争合法性研究的意义、现状以及本书研究的视角与方法、研究的结构与创新点等。

第二章为“国际战争合法性的概念、特点与作用”，主要阐述国际战争合法性的定义，揭示其特点以及对战争、国家、国际社会发展的作用。

第三章为“国际战争合法性的源泉基础”，这是本书的重点和主体理论框架，主要深入地论证国际战争合法性源自理念价值、国际规制、协商赞同基础，它们不仅构成合法性国际政治社会意义上的价值基础，还是其全球规范共识层面的工具参量。

第四章为“国际战争合法性的程度考量”，这是本书理论框架的另一重要组成部分，主要阐述合法性程度考量的程序、权重和等级，对于战争合法性的评判与衡量具有重要意义。

第五章为“国际战争合法性的案例考核”，主要运用建构的理论框架进行实例分析，分别以海湾战争、阿富汗战争、伊拉克战争、伊拉克入侵科威特为例来佐证前面的理论探讨，最后总结分析得出结论，深化理论认识。

第六章为“国际战争或武力使用类型的合法性分析”，主要从传统与新兴类型两方面，对国际战争与武力使用常见类型，如正义战争、依法战争、多边战争、预防性战争、人道主义干涉等，进行合法性分析和解读，是对合法性理论的尝试应用。

第七章为“国际战争合法性与国家软实力”，这是国际战争合法性理论的现实运用，主要以国家视角，探讨战争合法性或合法性战争对国家软实力的重要作用，以及如何辩证把握合法性战争的机遇。

第八章为“国际战争合法性对中国的意义与启示”，主要以国家为视角，探讨战争合法性对中国的意义与启示，为中国在遭遇战争逼迫或为发挥负责任大国作用而运用武力时如何争取更加充足的合法性提供借鉴。

最后一小部分为结语，它既是对前面论述的概括与升华，也包含自由的“头脑风暴”，借以抒发对未来发展的浮思和展望。

二、主要创新点

本领域有关该主题研究的稀寥、可供直接借鉴资料的缺乏，决定了本研究必须勇于在诸多方面进行艰苦的开拓初创。概括起来，主要体现为“四个一”，即“一个概念内涵”的开掘，“一个理论框架”的构建，“一个理论模型”的建立，“一个现实问题”的探讨。

1. “一个概念内涵”的开掘

就是对“国际战争合法性”内涵的深入探讨。在对“合法性”概念梳理并推论界定“国际战争合法性”概念的基础上，力避学界一般把国际政治合法性与国内政治合法性在很大程度上混同的误区，将国际战争合法性与国内政治合法性进行多角度比较，全面揭示其自身鲜明的特点；同时，从其对战争胜负、国家软实力提升、国际社会和平稳定的影响等三个层次，探讨它的重要作用。这一内涵的开掘，深化了国际战争合法性的理性认识，有助于为后面的论述提供方向性启示。

2. “一个理论框架”的构建

就是“三基四级”理论框架的提出和论述。这是本书理论创新的核心，既具科学性、系统性，又具基础性、原创性。“三基”，即国际战争合法性不仅要强调“义”的维度，检视是否合乎国际社会主流价值观念，还要放眼国际规制与“公意”的维度，考察战争施动者对国际规则的遵守以及国际社会对战争权力运用的认同的情况，通过论述概括出国际战争合法性的源泉在于理念价值基础、国际规制基础、协商赞同基础。“四级”，即依据国际战争合法性基础的权力特性表现，提出并论证国际战争合法性考量的等级可分为：合法性充足——绿色等级、合法性欠足——黄色等级、合法性缺乏——橙色等级、合法性丧失——红色等级。“三基四级”理论实质上就是关于国际战争合法性的形成与考量的理论，对于战争性质的认识与评判、战争的积极规避与合理运用具有重要的指导意义。

3. “一个理论模型”的建立

就是国际战争合法性理论“三圈模型”的构建和阐论。图 1－1 所示就是一般情况下的战争合法性理论“三圈模型”。三个圈分别代表“三基”：理念价值基础、国际规制基础、协商赞同基础。三个圈所处的不同位置呈现出这三个基础的和谐与张力的不同程度，当它们相互重合或彼此分离则表示其最和谐与最冲突的两个极端，而更多情况下则如图所示：彼此部分地交汇，因而形成诸多重合度不同的碎裂化区域。A、B、C、D 域所示的分别表示合法性充足、合法性欠足、合法性缺乏、合法性丧失等级的战争的分布区域。其中理念价值基础圈与其他圈没有交汇的部分——C（A、B）域，表示分布于此域的战争有的属于合法性缺乏，但也不排除有的属于合法性充足或欠足的时代战争。D 域位于“三圈”以外，表示位于

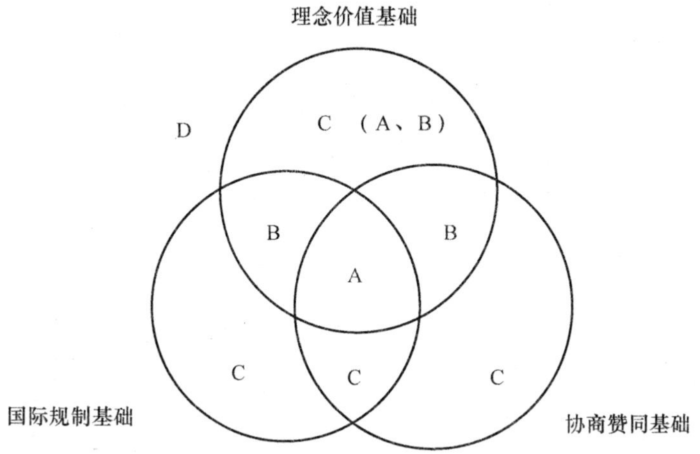

图 1－1　国际战争合法性理论“三圈模型”

此域的战争不具有合法性的任何基础，因而是合法性缺乏的战争。“三圈模型”可以变化地演示出各种不同情形，对战争合法性理论的构建具有重要的直观阐释作用。

4. “一个现实问题”的探讨

就是着眼提升软实力，探讨如何辩证把握合法性战争机遇。第七、第八章归旨于探讨重要现实问题的解决，分“软实力是硬实力的社会化效应”“合法性战争富含软实力因素”“辩证把握合法性战争机遇”以及“国际战争合法性对中国的意义与启示”多个部分，对国际战争合法性与国家软实力关系、以大国崛起为背景的合法性战争机遇把握和中国的理性选择，进行独立思考与探索，具有一定的创新性。

第二章 国际战争合法性的概念、特点与作用

一种国际秩序的生命力体现在它在合法性和权力之间建立的平衡，以及分别给予两者的重视程度。无论合法性还是权力都不是为了阻止变革，两者相结合是为了确保以演变的方式，而不是通过各方赤裸裸的意志较量实现变革。

——［美］亨利·基辛格①

政治不仅仅是争夺硬权力的斗争，也是争取合法性的较量。

——［美］约瑟夫·奈②

研究国际战争合法性，摆在面前的问题首先就是：什么是国际战争合法性？国际战争合法性与国内政治合法性是基本重合的吗？如果不是，那么它自身又有着怎样的特点？国际战争合法性的功能作用何在？本章就这些问题进行探析，旨在为后面研究奠定基础。

第一节 国际战争合法性的概念

战争一般是“独立的政体（国家）或政治团体之间有组织地使用武力

---

①［美］亨利·基辛格著，胡利平、林华、曹爱菊等译：《世界秩序》，中信出版集团2015年版，第75页。

② Joseph S. Nye, Jr.,“Understanding International Conflicts: An Introduction to Theory and History (5th ed.)”, Longman, Inc., 2004, p. 168.

的一种行为和现象”。[1] 国际战争是战争中的重要部分，与国际冲突相类，可谓源同流近、神同形似。国际冲突常指“拥有不同程度实力的国家之间为了追求自身利益而发生的诸种错综复杂关系中最突出的表现”，而“冲突的极限就是发生战争”。[2] 因此，国际战争是国际行为体间，尤其体现为国家或国家集团与国家、国家集团或特殊非政府组织间的有组织的严重暴力冲突，目的在于解决那些无法通过和平的政治或外交方式解决的问题。随着时代的发展，国际战争变得越来越克制、有限，战争合法性问题日益成为国际社会关注的焦点。但是，国际战争是国家武力使用在国际上的蔓延，实质是政治权力的特殊运用，所以，先弄清与政治权力紧密相联的“合法性”一词的含义，对于界定和探讨国际战争合法性具有本源意义。

一、合法性的内涵

“合法性”这一概念其实是从西方引进的，是英文词汇“legitimacy”的意译，而“legitimacy”源于拉丁文“legitimus”，具有“合法（法律）”“正义”“正当”等意思。在英文中还有一词“legality”与此相近，有学者建议将其译为“合法性”，而将“legitimacy”译为“正当性”或“正统性”。[3] 但是，一些学者坚持认为将“legitimacy”译为“合法性”更恰当合理。北京大学社会学人类学研究所高丙中教授认为，“legality（与法律的一致性）只是 legitimacy（合法性）的多种意思之一，legitimacy 不限于 legality。‘合法性’（legitimacy）的‘法’是法度、规范，可以包括法律而不限于法律”。从翻译来看，legality 确实在字面上翻译成“合法性”，但如果用“合法性”来翻译 legality，则 legitimacy 从意译上就无更好的词与之匹配。“当我们把‘合法性’专用于翻译 legitimacy 的时候，我们虽然找不到一个简明的词来翻译 legality，但尚能够差强人意地用‘与法律的一致

---

① 潘兴明：《战争与现代国际社会——基于联合国应对战争路径的研究》，《外交评论》，2008 年 8 月刊。

② 倪世雄等：《当代西方国际关系理论》，复旦大学出版社 2001 年版，第 270 页。

③ 周尚文、郝宇青等：《合法性视野下的苏联政治》，上海人民出版社 2006 年版，第 4 页。

性’这样的短语来表达它。”[①] 这一译法在大陆已经约定俗成，且含义变得比较固定，特别是我国20世纪80年代以来译介的大量西方学术名著，基本上用了“合法性”之译法。所以，武汉大学教授张星久认为，沿用这一译法，一方面便于学术上的对话，另一方面，更重要的是，从语义上看，“‘合法性’意义上的‘法’在汉语语境中原本就有‘标准’‘规范’乃至‘正义’‘公道’等含义。……使用‘合法性’一词以表明 legitimacy 所含‘合乎某种正当标准’之义，应是比较妥帖的”。[②] 对于“合法性”之“法”，郭树勇教授在论述合法性战争时也指出，“这里的法既指那些人类普遍存在的永恒的自然法，也指不断变化的反映人类正当利益与权利追求的万国法，我们不能简单以目前时代的成文法来理解‘合法’的含义，正义、正当与合法在很大程度上是重合的”；“革命战争属于合法性战争，这里的‘法’不是成文法，是尚未法律化的时代精神与时代意志”。[③] 综上所述，“合法性”与“legitimacy”是中英词意准确互现的词，并且含义丰富，具有合法律性、正义性、正当性甚至真理性等多重内涵。

但是合法性一词自出现以来，一般都用于探讨国内政治学方面的问题，因而也成为政治权力问题讨论的核心之一，并经历了漫长的发展与争论，[④] 其内涵也得以不断拓展和深化。当代学者周丕启、张康之、杨光斌、孙国东、郭晓东、周尚文、孙学峰等都对其进行了很有意义的梳理或阐发。[⑤]

---

① 高丙中：《社会团体的合法性问题》，《中国社会科学》，2000年第2期。

② 张星久：《论合法性研究的依据、学术价值及其存在的问题》，《法学评论》，2000年第3期。

③ 郭树勇：《大国成长的逻辑：西方大国崛起的国际政治社会学分析》，北京大学出版社2006年版，第76、81页。

④ 在合法性理论的发展中，马西利乌斯、威廉·奥卡姆、卢梭、伯克、马克斯·韦伯、哈贝马斯等学者都做出过有影响的论述。参见周丕启：《合法性与大战略：北约体系内美国的霸权护持》，北京大学出版社2005年版，第62—67页。

⑤ 参见：周丕启：《国际关系中的政治合法性》，《世界经济与政治》，2002年第3期；张康之：《合法性的思维历程：从韦伯到哈贝马斯》，《教学与研究》，2002年第3期；杨光斌：《“合法性”问题再认识》，《河南社会科学》，2008年第4期；郭晓东：《重塑价值之维——西方政治合法性理论研究》，华东师范大学出版社2007年版；周尚文、郝宇青等：《合法性视野下的苏联政治》，上海人民出版社2006年版；孙国东：《基于合道德性的合法性——从康德到哈贝马斯》，《法学评论》，2010年第4期；孙学峰：《国际合法性与大国崛起：中国视角》，社会科学文献出版社2012年版。

早在古罗马时期，合法性是指不受现实中群众影响的权力与永恒的原则相一致。[①] 这也符合当时社会的统治模式还处于神治、人本思想尚未唤醒的情形。“在罗马，当合法性这一概念初次出现时，行使权力只有与永恒的过去相一致时，才被认为是合理的，而过去的神圣法律程序则是从创建时的决议条款中产生的。”因而，群众的忠诚程度并不能赋予权力合法性，一种假设的中间标准或原则，是统治者提出合法权威的要求是否有效的依据，而这种原则的客观性被看作是不受现有评论界或命令与服从的关系所支配的。[②]

到了中世纪，合法性的含义中的神治观念没有根本动摇，但人本与科学思想开始苏醒。天主教重要政治思想家和经院哲学大师托马斯·阿奎那的一名弟子就曾提出合法性的取得不仅要符合神意，还要得到民众的同意的观点。[③] 同时，合法性概念又进一步发展，融入了要建立在自然法同意基础上的观点。

从文艺复兴到法国大革命前，合法性含义中的人本思想进一步巩固，但随着契约、法治的观念得到成长，社会契约论逐渐成为合法性理论的基础。社会契约论的核心是“政府是自由的具有道德的人同意的产物”。[④] 卢梭并不是社会契约论的开创者，对之前的这一理论也并不完全赞同，他有自己的理解与论述。他指出了光靠武力统治的局限性，指出：最强有力的人决不能成为任何时候都强的主人，除非他把武力转变为权利，服从转变为义务。[⑤] 马克斯·韦伯著名的国家定义指出，“在给定的领土内，成功地获垄断合法使用物质武力的形式”。[⑥] 韦伯的定义既强调了武力强制的一

---

① 周丕启：《国际关系中的政治合法性》，《世界经济与政治》，2002 年第 3 期。

② ［英］约翰·基恩著，刘利奎译：《公共生活与晚期资本主义》，社会科学文献出版社 1999 年版，第 288 页。

③ ［英］戴维·赫尔德著，燕继荣等译：《民主的模式》，中央编译出版社 1998 年版，第 58—60页。

④ ［英］戴维·米勒、韦农·波格丹诺著，邓正来译：《布莱克维尔政治学百科全书》，中国政法大学出版社 1992 年版，第 704 页。

⑤ Jean – Jacques Rousseau, “The Social Contract, Harmondsworth”, Middlesex: Penguin Books, 1968, p. 53.

⑥ H. Gerth and C. Wright Mills, editors and translators, From Max Weber: “Essays in Sociology”, New York: Oxford University Press, 1974, p. 78.

面，但也更强调了合法的属性。他的假定是权力对象的多数中有些出于义务服从国家，而另一些必须强迫服从，或者用武力防止他们坚持不服从。显然，国家使用武力被那些本身不需要强制而遵从的人们视为合法，而这些守法者恰恰给国家强制违法者赋予合法性。① 卢梭认为个人的自由是不可妥协的，放弃了自由就贬低了自己的存在，抛弃了生命，"既然任何人对他周围的人都没有天然的权威，而且又由于强力自身根本不能产生权利，那么人们之间任何具有合法性的权威都必须建立在约定的基础之上"。② 只有这样才能既保证人与人的平等，又能使每个人获得与自己让渡的权利相等的权利。而指导集体行动的标准就是公意。卢梭虽然未对公意下一个明确定义，但强调合法性要建立在公意的基础之上，把公众意志（意见）或公共利益引入合法性的视野，显然赋予了合法性以新的意义。

法国大革命之后，合法性的含义基本上已经蜕去了蒙昧的色彩，传统、民主以及合法成为核心理念。其理论基本可以分成两派，一派是保守主义，以伯克及保皇党理论家为代表，认为合法的权威必须来源于传统，大革命所建立的新制度由于没有建立在传统权威基础上，因而是不稳定的，将导致军人独裁。另一派是自由主义，以康斯坦、基佐和托克维尔为代表。康斯坦将民主等同于不受限制的人民主权，否认不受限制权威的有效性，认为公民拥有的个人权利是不能被破坏的，任何破坏公民权利的权威都是非法的，而合法性有两类：一是公开的，来自自由选举；二是心照不宣的，来自遗传。基佐提出了合法性的两条标准：其一是符合理性和公正，其二是随着时间的推移为人民所接受。而托克维尔在《论美国的民主》一书中认为美国的民主是合法的，因为它是以普遍的认同为基础的。③

德国思想家和哲学家马克斯·韦伯对合法性的系统研究影响巨大。他将合法性统治类型归纳为三种基本类型：传统型、克里斯玛型（即魅力

---

① ［美］丹尼斯·朗著，陆震纶、郑明哲译：《权力论》，中国社会科学出版社 2001 年版，第 101 页。

② ［法］让·雅克·卢梭著，徐强译：《社会契约论》，中国社会科学出版社 2009 年版，第 10 页。

③ 周丕启：《合法性与大战略：北约体系内美国的霸权护持》，北京大学出版社 2005 年版，第 63—64 页。

型）和法理型。[①] 传统型统治，通常建立在一般地相信历来适用的神圣性和由传统授命实施权威的统治者的合法性之上；魅力型统治，通常建立在非凡地献身于一个人以及由他所默示和创立的制度的神圣性，或者是英雄气概，或者是楷模样板之上；法理型统治，通常建立在相信统治者的章程所规定的制度和指令的权利的合法性之上。他认为："没有任何一种统治自愿地满足于仅仅以物质或者仅仅以情绪的动机，或者仅仅以价值合理性的动机，作为其继续存在的机会。毋宁说，任何统治都企图唤起并维持对它的合法性的信仰。"[②] 韦伯的合法性理论主要是经验性的，往往是对既定的事实予以认定，在他看来，具备政治合法性的条件就是统治者能够维持其统治地位以及社会公共秩序，做到了就理所当然地拥有。他没有告诉我们，"在强有力的命令不再被当作道德上的正当为人所接受的时候，哪一类型的统治将会盛行"。[③] 有没有非法的统治范畴？至少在韦伯的系统中没有论及，尽管他清楚地认识到这在经验上是可能的。结果，在运用时，合法性理论沦为工具型合法性理论，因为合法性中所蕴含的"统治与服从"双重关系，被他改造成了"操纵与服从"单向关系。一方面，他清楚地认识到合法性对于任何政治系统的稳定与发展意义重大；另一方面，却又剥离合法性概念应有的"价值反思"维度，从而使政治合法性理论从"民众借以捍卫自身政治权利，并实现公共利益的坚强后盾与有益辅助"沦为"统治者自我论证其统治地位与统治权利的得心应手的政治技巧或操纵工具"。[④]

二战以后，合法性的研究进一步兴起。一方面，马克斯·韦伯的"工具型合法性理论"影响了后世一大批学者，他们沿着它的方向继续前行。如李普塞特在《政治人——政治的社会基础》中认为，"合法性是指政治

---

① ［德］马克斯·韦伯著，林荣远译：《经济与社会（上卷）》，商务印书馆 1998 年版，第 241 页。

② ［德］马克斯·韦伯著，林荣远译：《经济与社会（上卷）》，商务印书馆 1998 年版，第 239 页。

③ ［英］弗兰克·帕金著，刘东等译：《马克斯·韦伯》，四川人民出版社 1987 年版，第 114 页。

④ 郭晓东：《重塑价值之维——西方政治合法性理论研究》，华东师范大学出版社 2007 年版，第 6 页。

系统使人们产生和坚持现存政治制度是社会的最适宜制度之信仰的能力”。[①] 并把这种合法性与“有效性”（即满足民众对政府治理绩效的预期）联系起来。美国政治学学者戴维·伊斯顿则将合法性的来源归结为三个方面，即“意识形态”“结构”“个人品质”，但并未系统深入地反思统治权利本身，只是重点论述了统治者获得民众支持与认同的政治手段如意识形态与政治构设[②]。亚历山大·温特说：“合法性问题之所以有争议，是因为国家的权利几乎总是在某些时候受到某些人在某种程度上的挑战。正因为如此，是否合法的问题是以人们的看法为基准的。”[③] 这也反映出同样的不足。另一方面，一些西方学者尤其是葛兰西、卢卡奇、阿尔都塞、法兰克福学派的开创者（霍克海默、阿多尔诺、马尔库塞）以及德国当代思想家哈贝马斯和美国思想家詹明信等，开始从社会批判的角度对盛行的“工具型合法性理论”进行系统深入的检讨与反思。[④] 他们更多地从大众赞同和服从依据的规范性对合法性进行研究。罗尔斯认为正义是合法性的核心源泉，《正义论》开篇即言：“正义是社会制度的首要德性，……某些法律和制度，不管它们如何有效率和安排有序，只要它们不正义，就必须加以改造或废除。”[⑤] 哈贝马斯提出在对不适当的合法性理论进行必要的“解构”的同时，应注重重新“建构”起一个崭新的政治合法性理论，并力求经验主义与规范主义的结合，强调符合价值规范基础上的认可和支持，避免陷入忽视大众认可、片面追求价值绝对主义的误区。他认为，“合法性意味着，对于某种要求作为正确的和公正的存在物而被认可的政治秩序来

---

① ［美］西摩·马丁·李普塞特著，张绍宗译：《政治人——政治的社会基础》，上海人民出版社 2011 年版，第 47 页。

② ［美］戴维·伊斯顿著，王浦劬译：《政治生活的系统分析》，华夏出版社 1999 年版，第 317—318 页。

③ ［美］亚历山大·温特著，秦亚青译：《国际政治的社会理论》，上海人民出版社 2008 年版，第 204 页。

④ 郭晓东：《重塑价值之维——西方政治合法性理论研究》，华东师范大学出版社 2007 年版，第 6—12 页。

⑤ ［美］约翰·罗尔斯著，何怀宏、何包钢、廖申白译：《正义论》，中国社会科学出版社 2009 年版，第 1 页。

说，有着一些好的依据”。[①]而且，他从自己创立的“交往行动理论”出发，认为“合法化危机是一种直接的认同危机”。[②] 这实际上在强调，被认可的价值是抽象的，但也是具体的、鲜活的，总与一定历史时期的社会规范紧密相联。统治者是通过当时的社会规范来证明自己的政治秩序和政治权力的合法性的，而大众正是以当时的社会规范为依据，认可与其相一致的政治秩序和政治权力的。[③]

总之，随着这种论争的演进，合法性的内涵在革故鼎新中，被赋予了丰富而深刻的营养，使得最初的含义拓充入比较稳定而十分重要的要素。一是被认同或同意。神治已经破灭，传统型统治已经式微，民本、民主、公意思想日益强大。所以，民众是否认可和同意对合法性形成具有重要意义。“合法性意味着某种政治秩序被认可的价值”[④]，被统治者的首肯是合法性的第一个要求[⑤]。俞可平在谈到善治的合法性时认为：“它指的是社会秩序和权威被自觉认可和服从的性质和状态。它与法律规范没有直接的关系，从法律的角度看是合法的东西，并不必然具有合法性。只有那些被一定范围内的人们内心所体认的权威和秩序，才具有政治学所说的合法性。合法性越大，善治的程度便越高。取得和增大合法性的主要途径，是尽可能增加公民的共识和政治认同感。”[⑥] 二是一定的规范标准。统治并非无缘无故成为可能，民众同意也非盲目赞同，取得合法性对规范必须重视。权利的存在将价值作为先决条件，而价值构成了权利的内容。所以，处于统治地位的人和处于服从地位的人应该在这一点上达成一致，即政治究竟应该将何种价值作为自己所推动的目标？唯有此时，统治才成为一种权利行

---

① ［德］尤尔根·哈贝马斯著，张博树译：《交往与社会进化》，重庆出版社 1989 年版，第 184 页。

② ［德］尤尔根·哈贝马斯著，刘北成、曹卫东译：《合法化危机》，上海人民出版社 2000 年版，第 65 页。

③ 周丕启：《合法性与大战略：北约体系内美国的霸权护持》，北京大学出版社 2005 年版，第 66 页。

④ ［德］尤尔根·哈贝马斯著，张博树译：《交往与社会进化》，重庆出版社 1989 年版，第 184 页。

⑤ ［法］让－马克·夸克著，佟心平、王远飞译：《合法性与政治》，中央编译出版社 2002 年版，中译本序，第 2 页。

⑥ 俞可平：《全球化：全球治理》，社会科学文献出版社 2003 年版，第 10—11 页。

为。故伊恩·赫德认为："合法性是指行为体从规范角度相信规则和制度应该遵守。"[①] 三是合法律性标准。合法性不等同于"合乎法律规范规定"，但并不意味着它们之间没有任何必然逻辑。实际上，不仅合法性本身就保留着"与法律一致"这一理念，而且，在君权神授理念衰落之后，现代立宪主义的发展及权利不断趋向理性化，它们在合法性的进程中有助于增强"人为法"的作用及合法律性标准的重要性，以至于法律实证主义趋向于将"合法统治"归结为"合乎法律的统治"。[②] 事实也颇如此，现代国家中任何逾越法律法规的行为都会被认为损害权力的合法性，这是因为国家的权力来源及其运行一般均以法律法规的方式加以确定。但是，合法律性，或者说对合法律性的信仰，并不构成一种独立的合法性，而是合法性的一种重要来源。四是功能有效性。人们奋斗所争取的一切，总是与他们获得的利益相关。满足利益诉求往往是民众支持的第一动因。所以，合法性离不开有效性，政治系统必须普遍地满足民众的现实物质利益需要，如改善大众的生活福利等，否则其合法性就要受到挑战。

二、国际战争合法性的定义

通过以上对合法性的梳理和揭示，我们可以认识到，这种以国内政治为主要背景的合法性，拥有深厚的历史底蕴，其实是对一般规律的提炼与概括，具有普遍的指导意义，同样适用于对国际战争合法性的界定。这是因为：第一，合法性实现了哲学方法的超越与升华。现代合法性的内涵要素和存在条件，尽管最初脱胎于国内社会，但却并不囿限于此，它经历了人类历史漫漫长河的淘洗，融入了政治权力无数成败得失的启示，把握了政治合法性的本质与核心，"基本上是在超越国内和国际区分的情形下对

---

① Ian Hurd, "Legitimacy and Authority in International Politics", International Organization, Vol. 53, No. 2, Spring 1999, p. 318.

② 让-马克·夸克著，佟心平、王远飞译：《合法性与政治》，中央编译出版社 2002 年版，第 26 页。原文参见［美］罗伯特·曼加贝拉·昂格尔：《现代社会中的法律》，自由出版社 1976 年版，第 61—62 页。

抽象的、一般化的权力所进行的哲学思考”。[①] 第二，权力的主要行为体没有变化，仍是拥有并深谙合法性逻辑的现代国家。建构主义认为，“国际结构不是物质现象，而是观念现象”；社会的深层结构是由观念而不是物质力量构成的，权力和利益的意义和作用依赖于行为体的观念。[②] 无政府状态下，只要存在由现代国家发展成的国际社会，存在权力结构，现代合法性的基本逻辑就不会凭空出现断崖式消失。第三，随着全球化的涌动、现代化的普及以及各国相互依存的不断加深，在全球问题的牵引、全球善治的昭示下，合法性信念不但难以一国独有，而且不会仅仅指向国家，国际社会和所有国际行为体将是它最大的拥有者和最广阔的应用舞台。所以，“现代合法性的一般条件是所有行为体或权力类型获得合法性的基础”。[③] 国际战争合法性，因而在更本质的层面上，成为政治权力现代合法性以另一种形式在国际战争领域的延伸与表达。由此，我们不妨这样界定：所谓国际战争合法性，是指在全球化日益加深的情况下，国际社会顺应从无政府社会走向全球善治的趋势，依据一定的理念价值、国际规制[④]、民主共识等标准，对以国家为主的国际行为体间的具体战争权力和行为的自愿赞同与认可。[⑤] 这一概念显示出战争合法性有四个关键点：一是战争合法性的主要背景，即是国际社会不断发展，全球化与全球治理日益深化；二是战争合法性的评判对象，即以国家为主的国际行为体间的具体战争权力和行为；三是战争合法性的主要标准或来源，即国际社会共享的理念价值、国际规制、国际协商和赞同；四是战争合法性的核心本质，即国际社会对某次具体战争权力运用的认可与否。

与“战争合法性”密切相关的，是另一个概念——“合法性战争”。这两个概念，既互相独立，又互相描述和阐释。所谓“合法性战争”，简

---

① 李海龙：《论国际社会中的合法性》，《太原理工大学学报》（社会科学版），2009 年第 3 期，第 1 页。

② ［美］亚历山大·温特著，秦亚青译：《国际政治的社会理论》，上海人民出版社 2008 年版，第 18、23 页。

③ 简军波：《现代国际合法性条件与美国的困境》，《世界经济与政治》，2007 年第 3 期。

④ 关于国际规制，下一章将做专门论述。简单地说，它是国际体系的制度化表现，包括国际组织、国际协议、国际准则以及国际惯例等，是国际秩序的基本架构。

⑤ 朱同银：《全球治理视角下的国际战争合法性》，《国际观察》，2012 年第 5 期，第 47 页。

而言之，就是具有合法性的战争。但根据国际政治社会学的观点，凡符合一定范围内的国际公意，就拥有一定程度的国际合法性，所以，反映一定条件下的时代要求和标准的战争，通常具备一定的战争合法性，因而在其他条件既定的情况下，可以称为“合法性战争”。[①] 显然，这仍是一个笼统而模糊的概念，原因在于战争合法性没有得到相当的量化，所以，目前暂且定性地运用它，其表述的缺陷将在后续几章的阐述中逐步弥补。

第二节 国际战争合法性的特点

国际战争合法性在具有现代合法性的一般特性，并遵循其内在规律的同时，与国内政治合法性相比，又具有一些具体的、特定的内容，存在明显的区别。下面，不妨从体系到单元、从环境到本体等侧面做初步探讨。

一、行为主体在体系中所处的位置“去优势化”

国内政治合法性与国际战争合法性的主要施动者其实都归于国家，所以，如果把国家政治权力作为主要研究对象，把国内政治、国际社会分别看作一个系统，那么，行为主体将由处在一个体系的顶端层次，向处在另一个体系的单元层次转换。所以，对于国内政治体系，拥有权力的统治者在与公众互动中，虽然有“高处不胜寒”之忧，但也具有“顶端优势”，往往有更多的合法性因素可以利用，有更多的合法性资源可以使用，包括政治的、经济的、价值的（意识形态的）、法律的、军事的等等，因而在有效地取得并维系政治合法性，预防和消解合法性危机上更有主动权。但是，对于国际体系中的战争合法性，情形就并非如此。国家处于国际社会体系的单元层次，与其他诸多国际行为体一样是平等而独立的实体，犹如

---

① 郭树勇：《大国成长的逻辑：西方大国崛起的国际政治社会学分析》，北京大学出版社2006年版，第81页。

斯诺克球桌上运动着的坚硬小球，它们可以接触，可以碰撞，但谁也不能吃掉谁，而且必须接受不被个体左右的规则的裁判。对国家而言，这个规则不是先验性的、一成不变的，而是后天创设的、流变的和开放的，是单元与单元或单元与体系在互动中逐渐形成的国际共享价值、建立的国际制度，它们不仅随着互动而发展，而且效果积累到一定程度会产生质的飞跃，将改变国家等所有行为体的思维与行为逻辑。面对整个国际社会，战争相关国即使是世界的一极，影响也是有限的，不可能“一手遮天”，最终必须接受国际社会共同塑造的现代共享价值，遵守国际社会认可的法律和制度（即使有时不情愿遵守甚至违背之）；否则，各行其是，任性妄为，以单边主义挑衅既有的国际社会秩序，将会遭到国际社会唾弃，是不会得到整个体系承认而获得合法性的。

二、处于无政府环境，自助逻辑难以超越

根据肯尼思·华尔兹的《国际政治理论》的论述，一种政治结构是由多个要素决定的：（1）它的构成原则；（2）各组成部分的具体功能；（3）能力的分配。① 而且，结构本身对于其组成部分的意愿与行为方式影响极大。当然，他所指的结构主要是物质结构，实际上结构还应包含观念成分，只不过这种观念成分的特点和内涵与国内社会的观念是存在着巨大差异的。但是，国际社会的结构特征是：主权国家之间的无政府秩序；行为者之间最小限度的功能差异；国家间能力的分配。② 如华尔兹指出的，“像经济市场一样，国际政治体系也是由各个利己单位的相互作用组成的”，在自助原则发生作用这一点上，“国际政治与市场经济在结构上是相似的”。③ 无政府社会中，国家之上没有一个更高的集权的权威，国际组织及

① Kenneth N. Waltz, “Theory of International Politics”, Reading, Mass.: Addison - Wesley, 1979.

② ［美］罗伯特·吉尔平著，宋新宁、杜建平译：《世界政治中的战争与变革》，上海人民出版社2007年版，第90—91页。

③ Kenneth N. Waltz, “Theory of International Politics”, Reading, Mass.: Addison - Wesley, 1979, p. 91.

国际法规相对国家而言，尚显软弱，康德文化远未到来，所以，没有全球的“利维坦”[①] 可以保证国家安全，国家也不可能依靠他国保证自己的安全，因而国际社会的逻辑就是，一旦遇到矛盾冲突，在国际协商调解无效的情形下，国家实行“自助”解决是最后方案。正如威廉·葛德文在《政治正义论》中论述的，国家找不到公正的裁判人来向之申诉，于是就有了战争。[②] 而且，国家在国际上也是暴力的唯一合法使用者。无政府社会中最后“自助”的逻辑，为国家开启战端增加了可能，但无政府社会的社会性不断成长，也为战争合法性评判和研究提供了条件。

三、拥有的共同理念价值相对稀薄

任何政治权力合法性的建立都离不开共同的理念价值做支撑。国内政治权力，往往有整套的价值观念体系、丰富的作为“赋予意义的系统”的文化[③]来教化熏陶民众，以便形成一个区别于它的周边环境的具有凝聚力和延续性的共同体。共同体中的每个成员，对于这些核心价值的破坏或是践踏，其自身都会感到不安，都会将其视为对其自身统一性的威胁。因而，正是在与这些核心价值的联系中才建立起每个人的个性和集体的团结，才可能使集体同一性的不同形式表现出来。[④] 因此，这些核心价值不仅是集体生活的源头，还是它的终极目标，它们构成了基本规范。国内政

---

① 《威斯特伐利亚和约》签署三年后的1651年，托马斯·霍布斯撰写的《利维坦》问世。他在此书中提出了一个理论，即他想象昔日曾经存在一种“自然状态”，因为权威的缺失导致了“一场各方混战的战争”，并推论说，为了防止这种令人难以容忍的不安全，人们把自己的权利托付给了一个国家，用以换取国家在本国境内保证所有人的安全。主权国家确立了对权力的垄断，唯有这样才能消除人们对死于非命和战争的无休止的恐惧。霍布斯阐述的这一社会契约只适于一国境内，因为不存在一个超越国家的主权把秩序强加在各国之上。参见［美］亨利·基辛格著，胡利平、林华、曹爱菊等译：《世界秩序》，中信出版集团2015年版，第26—27页；Thomas Hobbes，“Leviathan (1651)”，Indianapolis：Hackett，1994，p. 233。

② ［英］威廉·葛德文著，何慕李译：《政治正义论》，商务印书馆2007年版，第406—426页。

③ John Tomlinson，“Cultural Imperialism：A Critical Introduction”，Pinter Publishers，1991，p. 6.

④ ［法］埃米尔·涂尔干：《社会分工论》，法国大学出版社1986年版，第73—74页。转引自［法］让-马克·夸克著，佟心平、王远飞译：《合法性与政治》，中央编译出版社2002年版，第22页。

治合法性正是建立在这些规范之上，以期公众对政府的活动取得谅解和支持，使统治成为一种权利行为。但是，“国际体系不是一个具有高度‘社会’性质的所在”，它的“社会结构既不深厚也不密集”。[①] 这里的社会结构就包括国际共享价值，它是为国际社会共同认可和应当遵循的伦理原则和意识形态。国际共享价值的形成不能一蹴而就，而是在历史的发展中逐步发育和成熟的。一方面，国内社会价值会向外演绎为超越国界的普遍价值；另一方面，国际社会在交往中会直接创造和建构独特的共享价值。[②] 比如在国家间特殊的交往——战争中，用血与火写就的自 1648 年《威斯特伐利亚和约》以来的每一个条约，都是国际社会新的共享价值诞生的宣言书。《威斯特伐利亚和约》签署前，在“三十年战争”期间，相关各方都有过被自己的“天然”盟友遗弃的时候，故而签署和约都只是为了自己的利益和尊严，而对天下一统、同一信仰的人团结一致等已经不抱有任何幻想。所以，“历经战火洗礼的几十个参战方召集会议以求确保来之不易的成果”，“把用于结束一场战争的实际手段转化为世界秩序的一般概念”。对此，基辛格在著作中写道：

> 昔日尊卑分明的等级制度被悄悄地抛到了一边，代之而起的是主权国家无论强弱、无论实行何种制度都一律平等的体系。新涌现的大国，例如瑞典和荷兰共和国，得到了诸如法国和奥地利等老牌大国享受的礼遇。凡是国王，一律称为“陛下”，凡是大使，一律称为“阁下”。这一崭新的概念被推到了极致，坚持绝对平等的各国代表团想出了各自通过不同入口走进谈判会场的办法，为此需要修建很多会场入口。同时还规定各国代表团以同等速度入席，从而任何一方不至于因为坐等姗姗来迟的另一方而受辱。[③]

---

① ［美］亚历山大·温特著，秦亚青译：《国际政治的社会理论》，上海人民出版社 2008 年版，第 2 页。

② 简军波：《现代国际合法性条件与美国的困境》，《世界经济与政治》，2007 年第 3 期。

③ ［美］亨利·基辛格著，胡利平、林华、曹爱菊等译：《世界秩序》，中信出版集团 2015 年版，第 22 页。

由上可以窥见，通过和约制定，一个现代“国际关系”体系的原则已逐渐显露出轮廓，首次出现的“国家理由”“国家利益”等概念没有赞美过去几百年来打着“普世价值”旗帜实则为了征服者实现个人、王朝、帝国或宗教野心，在欧洲大陆上东征西伐的权力，而是试图限制权力并使其合法化。而今，随着文明社会的发展，国际政治、经济、文化等领域事务和问题纵横交错、盘根错节，民族国家不得不进行更广泛、更深入的合作，更多的理念价值在接触中萌生、在交流中共享、在互鉴中升华。可见，国际共享价值因正在不断积累、巩固、传播而变得日益丰厚和富有生机，以足以浮起战争合法性考察的“航船”，并为它指明航向。

四、国际规制不够丰满，且大多不具强制性

现代合法性的重要来源在于各种既定的法律法规。霍布斯认为，“缺少共同权威的地方，就没有法律”①；约翰·奥斯汀论言，法律是“主权者的命令”②。可是，国际规制既不完备，也不具有通常所说的强制性。不完备，是指国际法、国际组织等尚在发展中，还有很多真空，距离“有法可依”非常遥远，难以适应解决日益增多的跨国行为与跨国问题的需要。“由于国际体系的低密度现象，国家的身份和利益可能更多地依赖于国内结构而不是国际结构。”③ 缺乏强制力，体现在有的国家某时对于国际规制可以不尊重、不遵守、不服从，国际社会对违规行为也难究其责。尽管汉斯·凯尔森等学者坚持法律是“强制性的命令”的观点，认为国际法不同于“相对集中化的法律规则”的国内法，是“相对非集中化的法律规则”，依赖其他国家非集中化的制裁，④ 但是，国际规制的约束力量未必在于强制，因为在任何社会中单纯依靠制裁和武力推行的规制其实并不能持久。

---

① Hobbes, “Leviathan”, Blackwell, 1946, chap. 13, p. 83.

② ［英］赫德利·布尔著，张小明译：《无政府社会——世界政治秩序研究》，世界知识出版社 2003 年版，第 103 页。

③ ［美］亚历山大·温特著，秦亚青译：《国际政治的社会理论》，上海人民出版社 2008 年版，第 25 页。

④ Hans Kelsen, A. Wedberg, “The General Theory of the Law and State”, trans by Harvard University Press, 1946, chap. Ⅵ.

事实上，实际的国际行为与国际规制所要求的行为之间，存在着很大程度的一致性，大多数国家在绝大多数的时候都遵守被普遍接受的国际法规则。任何一个国家，只要它至少同另外一个国家和平相处，发展关系，就必然要遵守国际法规则。[①] 所以，国际规制重要的作用，是在出现危机时，它能增强国际社会的共同关注，使人们的观点变得明确起来，在可能给予物质制裁的同时，引发国际舆论的力量，给当事国的国际道义、国际责任、国际信誉等软实力造成软杀伤，增加违规行为带来的代价，从而唤起希望成为“正常的”而不是被国际社会“孤立”“边缘化”甚至“抛弃”的国家对自私行为的自制力。可见，国际规制的发展其实是国际社会发展的内在逻辑。哈耶克的“自由自发秩序”社会理论认为，社会秩序作为“一种显见明确的秩序并非人的智慧预先设计的产物，也并非出自于一种更高级的、超自然的智能的设计，而是适应性进化的结果”。[②] 1625 年，荷兰法学家格劳秀斯出版了著作《战争与和平法》，它成为国际法“后来一切发展的基础”。[③] 自此，国际法逐渐成为日益强大的力量在国际社会中发挥作用，与此同时，国际组织也不断得到成长和繁荣。据统计，国际社会中政府间的国际组织，从 1900 年的 30 个发展到了 1993 年的 272 个，增长了 807%。[④] 如今，随着全球化进程加快，全球性的冲突、恐怖主义、生态、人权、移民、毒品、走私、传染病等问题剧增，迫切需要通过全球层次具有约束力的国际规制加以解决，以维持正常的国际政治经济秩序。[⑤] 不难推论，国际规制的发展繁盛是国际社会发展内在逻辑的结果，并成为国际战争必须遵守的依据。与一切国际规制彻底“切割”、不顾一切“裸奔”的战争不仅并不存在，甚至随着战势发展，积极参与和影响国际社会

---

① ［英］赫德利·布尔著，张小明译：《无政府社会——世界政治秩序研究》，世界知识出版社 2003 年版，第 109 页。

② ［英］弗里德利希·冯·哈耶克著，邓正来译：《自由秩序原理》，生活·读书·新知三联书店 1997 年版，第 20 页。

③ ［英］劳特派特修订，王铁崖、陈体强译：《奥本海国际法（上卷第一分册）》，商务印书馆 1972 年版、1989 年重印，第 4 页。

④ John T. Rourke, “International Politics on the World Stage”, Cole Publishing Company, 1995, p. 343.

⑤ 俞可平：《全球治理引论》，《马克思主义与现实》，2002 年第 1 期。

相关议程成为交战双方争夺的另一个焦点。

五、对有效性的迷恋会造成价值的迷失

显然，国内政治合法性对有效性是十分依赖的。一个政治系统如果在大多数民众或势力集团中能满足其需要，并长期保持良好的有效性，自然可以获得合法性。罗斯切尔德对合法性与有效性的关系进行深入考察后认为，当政治系统的成员认同体系具有统治合法性时，就可以弥补长期的不良政策绩效，同时对政治系统采取与其利益相悖的行为表示认可；同样，如果政治系统能长期满足成员的需要和利益，也可赢得统治的合法性；最后，即使一个传统的政治系统完全拥有统治的合法性，但如果它长久以来表现得昏庸无能，亦会慢慢蚀耗其统治的合法性。① 李普塞特在对二者关系的考察中发现，通常有效性的优劣会增强或削弱合法性，但也不排除存在国家有效性高但合法性低或有效低但合法性高的特殊情况。这说明国内政治系统的合法性与其有效性既有线性正相关性的一面，也有错综复杂的另一面。从更长周期的视角看，政治系统的合法性应与其真正的有效性表现是一致的。在国际社会中，合法性自然也离不开有效性。"同任何社会或政治制度一样，国际政治变革的进程最终反映的是个人或各种群体为谋取更多的利益而改变各种制度或体系的努力"，弱小国及其联盟之所以认同现存秩序，接受强大国领导，原因在于"那些帝国和占统治地位的国家则提供公共商品（安全、经济秩序等），作为其他国家服从它们领导所得的利益"。所以，"包含尊重和共同利益在内的大量要素，构成了一国威望及其统治合法性的基础"。②

但是，作为国际合法性之特殊的战争合法性则不能过于迷恋有效性。有效性在一定意义上可以印证和注解合法性，却难能定义合法性，否则就极易滑向简单地以胜负、成败为侵略、不义正名的误区。这是因为，

① J. Rothschild, "Political Legitimacy in Contemporary Europe", B. Benitch, "Legitimacy of Regimes", Sage Publications Inc. , 1979, pp. 38 – 39.

② ［美］罗伯特·吉尔平著，宋新宁、杜建平译：《世界政治中的战争与变革》，上海人民出版社 2007 年版，第 16、36、37 页。

一是战争所追求的价值合法性中本身就蕴含了国际社会的最大公共利益，比如尊重主权原则、反抗侵略行径等，这是任何国家存在发展的利益底线，谁若怂恿见利忘义之战，到头来无异于“搬起石头砸自己的脚”。二是战争对利益的片面追求最终会腐蚀理念价值基础。不义之战也能速胜，然致“九庙尽崩隳”。无论是全面还是片面的有效性，其实都不具有合法性所蕴含的信念价值力量。美国在阿富汗战争中对其自身及盟国的战略利益不能说没有考量，但它在发动战争时尚未赤裸裸突破“反恐”“自卫”目的，基本上还是尊重了国家主权和人权，做到师出有名，所以，具有较强的合法性。及至伊拉克战争，美国的行动既没有尊重主权原则，也没有得到联合国的授权，人们看到的只是美国在“反恐”名义下对地缘政治和能源利益的不计后果的追逐，以及对单极霸权地位的强化，其合法性最终变得荡然无存。也就是说，伊拉克战争中美国对利益的片面追逐已经蚀空了价值、规制等支柱，合法性“大厦”不可能摆脱坍塌的命运。即使这样的战争能给世界带来原油下降10美元/桶或更大的利好，国际社会难道能对其不合法行径视而不见并表示普遍认同吗?

六、几点简要启示

对以上国际战争合法性与国内政治合法性比较分析的情况，不妨做简要梳列，形成表2-1。这些不同维度的比较，能给我们以什么启示，或者说从中我们能得出什么样的结论呢?

表2-1 国际战争合法性与国内政治合法性的比较一览表

类别 维度	国内政治合法性	国际战争合法性	结论或启示
行为主体所处位置	位于国内体系的顶端层次，在与公众互动中，具有“顶端优势”，在获取并维系政治合法性上具有相对主动权	位于国际体系的单元层次，被“去优势化”，与其他诸多国际行为体是平等而独立的实体，须接受不为个体左右的规则的裁判	国际认可与赞同对国际战争合法性的形成非常重要

续表

维度 \ 类别	国内政治合法性	国际战争合法性	结论或启示
环境与逻辑	国内社会有等级森严、集权的政府，凡矛盾、冲突一般通过政府依法裁决	国际社会是在国家之上没有更高权威的无政府社会，如矛盾冲突协商调解未果，“自助”逻辑就会出现，但国际赞同成为自助行为合法性的重要标志	国际认可与赞同对国际战争合法性的形成具有必要性和本源性
理念价值	有整套价值体系作为合法性源头，以取得民众对政治行为的认同和支持，使统治成为一种权利行为	拥有的共同理念价值相对稀薄，但国际共享价值正不断积累、巩固、传播，因而日益丰厚和富有生机	共同的理念价值支撑是国际战争合法性的重要来源
规定、制度或组织	国内法治建设和权力运行程序比较完备，法律法规具有强制性和平等性	国际规制不够丰满，且大多不具强制性，但正不断成长和繁荣，成为国际社会日益强大的力量	国际规制的发展繁盛是国际社会发展的内在逻辑，成为国际战争合法性的重要来源
有效性	国内政治合法性对有效性是十分依赖的	对有效性的强调会侵蚀价值基础，有效性并不必然具有合法性所蕴含的信念价值力量	有效性可作为促进国际赞同的部分因素，但不能作为合法性的独立基础

其实，以上研究方向性地启示我们，应把三个方面的要素作为国际战争合法性的源泉基础：一是协商赞同。国际战争行为体所处的位置、环境以及国际社会的内在逻辑，必然建构出它的观念和行为以及国际战争合法性的评价模式，所以，国际协商与国际认可或赞同对国际战争合法性的形成具有必要性和本源性，应成为合法性获取的重要标志，它对国际战争行为者最具现实意义和指导价值，它实际上警示人们，当主观的争取不能求得国际社会对自己的认可时，就不能冒天下之大不韪；逆天下而动，最终将落得个“孤家寡人”的下场。二是理念价值。国际社会拥有的共同理念

价值虽然相对稀薄，但国际共享价值产生久远，且正在不断积累、巩固、传播，因而日益丰厚和富有生机。共同理念价值的支撑应是国际战争合法性的重要源头。三是国际规制。相对国内法律制度和组织机构，国际规制虽然不够丰满，且大多不具强制性，但它的发展繁盛，成为国际社会日益强大的力量，是国际社会发展的内在逻辑，应成为国际战争合法性的重要来源。至于有效性，它并不具有合法性所应蕴含的信念价值力量，国际战争如对有效性刻意强调就会侵蚀合法性价值基础，因此，它应是促进国际赞同的部分因素，而融入协商赞同维度，但不应成为合法性的独立基础。当然，这些结论只是对战争合法性研究有价值的概要提示，犹如黑夜中虽然发现了几点可供指路的灯光，但如不小心翼翼地循辉前行，定睛探清脚下的路，也难顺利抵达旅行的终点。所以，下一章我们将围绕这些提示，做深入的论证。

第三节　国际战争合法性的作用

国际战争拥有合法性，是战争施动者顺应时代发展潮流、合乎人类社会进步、反映国际社会主要意志的内在体现，必然从根本上对战争胜利、战争施动者软实力以及整个国际社会的发展等产生十分重要的积极影响。

一、具有合法性可以促使战争赢得支持，降低成本提升制胜效能

具有合法性的战争未必能取得胜利，因为战争的胜负除了受政治、经济、社会、法律等因素制约，很大程度上还受到包括战略决策、力量对比、战争艺术等诸多军事因素的直接影响。近代西方军事思想家若米尼曾说，“战争实在是一幕伟大的戏剧，有上千种精神与物质的因素在里面起着不同程度的作用。”① 克劳塞维茨写道：“胜利通常产生于各种物质力量

① ［瑞士］A. H. 若米尼著，刘聪译：《战争艺术概论》，解放军出版社2006年版，第18页。

和精神力量的总优势。”[①] 他在分析其中的因素时就指出了“政治结合关系的变化”，而导致这种变化的背后就有战争合法性的原因。他还举例说，如果战败的国家是小国，一旦它的生存受到威胁，许多国家很快就会自愿地做它的保护者，甚至其中有些国家曾经帮助它的对手打击它，如果认为它的对手做得太过分时，也可能反过来帮助这个小国。[②] 这说明战争的胜负变化与其合法性变化是密切相关的。毛泽东在《中国革命战争的战略问题》中提出，战争的胜负主要决定于作战双方的军事、政治、经济、自然以及主观指导能力五个因素，显然，他当时是立足国内战争而言。后来，他在《论持久战》中，又加上了“战争性质”“国际援助”两个因素，认为战争的胜利，就是这些因素综合作用的结果。[③]

但是，战争制胜因素的作用并不等量齐观，一般来说，政治因素是战争胜负的根本性因素，而经济因素是战争胜负的基础因素，军事因素是决定战争胜负的直接因素，时间、地理、天候等自然因素是战争胜负的制约因素。[④] 所以，战争若有集国际政治、社会、法律等多方面积极因素于一体的合法性，无疑会大大增加胜算。尤其是全球化时代，国际社会背景愈发浓厚，战争具有合法性将会得到国际社会的广泛支持、盟友的大力援助，从而减少战争阻力，降低战争成本，提高战争制胜效能。罗伯特·达尔认为，建立在合法性基础上的权威，不仅比赤裸裸的强制更可靠和持久，而且还能使统治者用最低的政治资源进行管理。[⑤] 对于这一点，合法性战争体现得最为直接。一方面，它将国际社会绝大多数国家集合在这一旗帜之下，形成战争的统一阵线，不断壮大自己的力量，慑止、削弱与减杀对方的力量，使对方面临四面楚歌、陷于分崩离析，让战争最终在一边倒中画上句号。另一方面，它还可以让战争巨额成本找到更多分担者。无

---

① ［德］克劳塞维茨著，中国人民解放军军事科学院译：《战争论（第三卷）》，解放军出版社 2005 年版，第 885 页。

② ［德］克劳塞维茨著，中国人民解放军军事科学院译：《战争论（第三卷）》，解放军出版社 2005 年版，第 891 页。

③ 薛国安主编：《军事思想概论》，国防大学出版社 2012 年版，第 244 页。

④ 薛国安主编：《军事思想概论》，国防大学出版社 2012 年版，第 247 页。

⑤ ［美］罗伯特·达尔著，王沪宁等译：《现代政治分析》，上海译文出版社 1987 年版，第 77 页。

论过去还是现在，战争永远是台贪婪吞噬金钱的机器，没有雄厚的经济实力作支撑，求得胜利只能是空谈。恩格斯在《反杜林论》中指出，暴力的胜利“是以‘经济力量’，以‘经济状态’，以可供暴力支配的物质手段为基础的”；“暴力不能铸造金钱”，而作为暴力的陆军和海军“这两者需要‘巨额的金钱’”。[①] 战争是真正的“吞金巨兽”。所以，直面战争的国家总是千方百计地降低战争成本，增强战争效益。而“得道多助”的合法性战争，不仅有国际社会支持，降低行动的效能阻耗，而且大多有同盟国家参与，共同分担战争费用，这无疑会使战争主导国大大地降低战争开支。

关于这一点，美国发动的对伊拉克的两次战争形成鲜明对比，颇能给人以启示。[②] 1991 年的海湾战争，是为恢复科威特主权、惩罚伊拉克侵略行为，经联合国授权的战争，战争所具有的充足的合法性，凝聚起以美国为首的 34 个国家组成的 100 万参战军队，对伊拉克在战略和技术上形成了绝对优势。最终，多国部队仅用 3 个多月就以极小代价取得了决定性胜利。但是，2003 年的伊拉克战争，不但没有得到联合国安理会授权，而且遭到国际社会特别是大国反对，用罗伯特·卡根的话说，就是不仅“没有得到北京、巴西利亚、吉隆坡、莫斯科和其他国家的支持”，还“丧失了巴黎和柏林的拥戴”，[③] 遭遇到了前所未有的合法性危机，成为致使美国深陷伊拉克将近 9 年的一个原因。伊拉克战争的合法性缺乏不仅撕裂了美国与欧洲一些盟国的关系，出现部分盟国中途撤兵“出逃”，而且也使美国资源投入捉襟见肘，这也使得相比而言，合法性较强一些的阿富汗反恐战争失利。连时任美国总统奥巴马也承认，“（在伊拉克战争爆发）随后 6 年里，伊拉克战争占据了我们绝大部分的军队、资源、外交和国家注意力”。[④] 两次战争，发动者同为美国，针对的是相同的“冤家”，却有不同的下场，

---

① ［德］马克思、恩格斯：《马克思恩格斯选集（第 3 卷）》，人民出版社 1995 年版，第 509—510 页。

② 关于海湾战争、伊拉克战争合法性的详细分析，后面“国际战争合法性的案例考核”一章将专门论述。

③ ［美］罗伯特·卡根著，赵晨译：《美国的合法性危机》，《当代世界与社会主义》，2004 年第 5 期，第 125 页。

④ 赵华胜：《阿富汗：失去的机会和前景》，《国际观察》，2010 年第 6 期，第 9 页。

原因何在？关键的一个因素是合法性程度异也！

二、具有合法性可以增强施动国的软实力，提高其国际地位

合法性至关重要，是政治权力的命脉。对于战争而言，合法性无疑会增强国家的软实力，提高国家在国际社会的形象和地位。这一点，将在本书最后一章做重点论述，这里仅做概要提示。软实力是通过自己的思想的吸引力或者决定政治议题的能力，让其他国家自愿效仿或者接受体系的规则，从而间接地促使他人确定自身的偏好。[①] 换言之，软实力“是通过吸引而非强制以达到目标的能力”，[②] 或者说，软实力其实就是吸引力。奈把软实力归纳为文化吸引力、意识形态或政治价值观念的吸引力，以及塑造国际规制和决定政治议题的能力。奈指出，合法性是权力的一个源泉，“合法性也会增强一国的软权力”。[③] 具有合法性的战争，对国家软实力的增强显然具有重要意义。这是因为，一是具有合法性的战争基于现有或推新的国际社会共享理念价值，为国际社会绝大多数所认可和接纳，所以，必然对国际社会产生价值认同力。二是具有合法性的战争尊重、依据国际规制甚或者对其加以重塑，在很大程度是为了维护国际秩序、实现国家及其集团诉求，并依据既有国际法规定及其精神进行战争，基本上遵循现有国际规制，当然当现有国际规制存在明显的不合理、不公正时，合法性战争往往会冲击其不合理成分，积极重塑国际社会上层建筑，解放被压制的国际公意，因此，必然对国际社会产生示范感召力。三是具有合法性的战争注重平等协商、争取国际赞同，实行多边主义，坚持平等沟通、民主对话，强调包容克制和必要妥协，最大限度地争取国际社会认可和支持，必然对国际社会产生民主亲和力。价值认同力、示范感召力、

---

① Joseph S. Nye, Jr., “Bound to Lead: The Changing Nature of American Power”, New York: Basic Books, Inc., Publishers, 1990, pp. 31 – 32.

② Robert O. Keohane, Joseph S. Nye, Jr., “Power and Interdependence in the Information Age”, Foreign Affairs, Sep/Oct. 1998, p. 86.

③ ［美］小约瑟夫·奈著，张小明译：《理解国际冲突：理论与历史（第五版）》，上海人民出版社2005年版，第201页。

民主亲和力集聚起来就是强大的吸引力，必然会使施动国软实力得到明显增强。

三、具有合法性可以推动国际社会发展，促进和平稳定

国际战争具有合法性，意味着施动者克制或部分地放弃了个体的单纯理性行为，重视了社会性成长，本质属性中增强了国际社会性质。因此，具有合法性的战争必然对国际社会的发展与稳定产生积极意义。

一是利于国际正义的伸张。每个时代的国际社会都有其主流的理念价值，这些价值原则本身就是国际正义的体现，而合法性战争是以国际社会当前的主流相关价值原则为基础的。所以，无政府社会的交往中，当出现违背国际社会价值原则、基本准则，蔑视和践踏人类正义的武力威胁或战争的行径时，反对这些粗暴行为的合法性战争，就有了正当的目的，成了正义战争与非正义战争的对决。马克思和恩格斯认为，抵御侵略、反抗阶级压迫和异族统治而进行的战争是防御性的、正义的战争，反之则是非正义的战争。[①] 而毛泽东指出："一切进步的战争都是正义的，一切阻碍进步的战争都是非正义的。"[②] 因此，实施合法性战争，对野蛮行为、罪恶行径、人间灾难的制止与惩罚，就成了毛泽东所说的"用正义的战争反对非正义的战争"，说到底，它是对国际社会基本价值原则的尊重和维护，是对国际正义的伸张。

二是利于国际合理秩序的坚守与发展。实际上，世界上并不存在永恒的纯粹的普世的主流理念价值，任何主流理念价值都是相对的，并熔铸在由国际规制构建的秩序大厦中。"当今时代的所谓秩序源于近 400 年前在德国的威斯特伐利亚召开的一次会议"，而坐下来开会并达成《威斯特伐利亚和约》的是经历了欧洲 1618—1648 年"三十年战争"的精疲力竭的参战各方代表。"当代威斯特伐利亚体系已经通行全球，被俗称为'国际

---

① 薛国安主编：《军事思想概论》，国防大学出版社 2012 年版，第 150 页。

② 毛泽东：《毛泽东选集（第 2 卷）》，人民出版社 1991 年版，第 475—476 页。

社会’。它力图通过一整套国际法律和组织结构抑制世界的无序性。”① 但是，从1648年到今天，世界并非风平浪静，而是经历了无数次战争。其中，合法性战争对秩序的维护与发展就起了重要作用，每个相对和平的时期，它通常坚持依据既有的秩序而战，但当新的时代精神涌现时，又善于扬弃，建立体现新的时代精神的新秩序。比如，二战后建立的秩序就是以美国、英国、苏联为首的反法西斯同盟国，对以纳粹德国、日本帝国、意大利王国为首的法西斯军国主义轴心国的合法性战争的成果，由其奠基的雅尔塔体系格局既是对国家主权原则秩序的坚守，又是对如何制约秩序外的根本挑战的大胆设想，它着眼以和平而不是战争解决争端的原则，建构了以联合国及其宪章为基础的国际组织结构和国际法，推动世界秩序向着更为合理的方向发展。所以，现今的秩序是对近400年前诞生的基本秩序的传承，也是对其不断修补和完善的结果，而合法性战争无疑是有力的“杠杆”和重要的促进力量。

三是利于遏制非法战争维护世界和平。全球化时代，国际交往更加频繁，国际相互依存向纵深发展，和平与发展仍然是时代主题，② 国际社会越来越倾向“要和平不要战争，要发展不要贫穷，要合作不要对抗”，“主张和平解决国际争端和热点问题，反对动辄诉诸武力或以武力相威胁”。③ 而非合法性战争，为了追逐自身利益，不惜挑战人类社会共享的理念价值和国际既有秩序，威胁世界和平与稳定，因此，实际上是逆社会性发展的战争。但从根本上看，霸权主义和强权政治是造成国际社会不安全稳定的根源。对此，邓小平多次强调，“霸权主义是世界最危险的战争策源地，是危害世界和平、安全和稳定的根源”。④ 学者周丕启从国际合法性角度指

---

① ［美］亨利·基辛格著，胡利平、林华、曹爱菊等译：《世界秩序》，中信出版集团2015年版，第Ⅸ、ⅩⅤ页。

② 邓小平在1985年3月4日发表的著名讲话中，对时代主题做了精辟的论述，指出：“现在世界上真正大的问题，带全球性的战略问题，一个是和平问题，一个是经济问题或者说发展问题。和平问题是东西问题，发展问题是南北问题。概括起来，就是东西南北四个字。南北问题是核心问题。”参见《邓小平文选（第三卷）》，人民出版社1993年版，第105页。

③ 胡锦涛在党的十八大报告中提到，“我们要和平不要战争，要发展不要贫穷，要合作不要对抗，我国主张和平解决国际争端和热点问题，反对动辄诉诸武力或以武力相威胁”。

④ 中共中央文献研究院编：《邓小平年谱（1975—1997）（上）》，中央文献出版社2004年版，第491页。

出，“所谓的霸权，实质上就是非合法性的权力，而这种权力所涉及区域往往是不稳定的”。[①] 合法性战争是顺应多边主义和国际社会民主化运动蓬勃发展，坚持国际社会共享价值和国际规制的战争，它实际上是合法化的权力，具有广泛的国际赞同，所以，将受到国际社会的大力支持，并团结起一切和平力量、一切不愿意战争的力量，形成遏制战争、维护和平的强大战线。

① 周丕启：《国际关系中的政治合法性》，《世界经济与政治》，2002 年第 3 期。

第三章　国际战争合法性的源泉基础

合法性意味着，对于某种要求作为正确的和公正的存在物而被认可的政治秩序来说，有着一些好的依据。一个合法的秩序应当得到承认。合法性意味着某种政治秩序被认可的价值。

——［德］尤尔根·哈贝马斯①

合法性是对统治权力的认可。这种认可是建立在一系列条件基础之上的。而这些条件主要与认同、价值观及同一性和法律有关。

——［法］让－马克·夸克②

国际战争是"一种重要的社会现象"，是"一种社会建构物"。③ 既然我们不能像自由主义者或和平主义者那样，以自己主观的好恶来拒绝现实存在的给人类带来无数伤痛的战争，那么，面对现实不禁要问，同样是战争，为什么有的被国际社会或公众舆论所谴责与反对，而另一些却被公众所肯定和拥护？笔者认为后者具有充分的合法性是根本原因。前一章对合法性内涵、国际战争特点的揭示已经告诉我们，战争合法性的源泉主要来自理念价值、国际规制、协商赞同三大基础，它们不仅构成了合法性国际政治社会

---

①［德］尤尔根·哈贝马斯著，张博树译：《交往与社会进化》，重庆出版社 1989 年版，第 184 页。

②［法］让－马克·夸克著，佟心平、王远飞译：《合法性与政治》，中央编译出版社 2002 年版，第 1 页。

③ 郭树勇：《大国成长的逻辑：西方大国崛起的国际政治社会学分析》，北京大学出版社 2006 年版，第 77 页。

意义上的价值基础，还成就了其全球规范共识层面的工具参量。下面，分别就战争合法性的理念价值、国际规制、协商赞同源泉基础，进行详细论述。

第一节　理念价值基础

所谓理念价值基础，是指国际战争所基于的一定国际社会共同核心价值观念的形成与昭示，是战争合法性的重要来源。没有顺应时代、具有一定普遍意义的理念价值做引领和约束的战争，往往会陷入一些国家的野心膨胀、恣意征伐和血腥杀戮，将无合法性可言，并为国际社会所谴责和反对。无论在尘埃落定的历史纵深，还是在扑朔迷离的当今世界，给人留下的不是伤痛记忆而是正义、温暖和力量的，通常是那些播撒时代精神、打破社会发展桎梏、维护国家民族独立与自由以及促进人类自身安全与解放的战争。战争所基于的先进的、时代的、国际社会主流的理念价值正是其合法性的有力支撑。

一、理念价值的坚守：合法性理论的核心

理念价值是战争合法性理论的内核和力量之源，正是这些理念价值汇成高悬在人类头顶的灿烂的道德星空，指引着人们走出冲突丛林的方向。

早在古希腊时代，修昔底德就在他史诗般的巨著《伯罗奔尼撒战争史》中寓意于史，认为战争不正义通常指对其他城邦的侵犯和控制，正义则多指援助和解放其他城邦的行为；不仅如此，他还启喻人们，冲突各方遵守和约是城邦间关系中不能忽视的道德义务，接受条约所规定的仲裁条款事关正义问题。[①] 可见，传统的正义观已经成为当时合法性的关键基础。古罗马时代的西塞罗，虽然为了保卫共和国曾倡导先发制人、扼杀潜在的

① ［古希腊］修昔底德著，谢德风译：《伯罗奔尼撒战争史》，商务印书馆 2018 年版，Ⅰ.23、71，Ⅲ.10，Ⅳ.85—87，Ⅴ.79，第 104—106 页等；陈玉聃：《人性、战争与正义：从国际关系思想史角度对修昔底德的研究》，上海人民出版社 2012 年版，第 86—93 页。

危害于襁褓，并在《反腓力辞》中辩解，“任何罪恶在它产生的当口都容易被消灭，时间一久则会聚结羽翼变得根深蒂固”，但他对因欲望与恐惧而造成的伤害加以区分，并对后者予以道德理解，后来在《论共和国》中强调，“除非捍卫其荣誉和安全，理想国家将不会发动任何战争”，“无缘无故发动的战争是非正义的。因为实际上只有以报复或自卫为目的的战争才是正义的”。[①] 西塞罗由激进的“先发制人”向理性的自卫和报复的“退缩”，显示出道德价值的力量。而中世纪的经院哲学家莫里纳对自卫战争与进攻战争加以区分指出，前者适用于任何人，只要受害者当前遭到了实质性的攻击，就可以用适度和相称的形式进行报复；后者涉及某个国家统治者或国民造成的伤害而对该国进行惩罚或收回被其不正当占有的财产，但必须限制在合法的主权范围内。[②] 显然，他对战争评价显得更为严谨审慎。

格劳秀斯在论及战争的合法性时，提出了若干条原则，即“通常提出可以发动战争的正当理由有三：防卫（自保）、赔偿和惩罚”，正是在此指导下，他将战争分为自卫战争——“与那些自然原则相一致的”战争、信仰战争——“与上帝的意志相一致”的战争、正当战争——为了谋求自身正当利益与权利的战争等。[③] 正是由于他从自然法来研究万国法，然后再以万国法来界定合法性战争，关注了战争背后蕴涵着的时代精神和价值追求，所得结论才有一定的合理性。对此，即使是强调“自然状态”的霍布斯及其继承者，也承认最低限度的社会性，认为自保是极为重要的原则，是一切普世道德的基础，他们相信一个在道德上否定人们的自保权利的社会是不可想象也无法建立的。在《法律原理》中他指出，一个人尽其所能来保护自己的身体免受死亡和痛苦的威胁，并不违反理性，而不违反理性的东西，人们称之为“正当”，或合法权利，或使用我们自然能力和本领

① ［美］理查德·塔克著，罗炯等译：《战争与和平的权利：从格劳秀斯到康德的政治思想与国际秩序》，译林出版社 2009 年版，第 22、26 页。

② ［美］理查德·塔克著，罗炯等译：《战争与和平的权利：从格劳秀斯到康德的政治思想与国际秩序》，译林出版社 2009 年版，第 63 页。

③ ［荷］格劳秀斯著，何勤华等译：《战争与和平法》，上海人民出版社 2005 年版，第 51—53、83、108 页。

的无可指责的自由。[①] 但普芬道夫对格劳秀斯、霍布斯的理论提出了批判，强调了社会性和道德性，认为惩罚权是全体人类共有的自然权利，坚持“尽管强大的邻国表明有能力也有愿望进行伤害，但是这并不是我对其采取行动的正当原因，因为该国并未将其愿望具体加诸我身”，甚至它已经侵犯他国时也如此。他的继承者走得更远，沃尔夫甚至提出“对于任何国家统治者与臣民之间发生的问题，其他国家无权去决定，因为不应该侵犯别国的事务”。[②] 瓦泰勒批判道：难道格劳秀斯没有觉察到，尽管有补充的所有那些预防措施，但他的观念为盲信者和狂热者的所有冲动开启了大门，并给野心勃勃的人们数不胜数的借口？[③] 这些战争的理念原则既体现了对自然法的捍卫，也体现了当时国际社会对军事干涉的担忧。

卢梭在《社会契约论》中提出的主权在民的思想，是现代民主制度的基石，深刻影响了逐步废除欧洲君主绝对权力的运动，推进了18世纪末殖民地的民主独立斗争。卢梭认为政府的权力来自被统治者的认可（公意），合法性权威建立在约定之上，主权是公意的运用，不可转让，不可分割。并且，他从理性角度，强调“战争绝不允许造成那些为了胜利而必需的破坏之外的任何破坏”，要尊重对方民众和放下武器士兵的权利。[④] 这里，卢梭既强调了战争中维护国家主权的独立与统一的重要价值，又阐释了其理论基础，还指出了战争人道主义原则，显然是难能可贵的。深受卢梭影响的英国政治学家威廉·葛德文指出，只能有两种战争的原由是符合于正义的，“这就是保卫我们自己的自由和保卫别人的自由”，对于后一种情况，他解释说，那种保卫自己祖国的理由同样适用于有机会和力所能及之下保卫任何其他国家自由；并强调反抗压迫、殖民的战争永远是正义的，而且

---

① ［美］理查德·塔克著，罗炯等译：《战争与和平的权利：从格劳秀斯到康德的政治思想与国际秩序》，译林出版社2009年版，第7、160页。

② ［美］理查德·塔克著，罗炯等译：《战争与和平的权利：从格劳秀斯到康德的政治思想与国际秩序》，译林出版社2009年版，第226—227页。

③ ［美］理查德·塔克著，罗炯等译：《战争与和平的权利：从格劳秀斯到康德的政治思想与国际秩序》，译林出版社2009年版，第232—233页。

④ ［法］让·雅克·卢梭著，徐强译：《社会契约论》，中国社会科学出版社2009年版，第10—15、39—45页。

一旦开战，追求的目标开始变化，战争的正义性质也随着变化。[①]

及至现代，国际关系的理论和政策很大程度上都已与伦理道德相分离。“对于理论家而言，道德是无关宏旨的，道德承诺若是影响到了行为者的考量——他们的行为正是理论家试图预测的解释的——那也只是利益在其中起作用。”[②] 尽管如此，在理想主义、新自由主义特别是建构主义那里，道德和观念还是得到不同程度的关照，即使是现实主义也没有超越“国际道德”，汉斯·摩根索在他的奠基之作中还有专论，强调必须防止“过低估计它对国际政治的影响，否认政治家和外交官会受到物质权力考虑之外任何其他考虑的驱使”。[③] 可在肯尼思·华尔兹的新现实主义那里，一切道德、观念的因素被挤干，只有冰冷的物质结构。[④] 所以，建构主义批判道：“新现实主义的问题不在于它的结构主义内容，而在于它的物质主义内容。如果一种理论不仅仅承认结构是由物质条件建构的，同时也承认结构是由共有观念建构的，那么，这种理念就更具解释力量。”[⑤] 沃尔泽在他的数度再版的《正义与非正义战争》中对漠视道德的现实主义做出反驳，强调了“道德世界的现实性”和“道德现实的力量”，认为“战争的道德现实不是由军人们的实际行动而是由人类的意见形成的”，道德现实分为开战正义和作战正义。战争“仍是一种受规则统治的人类活动，一个存在着允许和禁止的世界——一个道德世界”。[⑥] 同时代的哲学家、国际法学家的深入研究也颇益借鉴。如李普塞特说，“合法性是评价性的”，是“根据政治系统的价值标准是否符合自己的标准来判定它是否合法”。[⑦] 罗

---

① ［英］威廉·葛德文著，何慕李译：《政治正义论》，商务印书馆2007年版，第406—426页。

② Richard Ned Lebow, “The tragic vision of politics: Ethics, interest and orders”, Cambridge University Press, 2003, preface Ⅺ.

③ ［美］汉斯·摩根索著，徐昕、郝望、李保平译：《国家间政治：权力斗争与和平》，北京大学出版社2006年版，第266页。

④ ［美］肯尼思·华尔兹著，信强译：《国际政治理论》，上海人民出版社2008年版。

⑤ ［美］亚历山大·温特著，秦亚青译：《国际政治的社会理论》，上海人民出版社2008年版，第179页。

⑥ ［美］迈克尔·沃尔泽著，任辉献译：《正义与非正义战争：通过历史实例的道德论证》，江苏人民出版社2008年版，“译者的话”，第17、22—24、42页。

⑦ ［美］西摩·马丁·李普塞特著，张绍宗译：《政治人——政治的社会基础》，上海人民出版社2011年版，第47页。

尔斯说正义是合法性基础，“正义是社会制度的首要价值德性”，“在一个正义的社会里，平等公民的各种自由是确定不移的，由正义所保障的权利决不受制于政治的交易或社会利益的权衡”。[①] 正因为此，体现人类正义和时代进步的价值便进入了合法性评价的视野。

总之，战争合法性的内涵在论争中得以反复淘洗，日益丰富而深刻，而理念价值始终是合法性形成的核心要素和首要前提。正如前文所述，在政治系统中，统治并非无缘无故成为可能，民众同意也非盲目赞同，权利的存在将价值作为先决条件，而价值构成了权利的内容。只有统治者与服从者在这一点上达成了一致，即政治应该将某种价值作为推动的目标，那么统治才成为一种权利行为。所以，理念价值是合法性的源泉和生命线。有之，合法性则存；反之，则亡。

二、理念价值的变迁：以 1648—1989 年战争争议问题为例

理念价值并非一成不变、亘古不移，而是有一个成长、成熟、消亡和更新的过程。它虽然反映和存在于人类的思想中、头脑里，但根源于社会、生产发展的实践，同时又相对独立于这样的发展实践，并对其起着一定的制约、引导甚至阻碍作用。作为人类社会特殊实践的战争，背后的指导理念价值，在漫漫岁月长河中，有的不断孕育成长，有的不断萎缩凋零，而有的却昭如日月。

加拿大学者卡列维·霍尔斯蒂以 1648—1989 年 300 多年来欧洲国家体系和全球国家体系发生的 177 个战争案例为样本，以人们“为什么样的争议问题而相互战斗”“对于战争的态度如何转变”以及“如何创建国际秩序和制度”这三个相互关联的问题为变量，分阶段地统计分析了引发战争的争议问题的发生频率（如表 3 - 1 所示）。诸多不同的问题，为什么在战争舞台如雨后春笋般地涌现，转瞬却又落英缤纷似地谢幕？相同的一个问题，为什么曾经是诱发战争的“燃爆点”，而今天却难能激起操戈厮杀的

---

① ［美］约翰·罗尔斯著，何怀宏、何包钢、廖申白译：《正义论》，中国社会科学出版社 2009 年版，第 1 页。

冲动？究其原因，一个重要的方面是理念价值的变化。因为“利益通常是不确定的，并非显而易见的”，“政治的主要任务就是定义利益的斗争”，参与其中的国家和人民不仅花费大量的时间与精力去争论他们的国家利益到底是什么，还努力说服其他国家的人民相信他们的国家利益是什么，某种程度上，国际政治的主要任务是定义国家利益的斗争。[①] 这些争议问题的相关战争虽然并非完全拥有合法性，但争议问题背后折射出的理念价值，一定程度上，却是当时相关决策者和公众所持有的价值和期望，不同时期争议问题的转变则显示着这种理念价值的变迁。故而，争议问题不失为探析理念价值变化的良好向导。

表 3-1　1648—1989 年引发战争的争议问题的发生频率

（每一时期争议问题引发的战争在该时期发生战争总数中的百分比）

争议问题	1648-1713[a]	1715-1814	1815-1914	1918-1941	1945-1989
	22（3）[b]	36（2.78）	31（3.23）	30（0.8）	57（0.79）
1. 领土	55	67	42	47	24
2. 战略领土	23	17	13	30	21
3. 领土（边界争端）	-	1	-	-	7
4. 民族解放或创建国家	4	8	29	13	28
5. 分离或创建国家	-	-	-	-	7
6. 民族统一或合并	-	-	26	-	17
7. 创建帝国	-	11	10	20	-
8. 商业或航运	36	36	13	-	3
9. 商业或资源	4	-	-	20	9
10. 殖民地竞争	9	11	3	-	-
11. 保护海外侨民或商业利益	-	-	3	17	9
12. 保护宗教会友	14	11	10	-	-

① ［美］玛莎·芬尼莫尔著，袁正清、李欣译：《干涉的目的：武力使用信念的变化》，上海人民出版社 2009 年版，第 38、41 页；Martha Finnemore, “National Interests in International Society”, Cornell University Press, 1996。

续表

争议问题	1648－1713[a]	1715－1814	1815－1914	1918－1941	1945－1989
	22（3）[b]	36（2.78）	31（3.23）	30（0.8）	57（0.79）
13. 保护同种族人民	－	－	16	7	9
14. 种族或宗教统一	－	－	6	17	12
15. 保护或支持盟国	4	11	－	10	16
16. 意识形态输出	－	1	10	10	14
17. 组建政府	－	14	13	17	28
18. 维持国家和帝国完整	－	8	55	30	28
19. 执行和约条款	14	8	3	30	7
20. 保持地区霸权	－	－	10	7	5
21. 王权或王位继承要求	31	22	10	－	－
22. 国家或政权生存	23	17	6	37	22
23. 自治	－	－	6	7	7
24. 势力均衡	9	1	3	3	－

资料来源：Kalevi Holsti，"Peace and War，Armed Conflicts and International Order，1648－1989（New York：Cambridge University Press，1991），pp. 306－307。

a：各时期划分，均以重大战争结束前后有里程碑意义的条约——《威斯特伐利亚和约》（1648年）、《乌特勒支和约》（1713年）、《维也纳和约》（1815年）、《凡尔赛和约》（1919年）以及二战末期的《雅尔塔协定》（1945年）为界。该表综合了卡列维·霍尔斯蒂对每一时期发生的战争与引发战争的争议问题关系的详细分析结果。

b：此行所列为该时期发生战争的次数，括号内的数表示多少年发生一次战争。1918年以前的战争概念采用的标准是斯莫尔和辛格使用的：伤亡人数达1000人以上，或重要干预行动中伤亡人数并不很大，但一个国家武装力量在一个外国辖区的实际占领长达至少两个星期；而1918年以后的战争概念除了含前面的传统标准，还包括了低于这样伤亡量的非传统的有组织的武力使用情况。

（一）领土问题变化与理念价值

由表3－1可见，前三项反映的都是领土方面问题，在其引发战争百分比的起伏背后，是领土的价值与意义在这一时间跨度中发生的变迁。一方面，要看到理念价值中的"变"。最初领土是王朝正统性的基础，后来它为国家创建和维持职业武装力量提供人口和税源，而在十九世纪，其范围大小成为欧洲大陆势力均衡的主要标志，一国领土的变化会触痛欧洲国家体系内所有成员敏感的神经，到了二十世纪，与领土相关的资源与经济机会的重要性日益凸显。总的来看，自拿破仑战败以来，领土问题特别是一般性领土的重要性在下降，图 3 - 1 所示其引发战争百分比的变化就说明了这一点，尤其是 1945 年以后的所占比例有了大幅下降。之所以出现这一情况，主要因为受到了几个观念的影响：一是反对武力解决领土问题的压力已经很强烈，比如非统组织宪章就尊重殖民地边界，反对擅自修改的企图；二是人们的国家实力观念大为拓展，科技、经济在增强国家实力、提升国家威望上的地位作用不断上升，已经不再把几乎是常量的领土作为重要指标，一些争端和企图被搁置和“冷冻”；三是部分观点认为，领土的扩张战争也许正是国力衰弱的根源，尤其是发展中国家。另一方面，要看到理念价值中的“不变”。如图 3 - 1 所示，因领土引发的战争总百分比在各个时期均占 50% 以上，这说明领土支撑的国家主权观念始终很强；高峰期出现在 1715—1814 年、1918—1941 年两个阶段，这主要由于《威斯特伐利亚和约》签订后意味着“一个新的国际社会的诞生”，[①] 主权国家观念得到不断强化，而一战后民族国家独立观念在国际社会日益盛行，因此，对领土占有、控制、使用的战争居高不下。可见，以领土为根源的战争的百分比虽有起伏，但“这并不必然意味着决策者们没有过去那样重视领土了。一个国家的领土依旧可以引发对国家的荣誉感，而且常常代表着整个国家与社会的空间基础”。[②] 尤其值得注意的是，战略领土对引发战争的敏感度有增无减，对其控制和占有是 1648 年以来所有历史时期的战争所围绕的重要问题。时至今日，数度入主克林姆林宫的俄罗斯总统普京曾说：“领土问题没有谈判只有战争”，“俄罗斯疆土确实很大，但没有一寸是多余的”。其实这依然是这一理念价值穿越时空的强烈回响。

---

① ［加］卡列维·霍尔斯蒂著，王浦劬等译：《和平与战争：1648—1989 年的武装冲突与国际秩序》，北京大学出版社 2005 年版，第 33 页。

② ［加］卡列维·霍尔斯蒂著，王浦劬等译：《和平与战争：1648—1989 年的武装冲突与国际秩序》，北京大学出版社 2005 年版，第 269 页。

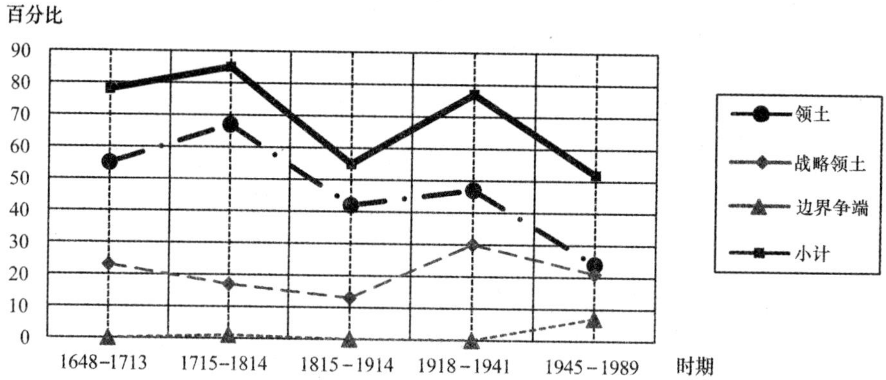

图 3－1　领土问题引发战争所占百分比的变化

（二）民族国家创建问题变化与理念价值

表 3－1 中第 4 项至第 6 项，即“民族解放或创建国家”“分离或创建国家”“民族统一或合并”，尽管表现出了引发战争不同侧面的因素，但反映的问题集中到一点，就是民族国家创建。这一战争争议问题可能在欧洲十七世纪或更早前就已经萌芽、存在，但真正变得明确、尖锐而具现代意义应该在 1648 年《威斯特伐利亚和约》之后，这时现代主权国家观念得以确立并向皇权原则发出挑战、分庭抗礼，成为时代的声音。而国家地位，通常是一个种族、语言、宗族群体的排他性的唯一合法政治表现，它是群体特性在一个多元化和分裂化的世界上的根本性政治表达方式①。而民族大多具有天然的一元化特点，在主权原则的呼唤下，民族自决和独立应运而生，一度如火如荼，并随着时间推移，国家建创运动得到大幅度扩展，直至波及欧洲以外的殖民地。由图 3－2 可见，1815—1914 年、1945 年之后，出现了创建国家的高峰。这是因为十九世纪爆发了民族独立运动，特别是法国大革命，使民族自决的思想得到空前淬火和升华，君主的权利很大程度上为“人民的权利”所取代，民族意识觉醒推动创建国家进程；而经过一战和二战，这些独立和自治的种子更迅速地播散进广大殖民

① ［加］卡列维·霍尔斯蒂著，王浦劬等译：《和平与战争：1648—1989 年的武装冲突与国际秩序》，北京大学出版社 2005 年版，第 271 页。

地的沃土，使民族解放战争在1945年以后如雨后春笋般蓬勃兴起。

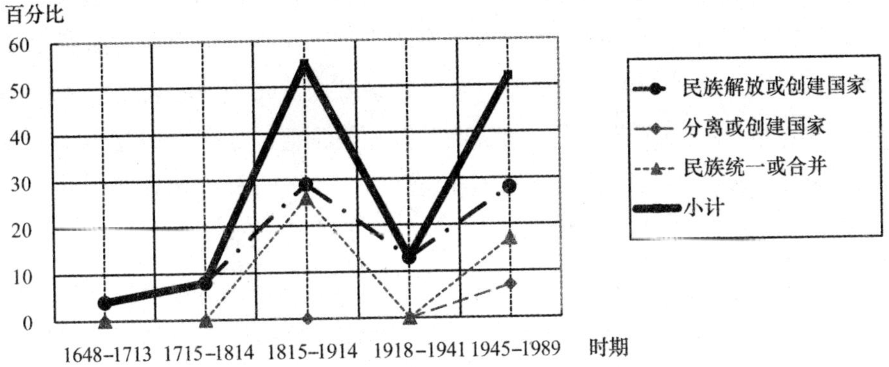

图3-2　民族国家创建问题引发战争所占百分比的变化

(三) 经济问题变化与理念价值

经济问题一直是引发战争的“基础性”① 根源，而且愈是久远愈显得突出。马克思认为，“战争就或是为了占领生存的客观条件，或是为了保护并永久保持这种占领”。② 但最早的战争仅是争夺天然资源，不存在奴役其他社会集团或个人。有考古证据显示，人类早期的集体武装战斗是为了确立对贸易路线的垄断地位、获得水资源和排他性使用牧草地。③ 但古代的氏族组织开始瓦解后，战争“已经逐渐蜕变为在陆上和海上为攫夺牲畜、奴隶和财宝而不断进行的抢劫，变为一种正常营生”。④ 当然，这虽已“正常”，但决非“正当”。1648年后，那些主要由私人利益集团组织的殖

① 恩格斯强调，“暴力仅仅是手段，相反地，经济利益是目的。目的比用来达到目的的手段要具有大得多的‘基础性’”。参见恩格斯：《反杜林论》，《马克思恩格斯选集（第3卷）》，人民出版社1995年版，第503页。

② ［德］马克思：《政治经济学批判》，《马克思恩格斯全集（第46卷上）》，人民出版社1979年版，第475页。

③ Robert V. Morley and John P. Marwitt, “Ecology, Economy, and Warfare in Lowland South America”, in Martin Nettleship et al. (eds.), War: Its Causes and Correlates, Mouton, 1975, pp. 440-450.

④ ［德］恩格斯：《家庭、私有制和国家的起源》，《马克思恩格斯选集（第4卷）》，人民出版社1995年版，第106—107页。

民活动越来越受到国家的支持与保护，并且为了获得贸易垄断地位和为以排他身份和优惠条件实施市场竞争，造成了一系列的武装冲突和频繁战争。中国在十九世纪被西方列强用坚船利炮打开国门进行掠夺、输入不平等且违法的贸易就是例证。由于无政府环境中，不存在更高的权威强制实施契约管理，各国必须准备运用一切可能手段保护其国民的投资。从1848年开始，奉行对外扩张政策、两次发动鸦片战争侵略中国的曾任英国外交大臣、首相帕麦斯顿子爵，就发表外交通告，声明一旦遇到违约问题，将动用武力，并声称这“完全是一个自由处理权问题，而绝不是国际正义问题”①。直到二十世纪初，国家使用军事力量收回别国拖欠国民债务仍是可以被接受的。② 但是，随着各国商贸交往密切、相互依赖加深，人们越来越认识到经济贸易不是零和活动，战争往往事与愿违，特别是关于经济贸易的国际法律准则和机制不断成长，更多的经济争端已经找到法律申诉、仲裁的解决出口。自此，为经济问题而付诸战争的理念已经发生转变。

表3-1中第8项至第11项分别是“商业或航运”“商业或资源”“殖民地竞争”“保护海外侨民或商业利益”，实际上主要集中地反映了经济利益因素在引发战争几率中的变化。为了直观地看到其整体效果，不妨将其合成一组数据，并绘成图3-3。不难看出，经济问题作为战争根源的重要性总体上呈下降趋势。从1648年到1814年，经济问题还是战争的主要根源，到了十九世纪，这一问题得到大幅下降，可到了二十世纪这一因素作用又有所回升，这与当时的世界经济大萧条，德国、日本和意大利帝国主义以此为借口，利用战争转嫁内部危机有关。及至第二次世界大战后，这一影响指标又迅速降低。在世界经济全球化的今天，经济交往空前暴增，但因之引发战争的可能性却锐减，可见，理念价值的转变具有根本性。

---

① Charles Lipson, Standing Guard, “Protecting Foreign Capital in the Nineteenth and Twentieth Centuries”, University of California Press, 1985, chap. 2.

② ［美］玛莎·芬尼莫尔著，袁正清、李欣译：《干涉的目的：武力使用信念的变化》，上海人民出版社2009年版，第24页。

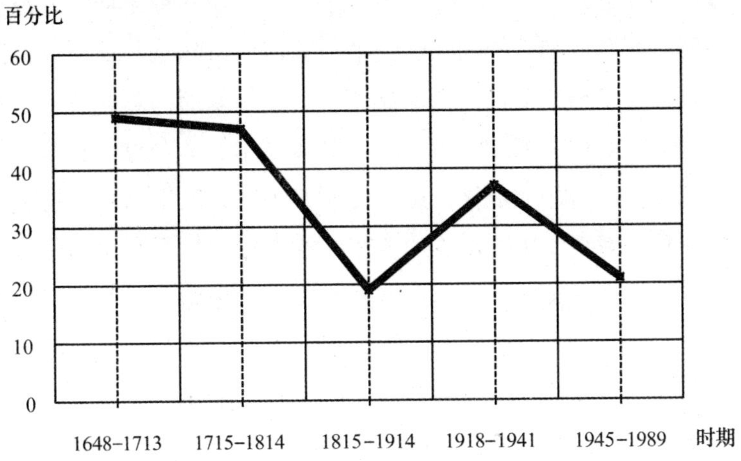

图 3－3　经济问题引发战争所占百分比的变化

（四）王权、强权和维护国家或政权问题变化与理念价值

表 3－1 中的“王权或王位继承要求”“创建帝国”“维持国家和帝国完整”“国家或政权生存”问题，实质上即王权、强权问题与国权、政权问题。图 3－4 是它们作为重要根源，在各个时期引发战争百分比的变化，由此可见：

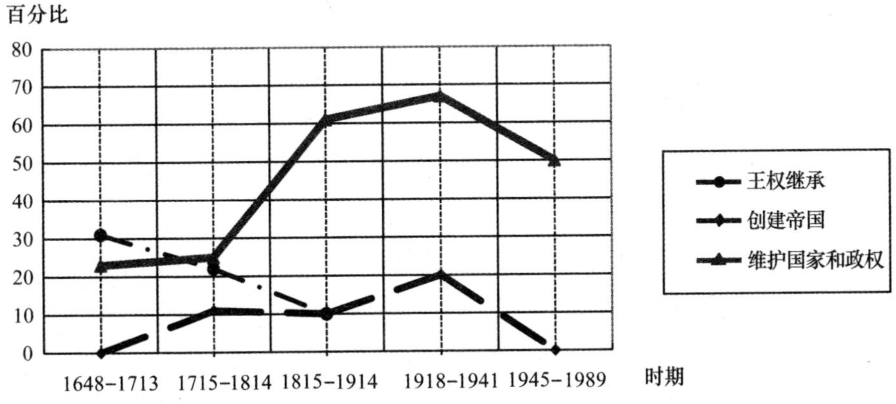

图 3－4　王权要求、创建帝国与维护国家和政权问题引发战争所占百分比的变化

其一，王权原则日薄西山。因王权或王位继承要求而引发战争的比例急剧下降，在一战和二战期间已经销声匿迹。出现这一现象的根源在于威斯特伐利亚体系后，现代国家不断成长，在频繁的国际冲突中，致使君权神授、“朕即国家”、权利世袭的王权原则受到严重侵蚀。这早在十七世纪后期就已发生了微妙的变化，从古代征服和婚姻派生出的对权利的严格坚持开始让位于对更实用的事务的关怀，或者被这种实用主义所补充；而十八世纪，这种变化不断持续，“领土的分割和交换成为国际冲突的通常模式”，意味着领土日益成为一种可交换的商品，它不再是一种以不可妥协的法律和历史权利为基础的神圣继承物。即使在1648—1713年，王权或王位继承要求在引发战争的争议问题中具有重要地位，仍没有任何成为引发战争的充分条件的案例。① 这一时期的最大战争——西班牙王位继承战争（1702—1713年），表面上是围绕通过路易十四的外孙腓力五世实现西班牙和法国王座的合并问题展开争夺，但实际上是各国为了防止西班牙以及在意大利和西半球的广大领土被合并到波旁王朝使法国成为“巨无霸”，而威胁欧洲势力均衡以及他国商业利益前景。及至拿破仑时代，王权原则已基本颠覆。

其二，强权原则四面楚歌。创建帝国一直是一些政治家发动征服战争的危险目标，从路易十四到拿破仑，再到希特勒，无一不开足战争机器马力，企图扩张帝国版图。但是，十九世纪创建帝国通常是向被视为“未开化的”地区的扩张，进入二十世纪后，其扩张往往以牺牲主权国家为代价，像德国、意大利和日本追求的就是建立在种族基础之上的“千年帝国”“现代罗马帝国”和“大东亚共荣圈”。基于这一原则发动的战争自然引发国际社会一致反对和坚决抗争，强权原则也为时代抛弃，走向末路。

其三，主权原则强壮繁盛。强权原则只是权力极端化的表现，但是权力合理成长的产物是主权原则。强权原则的一时肆虐，不仅不能窒息，反而促进了主权原则的茁壮成长。尽管强权原则支持下的征服和绞灭导致无

① ［加］卡列维·霍尔斯蒂著，王浦劬等译：《和平与战争：1648—1989年的武装冲突与国际秩序》，北京大学出版社2005年版，第51页。

数国家和政府暂时破毁，但国家主权原则不灭，以燎原之势日益被国际社会当作主要的国际规范来接受，成为支撑每个时期战争的强大动力。从《乌特勒支和约》到《旧金山和约》，每一次都是主权原则战胜强权原则后的盛宴。

（五）人道主义问题变化与理念价值

人道主义战争或人道主义干涉，参照玛莎·芬尼莫尔的定义，就是“指为保护外国国民免遭人为暴力而进行的跨边界军事部署”[①] 和作战行动。其往往是别国国民遭受威胁、迫害、大屠杀、种族清洗等人道主义灾难时采取的措施。但这并不是近代才有的事，它其实在历史的深处早就存在，即使在霍布斯称谓的自然状态下也未曾绝迹。卢梭说，怜悯心是自然的一种美德，“它缓和了个体自私的行为”，“在自然状态中替代了法律、道德、美德的位置”，“没有一个人能够违抗它温柔的声音”。[②] 表 3－1 中第 12 项至第 14 项的“保护宗教会友”“保护同种族人民”“种族或宗教统一”所反映的核心问题就是人道主义危机会引发战争。在 1815—1914 年频繁出现的相关战争主要是因为俄罗斯把自己当作奥斯曼帝国治下的东正教徒和同种族的斯拉夫人的保护者，多次以这些人遭受残酷压迫或屠杀清洗为由，对奥斯曼帝国进行武装干预。进入二十世纪后，德国法西斯、日本军国主义分别对犹太民族、中华民族等实施大屠杀所犯下的滔天罪行，更是激起国际社会的愤慨和戮力反击。人权理念最终在 1948 年的《世界人权宣言》中得到具体阐述，[③] 而这仅是人权理念发展的前奏。

透过以上对 1648—1989 年战争争议问题的分析，不难看到支撑战争的理念价值发生了明显的变迁，图 3－6 是形象的显示。一是一些理念价值已经走向了穷途末路。如寻求王位继承的王权理念、掠夺称霸的强权

---

① Martha Finnemore，“The Purpose of Intervention：Changing Beliefs about the Use of Force”，Cornell University Press，2003，chap. 2.

② ［法］让·雅克·卢梭著，吕卓译：《论人类不平等的起源》，中国社会科学出版社 2009 年版，第 31、34 页。

③ ［英］克里斯·布朗、克尔斯滕·安利著，吴志成、刘丰、刘佳译：《理解国际关系（第三版）》，中央编译出版社 2010 年版，第 264 页。

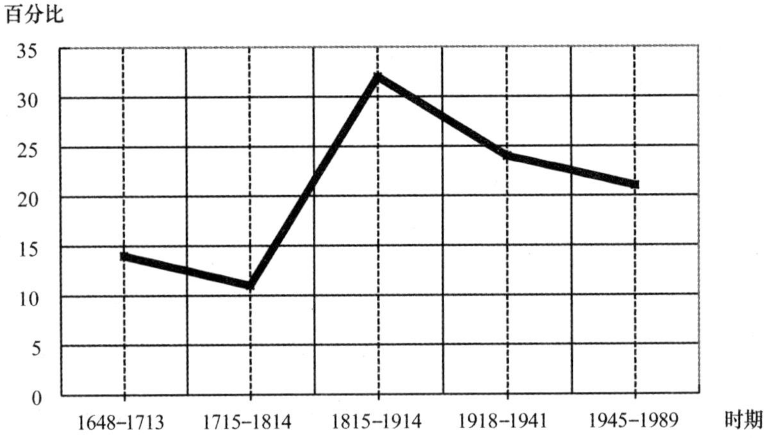

图3-5 人道主义问题引发战争所占百分比的变化

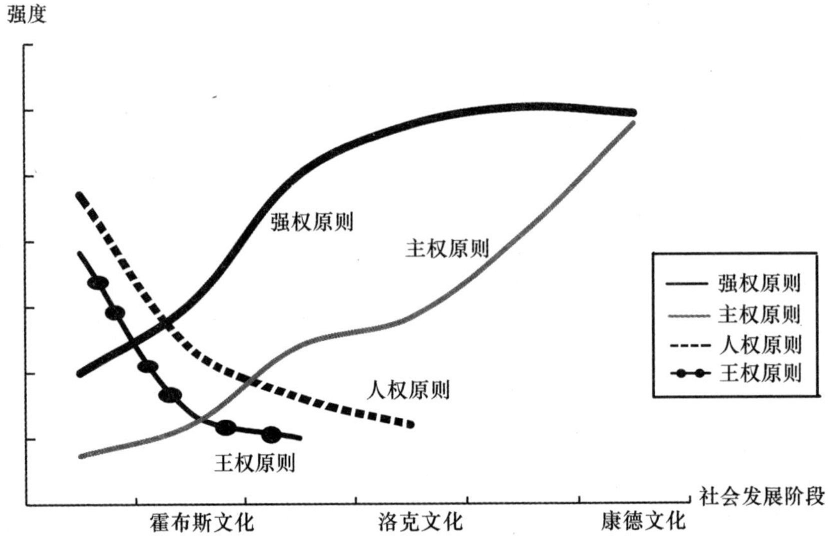

图3-6 战争主要理念价值的变迁

理念已经退出了历史舞台，其根源在于它们植根的以“敌人”为主体位置的霍布斯文化已经嬗变为威斯特伐利亚体系下的洛克文化，如果罔顾国际社会潮流，战争仍以陈旧的思维观念指导，那就是暂时回归霍布斯文化状态[①]。其最典型的两个例子，一个是拿破仑战争，另一个是第二次世界大战中以德、日、意等法西斯国家组成的轴心国集团发动的战争。这些战争必定是毫无合法性可言的，因为其指导理念其实是被时代汰弃的观念在极权操纵下的发酵，是历史的倒退。二是一些理念价值正新兴上升。如民族自决原则和人权原则，将是未来可能支撑战争和指导一些战争的重要理念。甚至在一些不成熟、较虚弱的国家，尤其是第三世界国家，有的理念还会挑战国家主权原则，因为当国家主权的合法性和有效性有限，基于种族、民族等原始政治团体的自治原则就会上升。三是一些理念价值虽然起伏不大，但基础和内涵已发生变化。基于洛克文化的主权原则，仍然是这个时代战争所遵依的最主流、最本质、最合法的理念价值，主权独立、领土完整、国家统一是其不可或缺的基石。但即便如此，据领土、财富问题发动战争的合法性门槛已经明显抬高，在谈判、仲裁、合作与妥协等解决手段日益多元的今天，为诸如索债等“外围政治”而轻启战端的现象已不可想象。

通过分析还可以看到，理念价值具有以下特性：

一是系统性。理念价值是指导包括战争在内的社会实践的上层建筑，因此涉及战争方方面面。如国际秩序理念，就包括均势体系原则、协调体系原则、势力范围原则以及多极体系原则；行为体方面，又涉及王权原则、强权原则、民族自决原则、主权原则、人权原则等等。有很多经验论据说明，塑造影响国际战争行为的这些理念规范相互之间交织渗透、依赖依存。比如从影响和定义上看，人权与其他理念规范变化，特别是与主权规范的变化密切相关。一般而言，相互加强、一以贯之的规范彼此促进；一个领域内的某个事件的成功与突破（如废除奴隶制），就会确立一个理念价值标准，形成正向激励，使得与之在逻辑上和道德上相关的新的规范诉求（如人权及人道主义干涉）得到巩固并合法化。由奴隶制、主权和人道主义干涉之间的关系不难看出，把理念价值视为深嵌于社会结构背景的一部分，而不是在某个国际社会空间如原子般四处流动的无机物，具有重

---

① 三种无政府文化理论的具体论述，可参见［美］亚历山大·温特著，秦亚青译：《国际政治的社会理论》，上海人民出版社2008年版，第244—301页。

要意义。把规范看成是一种相互关联、彼此交织在一起的结构，而不是把它看成是涉及具体问题的单个个体，可能更有道理。一组规范的变化会为其他规范的实践的变化打开可能之门，甚至在逻辑上和道德上需要这些方面的变化。如果不关注这些关系，我们就看不到更大的画图。①

二是竞争性。战争中不仅是军力的拼争，还是理念价值的竞争。从总体上看，那些代表时代发展、推进社会进步、反映人类呼声、促进人类自我解放的理念价值，必将赢得胜利。1618—1648 年的欧洲“三十年战争”以德意志新教诸侯和丹麦、瑞典、法国（法国主要信天主教，但为了独立和新教国家站在一起）为一方，神圣罗马帝国皇帝和西班牙为另一方，并得到教皇和波兰的支持。虽然战争涉及很多利害关系，但宗教宽容问题是战争根源②。欧洲大陆政治家认为，西班牙人和奥地利家庭（神圣罗马帝国）一直有意建立一个世界君主国，或者至少致力于征服基督教国家和西方各省。③ 战争最后终结在闵斯特和奥斯纳布鲁克谈判，并形成《威斯特伐利亚和约》。因此，“三十年战争”反映了在欧洲秩序上的不同原则的竞争：宗教等级制对王国、主权国平等。神圣罗马帝国的代表寻求加强垂直统治的古代原则，公开宣称法国国王跟其他诸侯一样，“据其权利应当永远臣服于罗马帝国”④。而法国大使在与帝国或教皇的代表交涉时拒不表示任何臣属的意思，他坚持全面平等。⑤ 显然，法国一方坚持的原则其实代表着已展露时代进步先声的主权平等原则，平等原则最终赢得世界呼应，取得最后胜利。正因为此，“三十年战争”推动了欧洲近代民族国家的形

① 关于规范与整个社会规范结构属性之间相互关系的讨论，参见：Gerrit Gong，“The Standard of ‘Civilisation’ in International Society”，Clarendon，1984；John Boli and George M. Thomas，eds.，“Constructing Word Culture：International Nongovernmental Organizations since 1875”，Stanford：Stanford University Press，1999，esp. chaps. 1－2 and the conclusion。

② ［加］卡列维·霍尔斯蒂著，王浦劬等译：《和平与战争：1648—1989 年的武装冲突与国际秩序》，北京大学出版社 2005 年版，第 24 页。

③ Geoffrey Symcox，ed al.，“War，Diplomacy and Imperialism 1618—1763”，Walker，1974，pp. 103－105.

④ Leo Gross，“The Peace of Westphalia，1648—1948”，The American Journal of International Law，1948. 42：31.

⑤ ［加］卡列维·霍尔斯蒂著，王浦劬等译：《和平与战争：1648—1989 年的武装冲突与国际秩序》，北京大学出版社 2005 年版，第 30—31 页。

成，是欧洲近代史的开始。《威斯特伐利亚和约》的缔结，确立了国际关系中的国家领土、主权与独立原则。

三是稳定中的变迁性。作为合法性基础的理念价值具有很强的稳定性，尤其是沉淀为国际秩序基石的理念价值往往更是如此。比如，成为威斯特伐利亚体系核心基础的国家主权平等原则，二战后仍是国际秩序的基础，被吸纳成为《联合国宪章》的重要原则，至今依然牢不可破。但是，必须看到有一些重要理念也存在着时代变迁。比如，民族原则。这一原则其实早就孕育成长，但真正跃入国际社会视野并成为国际秩序基础却经历了不短的历程。早在1814—1815年《巴黎和约》与《维也纳和约》缔结时，缔结者们忽略了民族性原则。国家的废除、创建、瓜分以及“调整”的依据是一种大致对等和平衡的总体观念，再加上为防止法国未来可能的野心而设置的合当防御意图。筹划中占主导地位的想法是策略性的，而不是种族的。然而在此后的岁月中，在处理变化和解决冲突问题上，决策者们对民族原则的支持成为一种日益重要的策略。维也纳的首脑会晤致力于筹划扑灭自由主义或民族主义的暴乱，而在此后的几年中，民族性原则便用于希腊与比利时问题上。[1] 但是，罗素勋爵反对将这一原则用于1864年石勒苏益格—荷尔斯泰因的冲突，认为这一原则对欧洲来说“太过于新奇”，而且“当涉及到均势的问题必须予以解决的时候，各个强国尚没有就这个问题咨询民众的习惯”[2]。罗素是以一种旧的传统来看的，他的观点是“均势原则事实上与民族原则是不可相容的”，这在当时有一定的正确性。但在民族原则的冲击下，“国家创建的活动在1914年达到顶点”。1870—1914年民族国家的创建活动所导致的均势在结构上的变化就已足够导致极大的不确定性与危机。这些变化与1815年《维也纳和约》所规划的以及此后60年间或多或少所观察到的欧洲秩序背道而驰。[3] 再如，1907

---

① ［加］卡列维·霍尔斯蒂著，王浦劬等译：《和平与战争：1648—1989年的武装冲突与国际秩序》，北京大学出版社2005年版，第149页。

② A. J. P. Taylor, “The Struggle for Mastery in Europe, 1618—1918”, Clarendon Press, 1954, p. 151.

③ ［加］卡列维·霍尔斯蒂著，王浦劬等译：《和平与战争：1648—1989年的武装冲突与国际秩序》，北京大学出版社2005年版，第149—150页。

年海牙会议之前各国使用武力索债是可以接受的，被视为一个国家的主权权利，也就是一国为债务问题可以对另一国发动战争，而且还被认为是合法的。一国有权利支持并保护其国民针对别国的诉求，而是否选择武力的形式“仅仅关乎政策和审慎，而不关乎法律和正义”。但是海牙会议的直接后果是军事干涉规范的变化，当代政治中为债务予以军事干涉变得不可想象，已经被法律申诉、仲裁所取代。[①] 当然，理念价值的变迁最根源来自于社会实践发展，合法性战争是用最激烈的行动体现这种社会和公众的共享价值和期望，伸张被压制、遮蔽甚至被扭曲的正义的标准。

三、理念价值的现实：基于全球治理视角

随着全球化深入演进，世界范围内的内在的而不可分离的相互联系日益加强。全球化的过程实际上是一种穿越国界的过程，正无情地撼动着民族国家的传统疆域。国家日益被要求分享它们在个体、集体自主性的保护或合法表达上所拥有的垄断权。[②] 正是面对影响全人类的、很难依靠单个国家得以解决的，诸如全球安全、生态环境、跨国犯罪、基本人权等全球性问题日益加剧，需要国际社会共同努力的形势，全球治理应运而生。“没有哪个国家能够独自应对人类面临的各种挑战，也没有哪个国家能够退回到自我封闭的孤岛”，国际社会迫切需要共同努力，呼唤共同治理，“全球治理体系和国际秩序变革加速推进”。[③] 全球治理倡导的理念价值不断融入“共商共建共享”[④] 等理念，愈发集中体现为一种超越国家、种族、宗教、意识形态、经济发展水平之上的全人类的普遍价值。《全球治理委

---

① ［美］玛莎·芬尼莫尔著，袁正清、李欣译：《干涉的目的：武力使用信念的变化》，上海人民出版社 2009 年版，第 28、40 页。

② ［加］斯蒂文·伯恩斯坦、威廉·科尔曼著，丁开杰等译：《不确定的合法性：全球化时代的政治共同体、权力和权威》，社会科学文献出版社 2011 年版，第 3 页。

③ 习近平：《决胜全面建成小康社会　夺取新时代中国特色社会主义伟大胜利》，人民出版社 2017 年版，第 58 页。

④ 中国共产党十九大报告中明确，中国秉持共商共建共享的全球治理观。参见习近平：《决胜全面建成小康社会　夺取新时代中国特色社会主义伟大胜利》，人民出版社 2017 年版，第 58 页。

员会报告》呼吁人们共同信守全体人类都接受的核心价值，这些核心价值包括对生命、自由、正义和公平的尊重，相互的尊重、爱心和正直；报告指出，要提高全球治理的质量，两点最为需要，即在全球之家中可以指导我们行动的全球公民道德，以及具备这种道德的领导阶层。[①] 如今，对这些理念价值的尊重和坚守，正成为国际战争合法性形成的重要源头。这其中，人权原则是最具直接性和承载性的代表。有直接性，是因为战争是有组织的暴力和征服，人权最易成为“战车碾压的花朵”；有承载性，是因为人权是否得到尊重，往往综合反映出的是对生命、自由、正义和公平等理念价值最基本的尊重。

人权理念意味一种超越了国家、民族、种族的普遍的“世界主义”的人类认同，倡导者们认为，人类因其为人而享有那些权利，而不是因其为哪个共同体或民族。这些理念已经沉淀在《世界人权宣言》《欧洲保障人权和基本自由公约》《国际刑事法院罗马规约》等国际法中。但是对人权的保护，似乎不仅应体现在事后的惩罚追责，更应体现在人权受到侵害之前和之中的防护与制止。正因为此，最具开创性、暴力性，也最具争议性的“人权保护”形式——人道主义干涉进入了人们视野。

其实，这一形式并非新生，而是发展。玛莎·芬尼莫尔对过去 180 多年来人道主义干涉规范的变化进行了考察，发现在“谁是人”“我们如何干涉”“军事目标和对‘成功’的定义”等因素方面上发生了一系列变化。一是十九世纪时，欧洲基督徒是人道主义干涉服务的唯一焦点，而现在这一焦点已得到了扩展和普世化传播；二是在十八世纪均势体系、十九世纪协调体系以及之后的势力范围体系中，人权原则还没有成为战争的重要理由，但 1989 年柏林墙倒塌后，人权理念普遍传播的政治障碍消失，诸如“人人生而自由，在尊严和权利上一律平等”[②] 等人权原则开始兴盛，当前国际社会体系中人权原则已经成为最有竞争性的原则之一；三是当代的人道主义干涉规范绝不只是“允许”干涉，《防止及惩治灭绝种族罪公

---

① ［瑞典］英瓦尔·卡尔松、［圭］什里达特·兰法尔主编：《天涯成比邻——全球治理委员会的报告》，中国对外翻译出版社公司 1995 年版。

② 联合国 1948 年制定通过的《世界人权宣言》第一条，http：//www. un. org/zh/documents/udhr。

约》实际上使干涉行动具有强制性[①]，签约国必须停止被界定为“故意对一个国家、种族、人种或宗教集团进行整体或部分上的毁灭的行为”[②] 的种族屠杀。

无论是理论上，还是实践上，人道主义战争或武装干涉还面临许多非难，主要因为其对主权原则造成广泛挑战。其一，它被指责入侵了国家的边界。它涉及运用军事力量入侵一个主权国家的领土，甚至在没有得到权威国际组织的授权和支持，而威斯特伐利亚体系中，主权国家间的首要规范就是互不干涉，彼此尊重边界。其二，它被指责干涉了主权国家的内部事务。反对者认为，主权原则是维护国际体系秩序的必要前提，其他国家不应干涉一个在国际上被承认的国家的内部事务，而且人道主义战争或武装干涉极易堕落成在道德名义掩饰下追逐自我利益的行为。但人权原则的一个重要逻辑是，国家应当符合建立在遵守国际人权法律和规范基础上的、新的合法性标准，国家主权和不干涉原则被视为有条件的特权，必须遵守国际标准。其三，它被指责干涉动机往往不纯。不排除有不关乎自身利益的干涉，但参与干涉的国家往往更愿在保护人道主义的同时有私利动机，否则不愿拿自己的军队来冒险。其四，它被指责效率低下，甚至常常失败。无论是在 1991 年的伊拉克北部、1993 年的索马里，还是在 1999 年的科索沃，干涉行动并没留下和平与稳定，甚至带来了种族民族矛盾的激化与局势长期的动荡。故而人们不禁要问：“战车佑护下的人权花朵”为何不仅没有结出甜美的果实，却反而遍体鳞伤？

但是，无论怎样，全球治理下的包括人权原则在内的诸多理念价值给战争合法性生长以“肥沃土壤”。这是因为，一是在于其具有时代意义。

---

① 玛莎·芬尼莫尔在《干涉的目的：武力使用信念的变化》的第三章，对变化中的人道主义干涉规范进行了详细的论述。参见［美］玛莎·芬尼莫尔著，袁正清、李欣译：《干涉的目的：武力使用信念的变化》，上海人民出版社 2009 年版，第 55、76 页。

② 1948 年《防止及惩治灭绝种族罪公约》第二款的定义列举了以下包括“种族灭绝”的特定行为：“（1）屠杀集团成员；（2）对集团成员造成严重的身体或精神伤害；（3）蓄意破坏集团的生活条件，以导致其整体或部分的身体毁灭；（4）故意强制实施阻碍集团内部生育的措施；（5）武力改变儿童所属的团体”。有关灭绝种族罪的预防及惩罚条约，1948 年 12 月 9 日联合国会议第 260 号决议（Ⅲ）A 批准，http：//www. unhchr. ch/html/menu3/b1p_genoci. htm。

基于洛克文化的传统战争，大多“期望相互行为的基础是承认主权”[1]，理念价值往往以维护国家主权独立为原则，以利益竞争为核心。因为在国家疆域清晰的年代，国家被视为公民权利的唯一保护者，公民对国家绝对忠诚，不存在跨国意识形态。但是，“国家被国际组织编织成的网络所缠绕”，“拥有传统上的高度政策自治的国家概念基本上已不再准确”，因为随着国际相互依存度增大、文化信息跨国流动，一些国家的主权必须做不同程度的让渡，所以，新的疆域日益模糊，“威斯特伐利亚神殿的支柱正在朽化”。[2] 因而，一些属于截然不同流派的思想家，比如麦可·沃瑟和亨利·基辛格，都总结说威斯特伐利亚体系遗留下来的原则已经不足以应对今天的挑战。[3] 正因为此，如同尊重国家主权原则一样，信守对生命、自由、正义和公平的尊重以及相互的尊重、爱心和正直，已经跃出地平线，成为照耀人类未来的新一轮曙光。所以，赫德利·布尔在看到战争破坏国际社会发展成果的同时说：“从国际社会的角度看，战争是执行国际法、维持均势以及促进人们对普遍认为正当的国际法进行变更之手段。”[4] 二是在于其具有普适意义。国际社会的不断成长、发展和成熟既是这些观念不断得以认同、内化的结果，也是促进其不断传播的条件。如今，民主、自由、法治、公平、正义和人权等理念已深入人心，并溢出国家边界，逐渐成为广泛共识和政治认同，成为政府与公民合作治理，实现社会善治的标志。这一点已经成为大势所趋，不可逆转。三是这些理念价值是国际制度的源头，对其具有支撑和瓦解的作用。国际制度实际上是凝固的理念价值，只有其所基于的理念价值的鲜活才能赋予国际制度以生命，否则，理念价值的凋谢必然带来国际制度的崩溃。当然，“如果新的思想体系兴起，

---

① ［美］亚历山大·温特著，秦亚青译：《国际政治的社会理论》，上海人民出版社 2008 年版，第 273 页。

② ［美］詹姆斯·N. 罗西瑙主编，张胜军、刘小林等译：《没有政府的治理》，江西人民出版社 2001 年版，第 63—67 页。

③ ［美］罗伯特·卡根著，赵晨译：《美国的合法性危机》，《当代世界与社会主义》，2004 年第 5 期，第 125 页。

④ ［英］赫德利·布尔著，张小明译：《无政府社会——世界政治秩序研究》，世界知识出版社 2003 年版，第 147—150 页。

制度也不可能抗拒随之而来的要求作出相应改变的压力”。[①]

第二节　国际规制基础

所谓国际规制[②]基础，就是国际战争合法性的一个重要来源在于依据或遵守一定的国际规制。战争虽然经历过“自然状态”中的源自人们内心恐惧与对他人征服欲望的嗜血屠杀，但是国际规制的成长与茁壮，使得战争行为不可能再陷于恣意妄为的“沼泽”。而今，保障国家主权、人的生命权与人格权、维护国际和平、安全与正义等原则已成为以联合国及《联合国宪章》为代表的国际组织及国际法规的价值基石。本质上，国际规制已经成为这样一个所在，即国际社会的意志与利益不仅围绕其实现汇聚、表达，而且也大多围绕其得以贯彻和实现。所以，战争依据国际规制而动，就实际上赋予自身行动以正当性，故而国际规制基础也成为合法性的重要来源。因为制约无所不在，国际战争越来越变得“有限”和“驯化”，成为“戴着镣铐”的搏斗，而这个“镣铐”就是国际规制。而且随着科学技术的日新月异，战争行为监督的精确化、实时化甚至直播化将不再是天方夜谭，特别是国际规制的深刻转型、加速发展和行为体对其的接纳与遵守，“镣铐尺寸”将不断收紧，那种企图摆脱“镣铐”制约，借规制的真空以掩饰非合法性战争罪恶、逃避国际社会谴责与惩罚的做法，将变得愈发不可能。因此，国际规制的遵守是赋予战争合法性的重要基础，也是战争合法性评判的重要依据。

---

① ［美］詹姆斯·N. 罗西瑙主编，张胜军、刘小林等译：《没有政府的治理》，江西人民出版社2001年版，第212页。

② 对于“international regimes”，众多学者译义不一，常译作国际机制、国际规制、国际体制等，本书采用“国际规制”译法。

一、国际规制的概念

国际规制的理论起源于国际合作研究，于20世纪70年代伴随复合相互依赖理论的产生而兴起，并由约翰·鲁杰首先在国际关系理论研究分析中引入国际规制概念。[①] 当然，其实践的萌芽可能更早，甚至上溯至现代国际关系诞生之前。但这一概念提出以来，引发了众多学者的研究热情，按照由美国著名学者斯蒂芬·克莱斯纳表述的、汇集了多种观点并颇受国际政治理论界认同的定义，通常是指“一系列围绕行为体的预期所汇聚到的一个既定国际关系领域而形成的隐含的或明显的原则、规范、规则以及决策程序。原则是关于事实、因果关系和公正的信念；规范是以权利和义务定义的行为标准；规则是对行动专门的规定或禁止；决策程序是指流行的、作出和应用集体选择的习惯”。[②] 可见，国际规制实质上是一种正式的或惯常的、持久的制度安排，用以维持和调节相关契约行为体的跨国行为。但是，它的初期往往是某个在社会实践中逐步被国际社会接受的惯例，随着相关国家的需要和协商约定，人们将其上升为具体的规则等，成为国际规制。在一定意义上，它是相关行为体尤其是国家，着眼解决双边、多边乃至全球性问题，为克服无政府状态的阻耗而自觉寻求合作的制度建设。国际规制使得国家间的交往变得有预期、低门槛，进而使得社会的合作具有透明性和确定性，所以，其建立的过程，正是各国基于理性的选择和激烈的博弈的过程。没有国际规制，国际合作将变得困难，甚至无法进行。[③]

国际规制作为国际体系的制度化表现，包括国际组织、国际协议、国

---

① 何杰：《权力与制度——国际机制理论的现实主义分析》，《欧洲研究》，2003年第4期，第26页；［美］罗伯特·基欧汉著，苏长和等译：《霸权之后：世界政治经济中的合作与纷争》，上海人民出版社2006年版，第57页。

② Stephen D. Krasner，international regimes，Cornell University Press，1983，p. 2.

③ 王乐夫、刘亚平：《国际公共管理的新趋势：全球治理》，《学术研究》，2003年第3期，第55页。

际准则以及国际惯例等，是国际秩序的基本架构。[①] 综而观之，不难发现其具有明显的特征。

一是具有一定的权威性。并非像国内法规制度那样，权威性主要以统一集权的中央政府和宪法、法律、法规、制度做后盾，国际规制权威性的形成可能存在多种源头。霸权体系下支配国借“以天下为己任”之名强制推行自己的意志，国际民主化条件下多国的合作诉求经协商后的表达等，显然都是主要来源。比如，无论是十九世纪英国治下的和平，还是二十世纪美国治下的和平，它们无不把创立和实施一套获取和保护其私有利益的国际规则作为外交政策的基本目标[②]。但不论怎样，一旦国际规制既已确立，它就会对所对应的事物具有较大的约束力。皮埃尔·德·塞纳尔克朗从政治学角度揭示道：“传统上，规制的意思是：‘管理和统治社会的一种方式’……按照其一个限制较严的用法，规制界定为：‘据以组织一个机构的一套法律或行政管理条款’。”[③] 这对国际规制本质的理解不无启益。

二是具有较大的认可度。国际规制的发起者往往是少数行为体甚至就是霸权国家，但这并不意味着其内容规定无视其他行为体的意志。比如，1814 年左右形成的维也纳体系的支柱由三套机制构成：其一“四国同盟”，剿灭任何对领土秩序挑战的国家；其二“神圣同盟”，防范对一国内体制的威胁；其三“大国一致”机制，定期召开同盟国政府首脑参加的外交会议，制定共同目标，对付新出现的危机。[④] 这一体系的主导国虽然主要是英国、普鲁士、奥地利、俄国，但代表了当时欧洲超过 200 个国家和王朝，并产生了较为普遍的约束力，保障了欧洲后来近百年总体和平，使其间每一次具有潜在爆炸性的危机都在不引起大国战争的情况下被化解。所以，国际规制之所以能成为国际规制，在于其本身是为某一国际目标而进行的

---

① 夏立平：《论当代国际机制发展趋势与中国的选择》，《国际问题研究》，2007 年第 1 期，第 46 页。

② ［美］罗伯特·吉尔平著，宋新宁、杜建平译：《世界政治中的战争与变革》，上海人民出版社 2007 年版，第 144、150 页。

③ ［瑞士］皮埃尔·德·塞纳尔克朗著，陈思译：《规制理论与国际组织研究》，《国外社会科学》，1994 年第 4 期，第 18 页。

④ ［美］亨利·基辛格著，胡利平、林华、曹爱菊等译：《世界秩序》，中信出版集团 2015 年版，第 73—74 页。

主动的、人为的设计，它必须得到包括发起者在内的所有相关者的理解与接受。无论“行为体的期望以之为中心而进行聚集”的原因是源于既有共享价值观念，还是建立在对自我利益的维护与发展基础之上，没有相关行为体参与的主动性，国际规制的基础将受到侵蚀，效能将受到损害。

三是具有较强的稳定性。国际规制围绕解决某一国际问题，强调追求理想与和谐的结果，其形成的过程历经理性磋商、艰苦协调甚至无奈的妥协。当共识达成并产生效力后，就会有较大的稳定性，不会轻易改变。尤其是反映国际政治系统性变革[①]的国际规制，如《威斯特伐利亚和约》（1648 年）、《乌特勒支条约》（1713 年）、《维也纳和约》（1815 年）、《雅尔塔协定》（1945 年），都是在战争暴力的充分释放下、集世界主要大国之意志达成的，虽然相关国家未等墨迹风干即又踏上疗伤蓄力、扩武备战的老路，但它们在由其开辟的新国际秩序下的相当长时间内，很大程度上仍是支撑国际争议问题处理的重要基石。

但是，二十世纪初在美国主导下，由威尔逊总统倡议设立的国际联盟却昙花一现。然而，即便如此，它燃起的理想星火却未曾熄灭，既给了当时及后来无数政治家在面对残酷现实时以“诗与远方”，又给了国际社会以深刻启示，以至于二战后联合国的创设也离不开这一灵感和教训。威尔逊之所以提出这样的奇思异想，关键在于他反对依据既往权力政治原则建构一战后的世界秩序。威尔逊认为战争的原因不止于德国统治阶级的恶行，欧洲的均势体系也是罪魁祸首。[②] 他在 1917 年 1 月 22 日抨击战前的国际秩序为“有组织的敌对”，并提出了被后世称作“集体安全”的一个全新观念——“权力共同体”：

> 未来一切的世界和平及政策均取决于这个问题：目前的战争是为

---

① 罗伯特·吉尔平在《世界政治中的战争与变革》一书中，将国际政治变革分为“体系的变更”“系统性变革”“互动的变化”三种类型，但是任何变革往往是以上三种理想类型的有机综合。相关论述参见［美］罗伯特·吉尔平著，宋新宁、杜建平译：《世界政治中的战争与变革》，上海人民出版社 2007 年版，第 45—50 页。

② ［美］亨利·基辛格著，顾淑馨、林添贵译：《大外交》，海南出版社 1998 年版，第 41 页。

正义且和平而战，抑或仅是为新的均势而战？世界必须是权力的共同体，而非权力的均衡；它必须是有组织的共同和平，而非有组织的敌对。[①]

威尔逊深信各国对和平均享有同样的利益，会联合起来惩罚破坏和平者，于是他提议由爱好和平者的道德共识来保卫国际秩序。为使这个共识制度化，国际联盟应运而生。在此世界组织的监督之下，权力将臣服于道德之下，武力将受民意指挥。[②]

深刻地反思可见，作为国际规制的国际联盟夭折的教训启迪，就在于理想要建立在现实逻辑之上，权力与原则不能混为一谈，只有这样才能使规制具有有效性、稳定性，否则就是一厢情愿。因为，不仅在当时，即使在国家主权原则尚过于强大的当今，“集体安全的基本前提是，每个国家对任何的安全威胁均有一致的看法，‘而且’愿意冒同样的风险共同抵御此一威胁”。[③] 而这一情况在通常情况下很难发生，除非威胁的确大到像两次世界大战一样令人难以承受的地步，才能凝聚起国际社会全体或大多数国家的共识。

四是具有明显的多层性。国际规制具有整体性，但常涉及多个层次议题，既包含战争、和平、外交等“高级政治”，又包括国家间的经济、福利、文化等“低级政治”，[④] 还涵盖诸如人权、世界公民等难以用单纯的“高级政治”“低级政治”传统语境解读的新政治议题。国际规制不断延展，并逐步在世界范围内建立起网络体系，使各问题领域的国际规则形成互联网络[⑤]。但是，关于这些议题的规则，通常相互补充，共同作用于一

① ［美］亨利·基辛格著，顾淑馨、林添贵译：《大外交》，海南出版社 1998 年版，第 41—42 页。

② ［美］亨利·基辛格著，顾淑馨、林添贵译：《大外交》，海南出版社 1998 年版，第 42 页。

③ ［美］亨利·基辛格著，顾淑馨、林添贵译：《大外交》，海南出版社 1998 年版，第 43 页。

④ 现实主义假设世界政治中的问题有等级之分，其中军事安全最为重要，是“高级政治”，它主导着经济和社会事务等“低级政治”。参见［美］罗伯特·基欧汉、约瑟夫·奈著，门洪华译：《权力与相互依赖（第四版）》，北京大学出版社 2012 年版，第 23 页。

⑤ 门洪华：《国际机制的有效性与局限性》，《美国研究》，2001 年第 4 期，第 15 页。

致的目标。正如，唐纳德·普查拉和雷蒙德·霍普金斯所言："在国际关系每一个独立的问题领域中都存在着规制——只要存在着对行为进行调节的地方，就一定存在一些原则、规范和规则来对此做出解释。"① 可见，国际规制几乎存在于国际关系的每一个角落。即使就战争自身领域而言，就受到来自《联合国宪章》以及《海牙公约》《日内瓦公约》等规制律令的多层制约。正因为此，迈克尔·沃尔泽说："战争总是受到两次判断：一次是关于国家开战的理由；另一次是关于战争中使用的手段。"②

二、国际规制的遵守是战争合法性的基础

权力合法性可分为法理型、传统型和克里斯玛型，这是马克斯·韦伯对权力合法性基础的归纳。而法理型，就是一切人都要忠实于法律制度并对其负责，也就是要把合法性建立在法律制度上。他指出："今天，流传最广的合法性形式是对合法律性的信仰，换句话说，接受那些形式上正确的、按照与法律的一致性所构建的规则。"③ 又进一步指出，"掌权者发号施令的正当性乃是依赖于通过法规、协议和强加而理性确立的规则"。④ 罗伯特·基欧汉则认为："国际制度的程序和规则还可以形成一种信息结构，它们决定什么行动原则是可以接受的，从而作为减少冲突的基础以及判断政府行动是否合法的标准。"⑤ 可见，无论国内政治还是国际政治，符合相关法律、与法律制度相一致是合法性最直接的原初源泉。因此，战争依据

① Donald Puchala and Raymond Hopkins, "International regimes: lessons from inductive analysis", in Stephen D. Krasner eds., International Regimes, A Special Issue of International Organization, 36, 2 (Spring, 1982), p. 247.

② ［美］迈克尔·沃尔泽著，任辉献译：《正义与非正义战争：通过历史实例的道德论证》，江苏人民出版社 2008 年版，第 24 页。

③ ［德］马克斯·韦伯：《经济与社会：解释社会学概况（二卷本）》，加利福利亚大学出版社 1978 年版，第 37 页。转引自让－马克·夸克著，佟心平、王远飞译：《合法性与政治》，中央编译出版社 2002 年版，第 27 页。

④ ［德］马克斯·韦伯著，阎克文译：《马克斯·韦伯社会学文集》，人民出版社 2010 年版，第 276—280 页。

⑤ Robert Keohane, "International Institutions: Can Interdependency Work?", Foreign Policy, Spring 1998, p. 10.

国际规制成为其合法性的重要依据。

全球化的进程中，国际规制在全球治理中处于核心地位，是实现人类普遍价值、维护国际社会正常秩序的规则体系，它包括用以调节国际关系和规范国际秩序的所有跨国性的原则、规范、标准、政策、协议、程序。从某种意义上说，没有一套能够为全人类共同遵守、确实对全球公民都具约束力的普遍规范，全球治理便无从说起。[①] 因而国际规制表明，国际政治生活趋于制度化，是一种具有法律责任的制度性安排。所以，国际战争已经不能再是国家等在霍布斯文化下的独断专行，也不仅仅是国家等强力解决国际争端的武装手段，而且“是一种法律状态”[②]。

为什么国际规制对国际战争合法性如此重要，并成为它形成的基础呢？主要原因在于在一定意义上，国际规制只是这样的一种中介：它要么是一些利益的体现，要么是一些价值观的体现，或者是二者共同的体现。[③] 具体地说就是，一方面，国际规制是理念价值的固化。在建构主义看来，在根本意义上，社会是各种价值观念的体系积淀，它的结构是观念性的结构。国际规制的形成也是如此。起初，一些属于一国“自有知识”的理念价值在与其他国家交往中不断碰撞成长，其中的部分成分因体现了人类发展前进的方向、满足了各国及其民众生产生活的内在需求，便逐渐成为国际社会的“共有观念”，进而在国际社会稳固下来，上升为各国共同遵守的规范。而在这一过程，关于战争的很多规范得到了学者专家的不断提炼、总结和阐发。譬如，格劳秀斯认为，人类只有在维护自身权利的情况下，才可以发动战争；而战争一旦打响，双方就必须在法律许可的范围之内交战；“所有并非旨在获得一种有争议的权利或结束战争，而仅仅是意图展示一方强力的行为，完全有悖于基督教徒的职责和人道的原理”[④]。罗尔斯在《万民法》中提出的8条原则指出：人民在战争行为中要遵守某些

---

① 俞可平：《全球化：全球治理》，社会科学文献出版社2003年版，第14—15页。

② 吴勇、毛国辉：《战争权的法理研究》，《南京政治学院学报》，2006年第6期，第62页。

③ 周丕启：《合法性与大战略：北约体系内美国的霸权护持》，北京大学出版社2005年版，第72页。

④ ［荷］格劳秀斯著，何勤华等译：《战争与和平法》，上海人民出版社2005年版，第439页。

特定的限制。[①] 时至今日，这些对国家主权，人的生命权、人格权和宗教自由权等进行保障与维护的理念价值已经充分发展，成为国际社会的共识，并作为价值基石，被充分体现在《联合国宪章》以及一些国际协议条款之中。正如约瑟夫·奈所指出的，在对正义的认识上虽然国际社会不同行为体存在着文化上的分歧，但是国际政治中一些原则仍包含在国际法之中，还是存在着道义的呼声；国际法中包含着基本的正义观念，虽然它并没有得到绝对的尊重。[②] 另一方面，国际规制是利益分配的体现。制度反映着各种行为体围绕利益博弈的结果，在很大程度上带有利益分配性，体现着权益分享权。学者苏长和指出，围绕制度，集体意志与利益可以得到汇聚、表达和贯彻，故而制度是当今国际关系中最具合法性的外交活动场所。[③] 所以，国际战争如果能依据国际规制进行，实际上就维护了利益认同格局，从而赋予战争行动以正当性。

当今国际社会，国家等行为体在战争中“斗武”的同时在“斗法”——强调己方遵守而对方违反了国际规制，一个重要原因就在于国际规制是争夺合法性的需要，因为“政治不仅仅是争夺权力的斗争，它也是争取合法性的较量。权力与合法性不是相互对立的，而是互相补充的”。[④] 基辛格也指出，无论合法性还是权力都不是为了阻止变革，两者相结合是为了确保以演变的方式，而不是通过各方赤裸裸的意志较量实现变革。[⑤] 当今政治的现实是，合法性也是权力的一个源泉，往往是愈有合法性就愈拥有权力。战争中如果一国罔顾合法性而执意行事，那么，该国就要为其行为付出高昂的代价。因此，“国家希望借助国际法和国际组织来证明自己的政策具有合法性，并且指责别国的政策缺乏合法性”，借此增强自己

---

① ［美］约翰·罗尔斯著，张晓辉等译：《万民法》，吉林人民出版社 2001 年版，第 40 页。

② ［美］小约瑟夫·奈著，张小明译：《理解国际冲突：理论与历史（第五版）》，上海人民出版社 2005 年版，第 30 页。

③ 苏长和：《中国的软权力——以国际制度与中国的关系为例》，《国际观察》，2007 年第 2 期，第 31 页。

④ ［美］小约瑟夫·奈著，张小明译：《理解国际冲突：理论与历史（第五版）》，上海人民出版社 2005 年版，第 200—201 页。

⑤ ［美］亨利·基辛格著，胡利平、林华、曹爱菊等译：《世界秩序》，中信出版集团 2015 年版，第 73—75 页。

的软权力。[①] 1999 年联合国授权建立以澳大利亚为首的东帝汶国际部队展开维和，结束东帝汶混乱局势，就使其行为具有合法性。相反，由于联合国安理会在 2003 年未能通过明确授权美、英使用武力的决议，美国和英国为占领伊拉克付出了极大的代价。因此，国际规制是国际政治现实的重要部分，是国际战争合法性必须基于的重要基础。对此，著名学者约瑟夫·奈指出：对国际组织和国际法采取过于怀疑或者过于天真的态度都是错误的，国家不能只按法律行事，但是如果完全没有法律，那么国家就无法生存。[②]

三、国际规制基础促进战争合法性的内在逻辑

我们从前面所述的国际规制特性出发，探析遵守和依据国际规制与战争合法性之间具有正相关性的内在逻辑。

首先，国际规制的权威性必然增强据其实施的战争的合法性。国际规制的产生和建立是困难的，往往需要霸权国家使用其超强的国家实力和威望将国际规制建立起来并推行于系统内国家。所以，在大多数情况下，某些或所有全面战争后的胜利者都是新国际规制的奠基者和护持者：1648 年是瑞典和法国，1713—1714 年是英格兰与荷兰，后来在维也纳是所有的大国，在巴黎与旧金山是以美国为首的获胜大国，[③] 直至今日，国际规制在推向全球之时也难能摆脱美国霸权的身影。霸权者初期的和平胜利者面目和先入为主的制度安排，客观上无疑使得国际规制具有一定的权威性。新现实主义认为，霸权国家建立了自己的霸权体系，并制定该体系的国际规制，霸权国的实力与威望是其他国家接受这些国际规制的重要前提；霸权国利用这些规制维持霸权体系，最大限度地获得自己的利益；同时，为了

---

① ［美］小约瑟夫·奈著，张小明译：《理解国际冲突：理论与历史（第五版）》，上海人民出版社 2005 年版，第 201 页。

② ［美］小约瑟夫·奈著，张小明译：《理解国际冲突：理论与历史（第五版）》，上海人民出版社 2005 年版，第 207 页。

③ ［加］卡列维·霍尔斯蒂著，王浦劬等译：《和平与战争：1648—1989 年的武装冲突与国际秩序》，北京大学出版社 2005 年版，第 297 页。

维持霸权体系，它向体系内的其他国家提供“公共产品”，容忍“搭便车者”；霸权国若衰落或急剧变化，则国际规制就会发生相应变化。[①] 概而言之，霸权国是国际规制的建立者和维护者，国际规制其实反映的是国际体系中霸权国或主导国家的意志，体现的主要是这些国家的利益。如果说在新现实主义那里，国际规制还是个从属变量，霸权衰落或霸权结构销蚀将导致国际规制的倒塌或无效，[②] 国际规制的权威性离不开背后的霸权国的话，那么在新自由主义那里，国际规制已是国际关系中的独立变量。他们认为，国家只有通过合作，建立和遵循国际规制才能实现共同利益；由于国际社会存在广泛的不确定性，没有国际规制则不能形成可靠的预期，合作协议无法达成；国际规制正是通过降低不确定性来促进国际合作的。[③] 在其看来，国际规制并不一定要以霸权国为支撑，而是有着自己独立的生命，随着国际社会相互依赖程度的加深而愈加发展，即使在霸权时期建立的国际规制也不会在霸权之后而崩溃，将会继续发挥作用。[④] 可见，国际规制一旦建立，就成为相对独立的变量，成为国际关系中不可或缺的公共物品，影响着参与国际政治经济活动的所有国家。[⑤] 所以，国际规制在新现实主义眼中主要还是“权（霸权）治”的工具，而在新自由主义那里却渐成“法（规制）治”的结构，但两者都不失较强的权威性。秦亚青指出，国际规制具有权威性、关联性和惩罚功能、服务功能，对于其权威性，他论述道：国际规制虽然是无政府国际社会中的制度，是权力分散状态下的规则，不可能像国内社会的法律那样具有强制性，但它是国际社会成员认可或达成的规则，代表了某个领域的行为准则，对于参与制度的大多数国家都有制约作用。[⑥] 这种权威性其实还集中体现在它的奖惩功能上，

① 门洪华：《国际机制与美国霸权》，《美国研究》，2001 年第 1 期，第 76 页。

② Andreas Hasenclever, Peter Mayer and Volker Rittberger, “Theories of International Regimes”, Cambridge University Press, 1997, p. 86.

③ Robert Keohane, “International Institutions and State Power: Essays in International Relations Theory”, Westview Press, 1989, p. 108.

④ 门洪华：《国际机制与美国霸权》，《美国研究》，2001 年第 1 期，第 76—77 页。

⑤ 门洪华：《国际机制与中国的战略选择》，《中国社会科学》，2001 年第 2 期，第 179 页。

⑥ 秦亚青：《霸权体系与国际冲突：美国在国际武装冲突中的支持行为（1945—1988）》，上海人民出版社 2008 年版，第 68、225—226 页。

虽然这种功能并不完全是强制性，有的甚至只是名义上的、象征性的，但这种功能的表达反映出，权威性对战争合法性的增强具有重要意义。一方面，国际战争的实施者如果遵守国际规则，那么他不仅受到来自国际规制本身的鼓励和支持，使得动员和凝聚国内外力量的成本降低、阻力减消，还会赢得国际社会道义上的声援和国际声望的提升，这些无疑会使实施战争的合法性具有坚实的基础。另一方面，如果国际战争的实施者无视和违背国际规则，那么他不仅受到来自国际规制本身的制裁和处罚，国内也会因此产生质疑声音、抵制行为，造成力量耗散，还会受到国际社会道义上的谴责和反对，进而使其国际声望下跌、形象受损，这些正是战争合法性基础遭受削弱与瓦解的表现。

其次，国际规制的认可度必然增强据其实施的战争的合法性。新现实主义强调，国际机制的建立是霸权国支配或主导的，虽然这部分地反映了国际规制的发展历史和社会现实，然而霸权国在没有其他国家一致同意的基础上，是不能制定和执行规则的。[①] 必须注意的是，不能无视这样一个事实，就是国际规制的建立、实施、修改、完善都是由众多国家参与的，国际规制的原则、规则、规范和决策程序的确定得到了参与国家的认可，并通过国内法定程序得到了确认。基欧汉认为：正是原则、规范和规则之间的密切联系，赋予规制以合法性。[②] 因此，规则的制定必然建立在同意的基础上，这是国际规制具有较强的认可度的前提和基础。不仅如此，还应看到，国际规制正常发挥效能在于它们能够为各个主体认可、接受，从而具有必要的合法性权威。[③] 而这最集中的体现就是，当规制与行为体利益冲突时，行为体仍然遵循该广为认可的规制。

对于国际规制，建构主义提出了自己的理解。与基于权力的新现实主义规制理论和基于利益的新自由主义规制理论不同，它强调知识、学习、

---

① Robert Keohane, "After Hegemony: Cooperation and Discord in the Word Political Economy", Princeton University Press, 1984, p. 6.

② Robert Keohane, "After Hegemony: Cooperation and Discord in the Word Political Economy", Princeton University Press, 1984, pp. 53 –56.

③ 苏长和：《全球公共问题与国际合作——一种制度的分析》，上海人民出版社2000年版，第106页。

认同等在国际规制建立和维持中的作用，因而被称为基于知识的规制理论①。它认为国际规制是“对社会行为的期望与可接受形式的有原则的、共享的理解”。② 也就是说，国际规制是具有共享社会观念的人们对国际合作的一种理解、期望和最终的观念实践。亚历山大·温特认为，所有建构主义包含两条基本原则：人类关系的结构主要是由共有观念而不是物质力量决定的；有目的的行为体的认同和利益是由这些观念建构成的，而不是天然固有的。③ 在人类交往中进行社会学习，互相沟通，就产生了建构作用。建构主义重视文化、规范等主观因素在国际规制的形成与变迁中的意义；强调社会过程的重要性，认为过程的价值与结构同等重要，甚至结构依赖过程；强调对国家认同与国家利益认同的分析。④ 由此可见，国际规制的较强的认可度，反映出了相关行为体在经济相互依赖、共同御敌等国际社会互动中形成了共有的观念，并由此产生了集体认同和相同（或相似，至少不相悖）的利益，进而愿意创立或接受国际规制，限制行为体行为，促进合作。换言之，国际规制所具有的较强认可度，其实是国际社会共同信念与意志沉淀的反映，国际规制的原则、规范和规则体现了国际社会的共识、有关各方的责任和义务，国际战争的实施者如果能够遵循这些规则和相关程序，就会使得战争的合法性得到增强，否则，就有公然“冒天下之大不韪”之大忌，其合法性就会遭到直接的损害。

再次，国际规制的稳定性、多层性益于据其实施的战争的合法性。国际规制的有效性与据其实施的战争的合法性密切相关。国际规制的有效性必然会有助于提高基于其具体规定和基本精神而实施战争的合法性。国际规制在国际问题的治理实践中表现出的有效性有助于增强相关成员或非成

---

① Andreas Hasenclever, Peter Mayer and Volker Rittberger, “Theories of International Regimes”, Cambridge University Press, 1997, p. 1.

② Krotochwil and Ruggie, “International Organization: A State of Art or an Art of State”, International Organization, Vol. 40, 1986, p. 764.

③ ［美］亚历山大·温特著，秦亚青译：《国际政治的社会理论》，上海人民出版社2000年版，第1页。

④ 于营：《权力、利益、观念——国际机制的三种理论范式分析》，《长春大学学报》，2005年第1期，第88—89页。

员对它的认同。[①] 行为体对某种制度的忠诚可以部分地归因于制度运行带来的现实的或可以预见的福利，尤其是，当行为体没有发现和预期发现更有效率的替代性制度时，又能强化制度的合法性。[②] 国际规制的稳定性和多层性，一定程度上意味着它的有效性。多层性，实质上是从空间范围上反映国际规制的有效性，以体现国际规制发挥作用领域的多元化和覆盖性；稳定性，则从其自身对国际社会发展的适应性、前瞻性来体现国际规制的有效性，一个朝令夕改甚至无疾而终的规制，显然缺乏权威性和可信性，无法成为行为体进行决策、解决纠纷和分歧的重要依据。学者门洪华对国际规制的有效性进行了较为系统的论述，[③] 具体而言，其有效性主要体现在以下诸方面：一是服务作用，国际规制可以提供更为完善的信息，降低交易成本，使得承诺更为可信并促成互惠合作[④]；二是制约作用，国际规制可以对国家行为形成一定的制约作用；三是规范作用，受其影响和塑造，国家行为也趋于规范化；四是惩罚作用，国际规制的关联效应使其能够对遵守或违反国际规制的行为进行奖惩，从而确立国际规制的相对独立空间；五是示范作用，重在改变交往模式，引导国家在国际规制的框架内定义国家利益；六是惯性作用，建立新的国际规制成本巨大，成员国往往首先倾向于沿用既有规制，因此它虽是历史进程中的沉淀物，但一旦形成就具有历史惯性。这些因素无疑增强了根据国际规制实施战争的合法性。

然而，必须明确的是，当前虽然国际规制的功能与作用在增强，但其对战争合法性的基础源泉意义是相对的，并存在局限性。基欧汉曾指出，表面上看，既然国际规制影响国家的控制能力，那么似乎规制具有至高无上的重要意义，就像美国的联邦法律经常推翻州和地方的法规一样，然而，这在本质上将是一个使人产生误解的结论。[⑤] 根据他的解释，这是因

---

① 刘宏松：《合法性、有效性与G20机制改革》，《国际观察》，2014年第3期，第133页。

② 刘宏松：《机制合法性与国际机制的维持》，《学术探索》，2005年第2期，第85页。

③ 门洪华：《国际机制的有效性与局限性》，《美国研究》，2001年第4期，第7—16页。

④ Robert Keohane and Lisa L. Martin, "The Promise of Institutionalist Theory", International Security, Vol. 20, No. 1, Summer 1995, p. 42.

⑤ ［美］罗伯特·基欧汉著，苏长和、信强、何曜译：《霸权之后：世界政治经济中的合作与纷争》，上海人民出版社2006年版，第61页。

为世界政治是非集中、分散化和非等级制的，根本就是一个“自助的体系”，所以这就意味着国际规制中的原则和规则必然要比国内社会中的脆弱得多，有时会出现“与主权原则和相关自助规范发生冲突的风险”，而一旦“不与国家这样牢固的依托相联系，国际规制的作用就会飘忽不定”。[①] 国际规制的局限性体现在多方面，一是国际规制本质上仍然体现的是霸权国或支配国的意志和利益，其在规制的建立、诠释和修定方面具有不容置疑的重要权力，掌握着“话语霸权”，因而国际规制对一些非支配国而言，难免存在“民主赤字”。二是现在国际规制主要源自西方特别是美国的政治文化观念，其内核是西方文化的产物，与西方有着天然的联系，用有“颜色”的视镜观察事物，必然会歪曲事实。三是规制的本义为权衡，国际规制是对各种利益的规范进行均衡的结果，所以妥协性是其本身的重要属性，这就极易置正义与平等等理念价值于不顾，损害国际规制的权威性和有效性。四是既有的国际规制对于国际体系转换时的霸权战争评裁往往无能为力，因为霸权战争的爆发往往意味着当前的国际体系结构已经滞后于时代，以至于不适应当前国际社会的发展。国际社会发展的长河奔腾不息，泛舟其上的人们如果不能与“流”俱进，罔顾潮流以舟论进退的话，无异于刻舟求剑，结果不仅荒唐可笑，而且会失之毫厘，谬以千里。罗伯特·吉尔平说，通观历史，解决国际体系结构与权力再分配之间不平衡的主要手段是战争，尤其是我们所称的霸权战争；战争导致了该体系中国家之间领土的重新分配、国际体系新规则、国际分工的修正等，从而使一个相对更加稳定的国际秩序和对国际体系更有效的统治在国际权力分配现实的基础上建立起来。[②] 基辛格也说，“一种国际秩序的生命力体现在它在合法性和权力之间建立的平衡”，但是如果平衡不能被处理得当、使之以演变方式实行变革，“一旦均势被打破，种种束缚随之消失，各种贪得无厌的诉求和狂人就会纷纷出笼，继而天下大乱，直到建立一个新的

---

① ［美］罗伯特·基欧汉著，苏长和、信强、何曜译：《霸权之后：世界政治经济中的合作与纷争》，上海人民出版社 2006 年版，第 61—62 页。

② ［美］罗伯特·吉尔平著，宋新宁、杜建平译：《世界政治中的战争与变革》，上海人民出版社 2007 年版，第 200 页。

秩序体系”。[①] 所以，正如门洪华所说，国际规制是一种独立变量，但这并不意味着国际规制无所不能，是“万灵药”。[②]

面对国际规制对国际战争合法性在基础性支撑与评判上的不适应与缺陷，应该怎么办呢？我们是不是除了在重视前一节“理念价值基础”、本节“国际规制基础”的同时，还应关注现实中国际社会对战争的意见？对此，下一节将做专门论述。

第三节　协商赞同基础

所谓协商赞同基础，就是国际战争合法性的一个重要源头在于国际社会经一定商讨协调而达成的共识公意。[③] 国际战争具有协商赞同基础，并不简单意味着组织实施了一场以多对少的多边战争，但在本质上获得了与此相同的意义，也就是，通过协商、说服和争取，所获得的多边特别是主要大国、国际组织乃至整个国际社会的认可或支持，就会赋予战争以合法性。[④] 协商的过程，其实就是追求认同的过程，这非常重要，因为“认同是行为主体意义的来源，也是在文化的基础上建构意义的过程”[⑤]。这无疑在舆论、法理、民意上增强了战争的合法性。

一、内在的意义：多重理论的分析

在强调理念价值、国际规制基础的同时，强调国际战争合法性的生长离不开协商赞同，是因为从来没有刻在大理石柱上的、永恒的、足以应对

① ［美］亨利·基辛格著，胡利平、林华、曹爱菊等译：《世界秩序》，中信出版集团 2015 年版，第 75—76 页。

② 门洪华：《国际机制的有效性与局限性》，《美国研究》，2001 年第 4 期，第 16—20 页。

③ 朱同银：《全球治理视角下的国际战争合法性》，《国际观察》，2012 年第 5 期，第 48 页。

④ 朱同银：《协商赞同：国际战争合法性的来源》，《社会科学》，2016 年第 6 期，第 32 页。

⑤ 俞正樑：《国际关系与全球政治——21 世纪国际关系学导论》，复旦大学出版社 2007 年版，第 256 页。

任何复杂情势的理念价值和国际规制。特别是，当今世界并不安宁，各种全球性威胁和挑战层出不穷[①]，需要世界携手合作，共同坚定维护国际公平正义，维护国际社会和平稳定。理念价值、国际规制虽然有相对的稳定性，但具有一定的原则性，需要各国加强协商，求得具体行动中的共识；具有一定的滞后性，难以应对层出不穷的新情况、新挑战；具有一定的局限性，或因国际力量分化演变，难以调和以适应新格局之需要，或因"空白领域"的涌现，面对新问题束手无策。实际上，没有永远的理念价值与国际规制，只有永远的协商赞同，协商赞同不仅以理念价值与国际规制为指导和遵循，更是它们发展、完善的持久动力。尤其是，当这些理念价值与国际规制成为既有权力专制的工具，不能满足权力对象的利益要求，这时就会出现新的理念价值和规制动议的裂变冲动。[②] 正如霍尔斯蒂在概览了300多年来欧洲国家战后和约的订立与撕毁后指出，这些和平协议应该预见到未来的问题并设计出种种方式来应对它们，并尽可能为各方所接受，如果不能做到这一点，或者在处理上一场战争时存在重大缺陷，那实际上就是在为未来的战争创造条件，和平也就成为战争的导火索。[③] 因此，协商赞同无疑成为合法性之源。对此，无论是政治学还是国际关系理论都有着独到的解释。

政治社会学家马克斯·韦伯根据政治生活中人们政治认同的依据、合法性基础的不同，把政治统治划分为传统型、魅力型和法理型三种，[④] 从实质上揭示出政治统治经历着从神治到人治再到法治，由绝对走向相对的过程，其中法理型的政治统治的源头就是社会成员的政治认同。作为卢梭《社会契约论》核心的公意理论认为，公意是整个共同体意志的表现，永远是公正的，必须来自于所有的人，又适用于所有的人。只要有若干人结合起来，自认为是一个整体，他们就只能有一个意志，这个意志关系着共

---

① 习近平：《习近平谈治国理政》，外文出版社2014年版，第323页。

② 学者简军波对现代合法性及其条件做了比较简要而清晰的论析，参见简军波：《现代国际合法性条件与美国的困境》，《世界经济与政治》，2007年第3期，第55—61页。

③ Kalevi Holsti, "Peace and War: Armed Conflicts and International Order, 1648 – 1989", Cambridge University Press, 1991, pp. 352 – 353.

④ 马克斯·韦伯对政治统治三种合法类型进行了详细的论述，参见［德］马克斯·韦伯著，林荣远译：《经济与社会（上卷）》，商务印书馆1997年版，第三章"统治的类型"。

同的生存以及公共的幸福。所以，公意是社会全体成员的共同意志，共同体的人民必须服从公意，如果拒绝服从，人们就会迫使他服从公意。[①] 这些理论对国际社会治理具有一定的借鉴意义。国际政治不同于国内政治，国际政治是非集中的、分散化的而不是等级制的，主权原则盛行，意味着任何国家都不服从于一个至高无上的政府，[②] 而这些国家构成的国际体系是一种“自助的体系”[③]。国际政治社会建设密度相对稀薄，对物质力量的主要攫聚和施动者——国家的行为制约尚显虚弱，“一个组织良好社会中所存在的本质秩序基础是不存在的”，[④] 所以，无政府状态是最基本的现实。但是，无政府状态并非等同于彻底无序状态，自助原则并不意味独断专行，国际社会既不是一个每个人反对每个人的战场，也不是一个让国家随意任性、不负任何责任的舞台。它有着自身运行与治理的逻辑。国家相互承认主权，国家之间是竞争对手而不是敌人，国家有维护现状的取向，这使它们约束自己的行为，在受到外来威胁时寻求合作，所以，自助体系部分地也是一个助人体系，这与霍布斯的面临灭顶之灾式的自助逻辑有着本质的区别。[⑤] 因此，国际社会发展基本上也遵循着从各国孤立到强权争霸、从霸权专制到大国协调、从大国协调到全球治理的规律。[⑥] 随着国际社会的交往互动日益加深，民主化进化步伐不断加速，基于协商赞同决定国际战争事务，往往代表着一定范围国家的“公意”，并赋予其以合法性，而这一趋势实际上是人本思想在国际社会中的唤醒、回归与实现。

新现实主义认为，国际社会重大事务的决定和执行必须由霸权国家或强势国家来发挥重要的或者是主导性的作用。相关国际事务的决定首先应

---

① ［法］让·雅克·卢梭著，徐强译：《社会契约论》，中国社会科学出版社 2009 年版，第 37—45 页。

② John Gerard Ruggie，“Continuity and transformation in the word polity：toward a neorealist synthesis”，World Politics，1983，Vol. 35，No. 2（January），pp. 261－286.

③ Kenneth Walz，“Theory of World Politics”，Reading，Mass；Addison－Wesley，1979.

④ ［美］罗伯特·基欧汉著，苏长和、信强、何曜译：《霸权之后：世界政治经济中的合作与纷争》，上海人民出版社 2006 年版，第 61—62 页。

⑤ ［美］亚历山大·温特著，秦亚青译：《国际政治的社会理论》，上海人民出版社 2008 年版，第 287—288 页。

⑥ 门洪华：《论国际机制的合法性》，转引自孙学峰主编：《国际合法性与大国崛起：中国视角》，社会科学文献出版社 2012 年版，第 22 页。

反映的是霸权国家或强势国家的意志和利益，国际政治在一定程度上就是大国政治。但是为了获得更多国家的支持，这些决定应兼顾反映其他国家利益。所以，通过一定程序的协商沟通，进行利益交换与妥协，赢得更多的国家和其他国际行为体的认可和支持，从而获得了更为充足的权力。

而新自由主义认为，国际行为体的协商赞同，有利于达成具有一定约束力的规约。这些准协议在法律上是不可强制实施的，但是就如契约一样，它们有助于以相互有益的方式组织行为者之间的关系。[①] 但是，即使是国际规制，它也不能构造出像组织良好的国内社会那样稳固的法律责任模式，国际规制的建设者是充分认识到这种局限性的，其重要意义在于降低了合法谈判的交易成本并增加了非法谈判的交易成本，促使政府达成互惠协议。[②] 而协商赞同使得单边行动多边化，使得一国的行为变得可合作化和可预期化，增强了行为体间信任度。基欧汉指出，如果一个国家将一系列规则视为具有道德上的约束力，并公开承诺恪守这些原则，将对一个国家的声誉起到标识作用。[③]

从建构主义而言，协商赞同反映的是一种社会互动过程和形成认同的结果。赫伯特·布卢默评述文化结构时说，自然地接受规范、价值、社会规则这类概念，不应该使社会科学家忽视一个事实：所有这些概念都是包含在社会互动进程之中的——这一进程不仅是这些概念变化的必要条件，而且也是使这些概念保持一种固定形式的必要条件。[④] 可见，社会互动对概念形成与变化的重要性。亚历山大·温特论及认同时认为，认同是一个认知过程，在这一过程中自我与他者的界线变得模糊起来，并在交界处产生完全的超越；常与具体问题相关的认同，总是涉及扩展自我的边界使其包含他者，从而诱使行为体把他者的利益定义为自我利益的一部分，亦即

---

① S. Todd Lowry, "Bargain and contract theory in law and economics", In Samuels, 1979, p. 276.

② Robert Keohane, "After Hegemony: Cooperation and Discord in the Word Political Economy", Princeton University Press, 1984, pp. 13, 88 – 89.

③ Robert Keohane, "After Hegemony: Cooperation and Discord in the Word Political Economy", Princeton University Press, 1984, p. 127.

④ Herbert Blumer, "The methodological position of symbolic interactionism", in Blumer, Symbolic Interactionism: Perspective and Method, Englewood Cliffs, Prentice – Hall, 1969, pp. 1 – 60.

具有“利他性”。[①] 所以，利益是建构的，利益也是变化的，扩大认识的过程也是扩大利益的过程。形而上之就是，“文明交流互鉴，是推动人类文明进步和世界和平发展的重要动力”。[②] 玛莎·芬尼莫尔对于社会目的的变化，在强调集体层次机制的同时，从个体层次指出，说服与沟通行动涉及改变人们的价值观念和有关什么是正当或有益的看法。[③] 当诸多个体对“什么是合法的”共享一个定义，我们则称之为构成一个共同体。[④] 而且，很大程度上，判断合法性强弱与否的依据来自群体的认可程度。[⑤] 因此，注重战争过程中决策的协商，扩展国际社会赞同基础，无疑会提升战争的合法性。

综而视之，协商赞同基础其实体现了主导意志、物质利益和观念认同的有机统一。没有主导性的强制意志，合法性就少了现实的基础与重心；没有物质利益，合法性就失去了有效性的支撑；没有观念认同，合法性就缺乏价值自觉及内化动力。所以，协商赞同具有深刻的意义、丰富的内涵，在合法性形成中处于本源位置。

二、实践的范式：以战争的多边主义转向为重点

协商赞同基础，本质上讲是客观的，它是国际社会对施动者国际行为认同程度的自然反映，但一定程度上又是主观的、动态的，因为利益在很大程度上是由观念建构而成，[⑥] 国际行为的意义能否向公众准确表达，与公众的互动是否有效，能否在公众中建构出新的利益、新的共识，直接影响最后的公意。协商赞同基础的实践范式，实际上既是国际社会共识公意

① ［美］亚历山大·温特著，秦亚青译：《国际政治的社会理论》，上海人民出版社 2008 年版，第 224 页。

② 习近平：《习近平谈治国理政》，外文出版社 2014 年版，第 258 页。

③ ［美］玛莎·芬尼莫尔著，袁正清、李欣译：《干涉的目的：武力使用信念的变化》，上海人民出版社 2009 年版，第 144—157 页。

④ Ian Hurd, “Legitimacy and Authority in International Politics”, International Organization, 1999, Vol. 153, No. 12, pp. 379 – 408.

⑤ Seymour Martin Lipset, “Political Man”, Heinemann, 1969, p. 80.

⑥ ［美］亚历山大·温特著，秦亚青译：《国际政治的社会理论》，上海人民出版社 2008 年版，第 97 页。

的现实体现形式，也是战争施动者围绕增强战争的国际赞同，与国际社会互动的模式。其常见类型有三种。

第一，世界舆论支持的争取。争取世界舆论支持，是国际协商赞同基础实践范式中最常见的一种。相信世界正义客观存在、人类良知不会泯灭，是世界舆论得以临强不惧、演绎不息的支撑，世界舆论因而一定程度上也直接体现着国际社会公意。这一点即使在现实主义那里也没有完全排除。摩根索曾批评对国际道德原则与国家利益的关注在那个时代被分离到了史无前例的地步，对后者的满足造成了国际政治道德制约的每况愈下。[①]他还尝论以世界舆论限制国家权力，因为世界舆论显然是一种超越国界的公众舆论，当至少在某些根本性的国际问题上形成共同意见时，一定程度上就把不同国家的成员团结起来。当这种共同意见不赞成国际政治棋局上的任何一个举动时，它便通过世界各地对这一举动的自发反应表现出来，因为“在一切政治斗争和冲突的深处，存在着无法再减少的最小限度的全人类所共有的心理特征和愿望”。但他的论述充满了自我矛盾，常始于希望却终于悲观，因为他认为它是“只能缓和而不能终止冲突和自高自大的行为”。[②] 时至今日，随着科技日益发达，信息日益透明，国际行为体（包括非政府组织）日益多元，民主与自由意识日益强烈，世界范围的舆论的洪波巨澜可在瞬间掀起，而人类“最小限度的共有心理特征和愿望”也在扩大，那些曾被认定为幻想的图景正逐步成为现实。所以，向世界公布争议问题真相，申明维护正当权益法理基础，揭穿与声讨对方不义行为和阴谋，无疑会赢得国际社会的理解与支持。

第二，大国及国际组织的认可与支持的获得。大国和国际组织的认可与支持也是一种常见范式。国际主要行为体的态度，直接影响并在一定程度上代表着国际社会的主流声音，是战争合法性的具体反映。如果不顾世界主要大国和相关国际组织的意见，特别是冷战后绕开联合国采取军事行动，必然招致合法性的不足。因为一国对另一国的权利与义务、关于什么

---

① ［美］汉斯·摩根索著，徐昕、郝望、李保平译：《国家间政治：权力斗争与和平》，北京大学出版社2006年版，第8页。

② 关于世界舆论的详细论述，参见［美］汉斯·摩根索著，徐昕、郝望、李保平译：《国家间政治：权力斗争与和平》，北京大学出版社2006年版，第12、297—306页。

是威胁以及什么是有效合法使用国家力量的观念都会随着时间的推移，通过一国与其他国家打交道而部分地受到影响，[①] 所以，加强外交，求同化异，在一定程度上有利于赢得支持。尤其是协商、说服等社会方法，“不是要抛弃个体理性，而是给理性适当的位置并拓宽理性”，让个体的表象嵌在“有着交往、共享的利益、规范和身份保证的社会关系中”。[②] 因此，应既重视利益协调、交换与发现，更善于辩护与说服，“利用并清晰地阐述其他国家的决策者和公众所持有的共享价值和期望”，“把某种行动和正义的标准联系起来”，或者从更宽泛的意义来说，“与适当的和可接受的行为标准联系起来”。[③]

走向战争如此，通向和平之路所折射的道理亦然。国际合法性应该基于这样一个关键的道德公理：和平必须建立在正义之上。正义从理论上是指要保护每一成员的合理的正当的平等的权益，“在实践上，它意味着和约必须是所有参战国之间协商的产物；它必须是在平等的参与者之间的和平”。[④] 以欧洲的范例视之，自《威斯特伐利亚和约》以来，这已经形成了惯例，即参战国之间召开预备及正式和会。预备和会意味着在参战各方建立外交关系，并为最后的大会准备一个纲领。重要的是，在每一阶段所有参战国彼此进行协商。换句话说，在各参战国之间直接谈判而订立的和约最终必须获得整个欧洲各国的批准。这一程序是赋予某个条约合法性并把战败国吸收到战后秩序的根本要求。欧洲的惯例显然与创建战争后国际秩序理论是内在一致的。

让我们把目光聚焦到一战过后的 1919 年《凡尔赛和约》。这是个合法性比较低，或者说是比较失败的和约。之所以这样说，是因为它得到相关国家特别是大国的赞同较少，“缺乏某些对于永久和平和稳定的国际秩序

---

① [美] 玛莎·芬尼莫尔著，袁正清、李欣译：《干涉的目的：武力使用信念的变化》，上海人民出版社 2009 年版，第 93 页。

② [美] 约翰·鲁杰著，苏长和等译：《多边主义》，浙江人民出版社 2003 年版，第 75 页。

③ [美] 玛莎·芬尼莫尔著，袁正清、李欣译：《干涉的目的：武力使用信念的变化》，上海人民出版社 2009 年版，第 13 页。

④ [加] 卡列维·霍尔斯蒂著，王浦劬等译：《和平与战争：1648—1989 年的武装冲突与国际秩序》，北京大学出版社 2005 年版，第 173 页。

的理论上的必要条件”[①]。此前的《威斯特伐利亚和约》《乌特勒支和约》《维也纳和约》和二战后的《旧金山和约》，所有主要强国都参与其中，甚至还包括那些在战场上失败的国家。但是《凡尔赛和约》不仅将德国排除在外，俄国（后来较短的时期称苏俄）也被晾在一边；之后，作为主要调停人的美国又重新退回孤立主义立场，而且和约在参议院以6票之差没能通过，这样美国不但没能加入自己倡导建立的国际联盟，而且对法国的保证条约（为防止德国报复法国，美英承诺对法保护）也随之失效；而英国为帝国主义和经济重建问题分了心，并以美国取消保证为由撤回它的承诺，认为法国的安全问题是无稽之谈，烦琐乏味。至于战败国德国，持有各种政治信念的德国人都认为，这个和约侮辱至深，令人无法承受，而且它背叛了威尔逊的和平原则[②]。最后仅仅只有法国在遵守协议，“在许多资本主义国家中，和约从未得到或赢得合法性”[③]。因而，这一和约成为欧洲第一个并不是所有参战国参与协商的多边停战协定。“无论这些调停人如何声称他们的工作代表了宽大和正义，也无论他们如何声称和约可以成为永久和平基石，它仍是单方面强加的勒令。”[④] 这无疑增加了这样的可能，即这一和约是后来酿成二战悲剧的重要根源。可以试想一下，如果调停人没有让惩罚冲动战胜理性，在参战国之间进行协商，避免报复式的强加，并将德国作为一个强国迅速吸收到新的体系中来，也许会改写历史的进程。所以，合法性基础不牢的和约常在带来短暂和平的同时，埋下下一次战争的种子。

由此观之，增强合法性基础的重要路径之一，就是获得大国和国际组织的认可与支持。

第三，战争或干涉的多边主义转向。还有一种重要的实践范式正在兴

---

① ［加］卡列维·霍尔斯蒂著，王浦劬等译：《和平与战争：1648—1989年的武装冲突与国际秩序》，北京大学出版社2005年版，第183页。

② Klaus Schwabe, “Woodrow Wilson, Revolutionary Germany, Peacemaking, 1918—1919”, Univercity of North Carolina Press, 1985.

③ ［加］卡列维·霍尔斯蒂著，王浦劬等译：《和平与战争：1648—1989年的武装冲突与国际秩序》，北京大学出版社2005年版，第183页。

④ ［加］卡列维·霍尔斯蒂著，王浦劬等译：《和平与战争：1648—1989年的武装冲突与国际秩序》，北京大学出版社2005年版，第174页。

起，就是战争的多边主义。下面以冷战与冷战后两个时期情况的环比来说明和分析。

冷战时期发生的49次主要战争或军事干涉行动，① 其中，多边战争（干涉）9次，占18.4%；单边战争（干涉）② 40次，占81.6%。显然，这一时期以传统的单边战争（干涉）居多数，其战争争议问题的主要分布范围，一是反对殖民统治、争取民族解放或创建国家，这是二战后的时代潮流，集中出现在冷战“铁幕”刚拉下的二十世纪四五十年代，区域以亚非为主，如越盟对法国（保大政权），马来西亚对英国统治者，阿尔及利亚民族解放阵线，摩洛哥、突尼斯对法国的反抗等；二是领土完整、边界争端，像两伊战争、以色列与阿拉伯诸国的多次较量多为边界争端；三是政府构成，这是这一时期最敏感、最突出的问题，在40次单边战争中有18次与此有关，充分反映出冷战时期美苏双方为了维护或扩大势力范围而展开的激烈角逐，特别是在目标国政府构成对势力范围伸缩有重要意义的情况下更是如此，因为目标国的政治变更会破坏意识形态原则，并将其转变到敌对势力范围之中。

但不能忽视的是，多边战争（干涉）也占了相当大的比例，其主要类型，一是势力范围间的战争；二是势力范围内的武装干涉；三是对经济和战略利益的争夺。

总之，冷战时期的两极体系是“融合了意识形态竞争和地缘战略威胁”的产物，③ 这一时期涉及意识形态革命的战争与干涉并不是集体协商的问题，“超级大国具有在其势力范围之内进行单边干涉以镇压革命的权利”，但是跨势力范围的战争与干涉行动，特别是公然行为，具有极

① 1946—1989年冷战时期的战争或军事干涉的分析列表参见朱同银：《协商赞同：国际战争合法性的来源》，《社会科学》，2016年第6期，第35—36页。

② 本书所说的“单边战争”并非指自己与自己进行战争，而是指从战争某一方看，在数量和组织模式上，某国家单独向对方实施战争，没有与其他国家合作或结盟。从这个角度上说，它是与单边干涉具有相同的意义。而多边战争或干涉，通常指某一方至少有三个以上国家合作或结盟进行。

③ Melvyn P. Leffler, “The Specter of Communism: The United States and the Origins of the Cold War”, 1917－1953, Hill and Wang, 1994, Ⅶ.

端的威胁性,[①] 因而也不被认为是合法的。但是尽管如此，在采取大规模战争（干涉）行动时，双方都有多边主义偏向，以期增强行动的合法性基础。

冷战后发生的 17 次主要战争或军事干涉行动,[②] 其中多边战争（干涉）11 次，占 64.7%，单边战争（干涉）5 次，占 29.4%，比前一时期分别上升逾 46 个百分点与下降逾 52 个百分点。可见，从冷战时期到冷战后，战争模式出现了多边主义转向。通过对比分析，不难发现这种转向具有以下明显特点。

其一，多边主义行动的偏好增强。1990 年，对于伊拉克总统萨达姆·侯赛因不顾国际社会强烈反对强行发动入侵科威特这一公然挑衅国际公认的国家主权原则的事件，即使采取单边行动维护正义，也是正当的，但美国仍不惜在政治上花费巨大资源去建立联盟，经过联合国授权，组织由 30 多个国家参加的多国部队对伊拉克动武，这表明了多边主义规范的日益重要。[③]

其二，多边战争（干涉）的争议问题的主要分布范围发生明显的变化。与过去为意识形态、势力范围争夺不同，现在主要争议的问题：一是容易引发大规模人道主义灾难的国内冲突，如对索马里、波斯尼亚、卢旺达、南斯拉夫等的军事干涉不同程度上都是应对这一危机而采取的行动；二是大规模恐怖袭击，2001 年美国对阿富汗的多边战争就是对制造“9·11”事件的恐怖势力及其同盟者的军事回应；三是有可能出现的应对大规模杀伤性武器的扩散，这点虽然是美国发动伊拉克战争的一个虚假借口，但对未来借以发动战争的缘由是一种提示。

其三，多边战争（干涉）的依法性增强。绝大多数多边行动都是在最能代表国际社会意志的联合国的批准和授权下进行的，特别是 1990 年为维

---

① ［美］玛莎·芬尼莫尔著，袁正清、李欣译：《干涉的目的：武力使用信念的变化》，上海人民出版社 2009 年版，第 117 页。

② 具体分析列表参见朱同银：《协商赞同：国际战争合法性的来源》，《社会科学》，2016 年第 6 期，第 37 页。

③ ［美］玛莎·芬尼莫尔著，袁正清、李欣译：《干涉的目的：武力使用信念的变化》，上海人民出版社 2009 年版，第 122 页。

护科威特领土主权的海湾战争、历次对具有人道主义危机国家的军事干涉，基本上都是先经联合国批准再实施，并接受监督。但是，也有绕开联合国安理会单方面采取行动的例外，如1999年北约对南斯拉夫（科索沃）、2003年美国及盟国对伊拉克的打击，这无疑使行动降低甚至丧失了合法性。所以，多边主义已经由原来打着国际组织旗号下的片面多边主义，逐渐转向与国际组织合作或接受其领导的多边主义。

之所以出现战争的多边主义转向，从体系层次上看，是因为冷战势力范围体系下，对抗观念强，通常以单边行动维护秩序；而当前体系下，社会观念出现变迁，合作观念逐渐取代对抗观念，认为多边主义更具合法性。一方面，多边主义实际上体现了人类历史发展的正确方向。它倡导国家间开展国际合作，通过协商解决国际问题，处理各种与和平、发展相关的矛盾冲突；它还体现平等、互利、开放原则，反对排他性、歧视性关系。随着全球化深入发展，全球性、地区性议题不断增多，多边主义不仅是一个工具，而且逐步成为各方以协调、对话参与治理重要事务的方式。另一方面，多边主义是维护和平、促进发展的有效路径。多边主义不仅符合全球治理体系变革需要，而且与构建全球伙伴网络的精神相互贯通，还有利于推动构建人类命运共同体。[①] 所以，自从二十世纪末两极体系瓦解以来，世界格局发生深刻变化调整，多边主义加快发展，包括在战争、冲突等问题上的多边机制趋于活跃。

玛莎·芬尼莫尔对干涉——由和平向战争过渡的武力使用状态，或者说当今战争的特殊形式——进行了深入分析，认为“多边干涉被广泛认为更加成功，因为它把很多不同国家的力量集合在一起，在政治上和物质上给目标国施加压力——或者在思想观念上也是这样”。多边主义通过发出广泛支持行动者目标的信号来使其行动合法化，[②] 干涉者利用多边主义表明其目的不是自私自利、排他性的，而是以某种方式加入到其他国家共享

① 孙壮志：《坚持走多边主义道路》，《人民日报》，2020年11月5日第9版。

② ［美］玛莎·芬尼莫尔著，袁正清、李欣译：《干涉的目的：武力使用信念的变化》，上海人民出版社2009年版，第15—16、78页。

的共同体利益中来①。尤其是在主权规范与人权规范本应相得益彰，而当前却极易“碰撞”的情况下，应对人道主义危机的军事行动必须采取多边形式才具有合法性，因为没有多边主义，声称具有人道主义动机并加以辩护就会受到怀疑，国家将不会并且很明显也不能成功地拥有人道主义的正当理由。②

归根结底，多边行动之所以受宠，除了在人类命运休戚与共、全球性问题日益增多的今天，顺应了全球化发展与治理兴起、奉行单边主义很难行得通这一时代大势外，很大程度上缘于其在战争（干涉）上相对单边主义的明显优势（如表 3 -2 所示）。首先，从功能、效率上看，多边行动因组织协同困难，各自偏向于保存实力、降低风险成本，往往功能弱化，效率也大打折扣，其低效而难以作为的窘境在索马里、卢旺达等人道主义多边干涉中已经得到检视；但在物质成本、行为稳定性方面，单边行动往往自负成本，稳定性稍弱，而多边行动则由相关同盟国、参与者协力参与，因而利于降低行动成本，稳定性也较强。其次，多边战争（干涉）提高了各国对其他国家以及社会的透明度，使得相关方行动变得比较谨慎，从而使为一己私利而冒险或扩张的行为得到一定约束。再次，多边行动需要加强合作，进行权力让渡，因为统一而有效率的行动要求参与者必须牺牲一定的指挥控制权力，否则多边行动就难以为继，而波谲云诡、瞬息万变的战场态势甚至会危及权力者临时合作的生存和效力。最后，最为重要的是多边行动的政治、社会成本明显较低，合法性较强，而同等情形下单边行动则冒着被公众质疑和谴责的风险。所以，当代的多边主义已经制度化，这样使得单边干涉，特别是不能被认为是自卫的干涉，不是在物质方面，而是在社会和政治方面因成本高昂而无法被接受。③

---

① Michael N. Barnett and Martha Finnemore, “The Power and Pathologies of International Organizations”, Cornell University Press, forthcoming.

② ［美］玛莎·芬尼莫尔著，袁正清、李欣译：《干涉的目的：武力使用信念的变化》，上海人民出版社 2009 年版，第 71—72 页。

③ ［美］玛莎·芬尼莫尔著，袁正清、李欣译：《干涉的目的：武力使用信念的变化》，上海人民出版社 2009 年版，第 72 页。

表 3-2 单边战争（干涉）与多边战争（干涉）的比较

项 目	单边战争（干涉）	多边战争（干涉）
功能	大多较强	比较强
效率	较高	较低
透明度	低	高
稳定性	有一定的脆弱性	有较强的稳定性
物质成本	自负	相关同盟国、参与者分担
政治、社会成本	一般较高（自卫战争除外）	一般较低
权力让渡	不需要	需要
合法性	大多较弱，甚至缺乏合法性	比较强
趋向	逐渐变少	逐渐走向制度化与常态化

三、现实的面对：基于全球治理的视角

全球治理强调“没有政府的治理”①，在这一过程中主张充分发挥广泛而多样的行为体的重要作用，包括公共和私人、国家和非国家、民族和国际等一切力量与机构的参与，因而，它是多中心、多层次公共系统的互动过程。正如联合国全球治理委员会在其研究报告《我们的全球之家》中作出的最具代表性和权威性的阐述：治理是各种公共的或私人的机构和个人管理其共同事务的诸多方式的总和，是使相互冲突的或不同的利益得以调和并且采取联合行动的持续的过程。② 这说明，在全球治理体系中，政治权威和政治行动的源泉分布广泛，既能看到国家行为体在发挥作用，又能看到非国家行为体力量的壮大和活动声势的增强，全球治理舞台可以让不同行为体围绕某一问题的解决而汇聚力量。所以，全球治理可以被认为是一种混合主体构成的多头的治理体系，特别是非国家行为体力量的成长与

① ［美］詹姆斯·N. 罗西瑙主编，张胜军、刘小林等译：《没有政府的治理》，江西人民出版社2001年版。

② ［瑞典］英瓦尔·卡尔松、［圭］什里达特·兰法尔主编：《天涯成比邻——全球治理委员会的报告》，中国对外翻译出版社公司1995年版，第2页。

积极参与，为治理的层次、角色赋予了更广阔的内涵。在欧洲协调时期，弱国基本没有发言权，欧洲协调其实是一个“强国俱乐部”，小国没有机会也不可能施加任何影响，但两个世纪后，国际体系结构已今非昔比，弱国的“发言”机会在增加。[①] 全球治理仅仅依靠单一行为体的作用愈发不可能，需要依靠各行为体的互动协调合作。所以，国际战争合法性的获得和增强，很大程度上取决于战争的两个侧面。

一是互动协商性。国际社会是一个逐步发育的有机整体，当前虽然存在碎片化，但并不意味着其完全缺少组织，是一个毫无交联的国家集合，可能的情况是，“行为体之间的关系可以在一些议题领域中谨慎建构，即使它们在其他一些议题领域中仍然松散”，[②] 缺少共同政府的无政府社会常常被定义成常量，但是互动建构的程度和方式则属于日新月异的增量。因而，国际社会正被迅速增长的各类组织高度网格化。正是基于这一情况，国际战争已不是霍布斯文化中主权国家的敌意与专行，而是相关行为主体在行动过程中，通过与国际社会甚至与敌对方对话协商、互动交流，作出有约束力、将不同偏好转化成“分配价值”决策的过程。卢梭在《社会契约论》中认为，人民的公意在国家中表现为最高权力。只有民主的政府才是唯一合法的政府，没有民主与公意作基础的政府难有合法性可言，因而民主成为权力形式合法性的主要源泉。同样道理，国际社会的协商共识随着国际关系民主化趋势的加强，也逐渐成为战争合法性的源泉。战争行为如果能最大限度地获得包括主权国家、国际组织、非政府组织在内的众多国际行为体的多数认同、支持，那么无疑就获得了很强的合法性基础；与其相反，战争施动者如果采取一意孤行的“单边行动”，蔑视国际社会公意，将使合法性大打折扣。即使在全球治理条件下，国际规制逐渐繁密，但也不能忽视全球市民社会的各种力量的重要影响，它们能够给国际规制的运作施加相当大的压力。所以，“我们必须更加关注国家和非国家行为体以复杂方式互动于其中的各种安排，而非死抱住各种以国家为中心、类

---

① ［美］肯尼思·玛莎·芬尼莫尔著，袁正清、李欣译：《干涉的目的：武力使用信念的变化》，上海人民出版社 2009 年版，第 16—17 页。

② ［美］肯尼思·奥耶编著，田野、辛平译：《无政府状态下的合作》，上海人民出版社 2010 年版，第 16—17 页。

似的假设不放”。[1] 可见，国际行为体的多元化、民主化带来的压力不可小视。让-马克·夸克在《合法性与政治》中对“赞同”做了辩驳式的论述，指出“赞同”所表达的公共范畴永远不应失去效力，否则归属于共同体的情感就将消失，同时又强调，“赞同行为并没有必要非得具有普遍意义，才可以使人认为其是有效的，更何况共同一致主义是危险的乌托邦主义才具有的一种特性”。[2] 所以，这就需要赞同行为加入到集体的层次之中，但又不必使这种集体层次绝对化。

二是互惠共利性。利益始终是国家等行为体的出发点和动因。彻底抛弃利益而谈论战争合法性问题是不切实际的。所以，战争如果能既满足本国或集团需要，又能顺应国际社会的普遍吁求，最大限度地体现国际社会普遍关切和利益诉求，那么将会获得广泛赞同和支持。例如，随着极端组织“伊斯兰国”给叙利亚、伊拉克、法国、英国甚至整个国际社会带来严重的恐怖主义危害，俄罗斯应叙邀请于 2015 年 9 月开始援助受“伊斯兰国”攻击并且战线日益吃紧的叙利亚政府，加强打击叙境内的恐怖组织，赢得了包括先前因乌克兰问题对俄实施制裁、对叙利亚政府颇有指责的美国在内的国际社会的广泛赞同。[3] 显然，俄罗斯的军事打击行动具有很强的合法性。当今世界，相互依存越是加深，零和博弈逻辑就越是“死胡同”，合作也越成为最利己的选择。俄罗斯此举不仅转移了注意力，摆脱了先前因乌克兰问题与美国等诸国陷入制裁与反制裁的政治、外交困境，将乌克兰危机“冷冻”起来，争取了主动，而且获得广泛赞誉，可谓一举多得。正如罗伯特·艾克斯罗德认为的，“当博弈各方协调一致去寻找有利于共同盈利的战略时，就会出现协同性均衡状态”。[4] 当然，这种合作在一定意义上还有权宜之计之感，基础是脆弱的。但是，合作并不等于和

---

① ［美］奥兰·扬：《全球治理：迈向一种分权的世界秩序的理论》，参见俞可平：《全球化：全球治理》，社会科学文献出版社 2003 年版，第 78 页。

② ［法］让-马克·夸克著，佟心平、王远飞译：《合法性与政治》，中央编译出版社 2002 年版，第 102 页。

③ 《美国表示欢迎俄罗斯在叙利亚打击 IS》，新华社，http：//www. xinhuanet. com，2015 年 9 月 21 日。

④ ［美］保罗·A. 萨缪尔森、威廉·D. 诺德豪斯：《经济学（上册）》，北京经济学院出版社 1996 年版，第 385 页。

谐，和谐要求利益的完全一致。世界政治并非单一的冲突、战争状态，合作随着议题和时间的不同而变化，正是忽而零和冲突利益，忽而互补互惠利益的情势，使得对抗与合作不停地发生与变化。可见，国际社会的赞同构成了战争合法性的基础，而互动协商是达成赞同的必要手段，提供有利的秩序、安全等“公共产品”是赞同的本质内容。

第四节　战争合法性基础的“三圈模型”

在本书绪论部分，曾指出此研究的创新点之一为“一个理论模型”的建立，并预先简要阐述了国际战争合法性理论“三圈模型”的构建，这里不妨结合以上战争合法性源泉基础的阐论，进一步做具体的叙述。

如果用三个圆圈分别代表战争合法性的理念价值、国际规制、协商赞同三个源泉基础，那么，分布于这三个圆圈中的战争就意味着分别具有相应的合法性基础。由于理念价值基础更具形而上的特质，不妨将代表其的圆圈置于上端；国际规制基础有依据的属性，不妨将代表其的圆圈置于下层左侧；协商赞同基础具有认同矢量的意味，不妨将代表其的圆圈置于下层右侧。通常情况下，这三个圆圈的位置具有相交、分离、重合等多种状态，而其位置关系的变化则反映着所承载的战争之合法性基础的变化。图3－7所示的战争合法性基础“三圈模型”及其类型就是这种变化的直观显示。此“三基”理论的“三圈模型”中，最常见的是交叉情形，而彼此分离、相互重合之情形，则表现出战争合法性三个基础之间最冲突与最和谐的两个极端。

甲、分离型。它喻示的是某种情况下，战争合法性三个基础之间是冲突互斥的，任何一次战争不可能同时具有两个以上的基础。这一情况极其少见，但在时代大动荡、社会大裂变、思想大变革之时，就有可能出现，此时国际战争所基于的新生理念价值可能既悖于现行的国际规制，又未能得到国际社会的充分理解和支持，而既有国际规制却因严重滞后和无效性，致使不仅与理念价值相脱离，且其国际社会认同基础也遭到彻底瓦解。

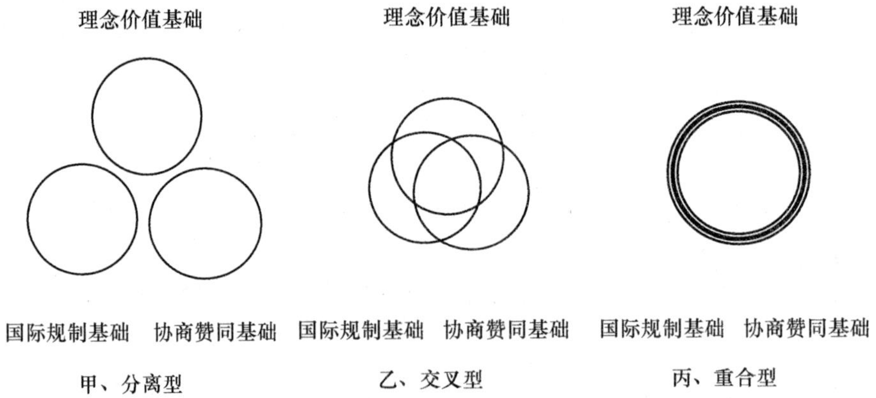

图3-7 战争合法性基础“三圈模型”及其类型

乙、交叉型。它反映的是战争合法性三个基础之间既部分地相互渗透交融，又部分地分离相悖的现实，处在三圈相交割裂的不同位置的任何一次战争，会因为其具有合法性基础的厚薄而使合法性程度产生强弱之异。这一类型不仅极其常见，而且其具体表现也非常丰富。图3-8是对战争合法性基础“三圈模型”之交叉型的进一步代表性的描述。交叉型-A，显示的是理念价值基础与国际规制基础比较“亲近”而协商赞同基础过于削弱的情形，它表明此时理念价值在国际规制中得到较好体现，国际规制受到理念价值较好的引领，但国际赞同却可能受到具体的眼前短期利益的诱惑而背离了理念价值和国际规制，从而一定程度上降低了位于交叠位置的战争的合法性。交叉型-B，显示的是理念价值基础与协商赞同基础比较“亲近”而国际规制基础过于削弱的情形，它表明此时理念价值在国际社会中得到较好认同，国际社会也受到理念价值较好的招引，但国际规制却可能由于比较陈旧滞后而受到严峻挑战，甚至面临受到国际社会扬弃和重塑的境地。交叉型-C，显示的是国际规制基础与协商赞同基础比较“亲近”而理念价值基础遭到削弱的情形，这有三种可能：一个是理念价值出现了跨时代式的发展，所以，国际规制与协商赞同基础已经显得滞后；一个是战争基于的某种理念出现了历史性的倒退，比如十字军东征①一般被认为是天主教的暴行，其基于的“捍卫宗教、解放圣地、扩大天主教势力范围”的理念价值，显然不合时代发展潮流；最后一个是为了某种利益，国际社会的意见可能与国际规制的部分条款出现了暂时的“媾合”，从而放弃了对理念价值的追求。当然，若对某一战争的状况做具体评判，则要视其处在三圈中的位置而定。

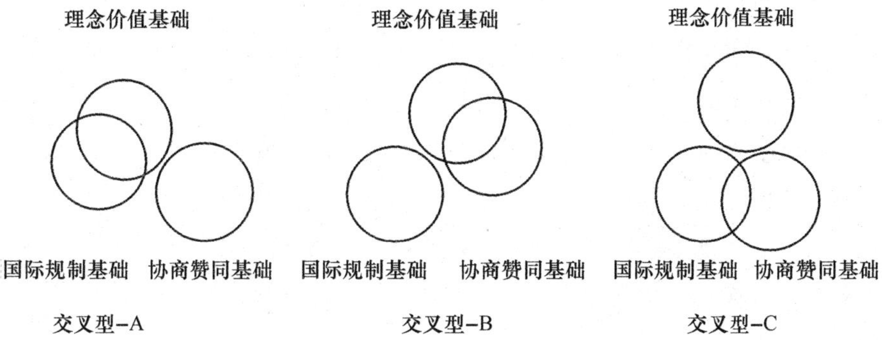

图 3－8　战争合法性理论“三圈模型”的交叉型

丙、重合型。它呈现的是某种理想的情况下，战争合法性三个基础之间实现了完全意义上的融合，这种情况下基于其的战争同时具有三个基础。这一情况极其少见，只有在时代和社会大动荡、大裂变之后，三个基础间经历了充分的碰撞、融合、修复、纠偏、吸收等过程，才有可能出现这样的类似“天道、人法、公意”合一的和谐状态。

总之，“三圈模型”可以变化地演示出战争合法性基础的各种不同情

① 十字军东征，虽然是现代国家诞生前的战例，但对说明问题具有启发意义。该系列战争从 1096 年延至 1291 年，历时近 200 年，共进行了 9 次东征，动员人数达 200 多万人。它是在罗马天主教皇的准许下，由西欧的封建领主和骑士对地中海东岸的国家发动的宗教性战争。战争的直接宗教原因是罗马天主教圣城耶路撒冷落入伊斯兰教徒手中，战争起初的主要目的是夺回耶路撒冷。东征期间，教会授予每一名战士十字架，参战者服饰以十字为标志，组成的军队被称为十字军。十字军东征，以“捍卫宗教、解放圣地”为口号，但参战东征的各个集团都有自己的目的，实施的实际上是以政治、宗教、社会与经济目的为主的侵略战争。正如《欧洲的诞生》中指出的，十字军“提供了一个无可抗拒的机会去赢取名声、搜集战利品、谋取新产业或统治整个国家——或者只是以光荣的冒险去逃避平凡的生活”。

景，对战争合法性理论的构建具有重要的阐释和辅助作用。战争合法性的三个源泉基础的合分融斥的情势告诉我们：

其一，理念价值、国际规制、协商赞同这三大基础存在对立统一的关系。说对立，是指理念价值、国际规制、协商赞同是相对独立、存在张力的变量。理念价值基础，源于国际社会对事物规律的认识和对是非的辨别，是既具稳定性、持久性，又具发展性、突变性的变量；国际规制基础，源于国际社会发展的积累和建构的产物，是相对静止和稳定的变量；协商赞同基础，源于国际社会行为体的意志，是最活跃、最直接的变量。说统一，是指理念价值、国际规制、协商赞同是密切关联、存在引力的变量。理念价值基础，不仅会沉淀为国际规制，还会影响国际社会的协商赞同，对它们具有统摄和导向作用；国际规制基础，既来源于理念价值和国际协商赞同，又体现和实现理念价值，为协商赞同提供依据和常态化途径；协商赞同基础，既以理念价值和国际规制为向导和依据，又为它们的发展提供最现实的动力。总之，三者中，相对而言，理念价值是灵魂是统领，国际规制是结构是依据，协商赞同是基础是力量。这也启示我们，实践中，为争取战争等武力运用合法性最佳效果，必须既要以国际社会所认同、顺应时代发展的价值观念为指导，又要力求遵循国际规制，还要积极争取协商赞同。

其二，理念价值、国际规制、协商赞同三个基础间引力与斥力并存，始终相伴而生、相辅相成。在发展中，它们彼此彻底“吞噬”或“摆脱”是不现实的，其发展历程更多的是相互间不同程度的“纠缠”或“摆脱”的过程。图3－9所示的就是这三个基础间因引力、斥力的强弱变化而出现的裂变期、聚合期、和谐期、趋散期等发展变化历程。这就为基于其上的战争的合法性程度发生明显的起伏变化提供了核心注脚。

其三，从本质而言，基于理念价值、国际规制、协商赞同三大基础的战争合法性存在显著差异。总体而言，可以将其划分成两大类，一类是价值合法性，另一类是工具合法性。[①] 以理念价值为基础的战争，往往依据

① 李海龙：《论国际社会中的合法性》，《太原理工大学学报（社会科学版）》，2009年第3期，第2页。

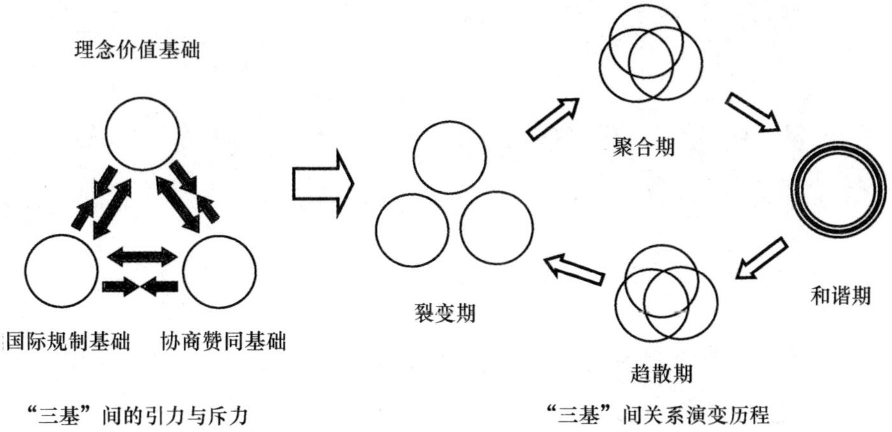

图 3－9 战争合法性三个基础间力量作用示意图

"适当性逻辑"①，遵循和维护国际共有价值或国际规制内在的意识形态，将社会建构作为动力，追求的是道义、信念和认同，具有价值合法性。而以国际规制、协商赞同为基础的战争，往往依据"预期结果逻辑"②，按照成本—收益原则进行决策评估，把理性选择作为动力，出于降低战争成本、增大收益目的来决策，故而更趋于工具合法性，价值合法性与工具合法性既会相融切合，也会龃龉难调，从而形成程度不同的合法性状况。

---

① Martha Finnemore, "National Interests in International Society", Cornell University Press, 1996, pp. 126－128.

② Martha Finnemore, "National Interests in International Society", Cornell University Press, 1996, pp. 126－128.

第四章　国际战争合法性的程度考量

判断所体现的是一种能力，说明某种政治情势是具有合法性的还是不具有合法性的。判断将建立起区别与等级，对基本原则在现实中被实现的程度作出判断。如果在政治现实与初始价值之间所存在的相似性是可信的，那么合法性就得到了建立。

——［法］让-马克·夸克①

一次国际战争的合法性到底怎样？能不能用“是”或“否”、“有”或“无”进行二分评价？或者干脆避开这样革命式的二元逻辑，以较为细致的量化等级来对其情势进行评析？

其实，这一问题的实质在于如何具体考量国际战争合法性的问题。既然战争合法性是国际行为者以极端形式表达出的一种特殊的政治权利，那么，它就不应该是一种自说自话式的孤芳自赏，更不是目空一切式的恣意妄为，而应将主动权交给国际社会——无论其愿意还是不愿意——于众目睽睽之下接受国际社会及时而彻底的评判。因此，对战争合法性进行程度考量，不论是对于战争的施动者、受动者，还是对于整个国际社会，都具有十分重要的意义。一是就战争的本身而言，国际战争合法性的程度考量有助于更为及时、更加深入地透视一场战争的性质和影响，检视相关政治的真正面目、相关政策的得失，在批判与反思中深刻认识国际政治发展规律，为维护国际社会和平正义、推动全球治理提供借鉴和有益滋养。二是

---

①［法］让-马克·夸克著，佟心平、王远飞译：《合法性与政治》，中央编译出版社2002年版，第1页。

对战争参与者而言，国际战争合法性的程度考量，可以向参战各方施压，使其强化战争合法性意识，勒紧不断膨胀的战争私欲和蠢蠢欲动的战争罪恶的绳索。战争双方在战场之外弥漫的合法性指责与论战硝烟，无疑是一种自我无奈的合法性判断，虽然不可否认在多数情况下，那可能是一种掩饰过失、标榜正义、揭斥对方的虚假幌子，但在一定意义上也是一种自我逼迫，促使双方尽可能在国际社会价值和意志、国际规约的框架下行动，避免无视人类社会文明底线的战争暴行、人道主义灾难的发生。三是对国际社会而言，进行国际战争合法性的程度考量，利于形成有力的国际社会舆论监督。国际社会舆论，如果譬之为一场使因受污泥掩盖而面目全非的大理石雕像顿时眉宇尽现、重焕风采的暴风骤雨，那么战争合法性的程度考量无疑就是引导着暴风骤雨不断调整袭来方向和力度的导向仪。

战争合法性的程度考量既然如此重要而富有意义，那么应如何实施？其程序是什么？权重应如何把握？层次又应怎样划分？这些都需要进行具体的探讨。

第一节　合法性程度考量的程序

法国学者让-马克·夸克在《合法性与政治》中从合法性维度对政治判断进行了阐述。他指出，由于合法性问题与政治机构的责任密不可分，因而通过权力与社会之间所存在的互利互动关系来审视对领导人的活动进行评价的过程是一个合理的路径，强调“这种评价的重点在于评估政治指挥对权利的意图”，基于这样评价便会得出一个基本的判断，它将决定被统治者所承担义务的命运，“如果这种判断是积极的，那么义务（的执行）就有了保证。而相反，如果这种判断是消极的，那么当时机成熟的时刻，它将通过共同体成员所进行的尝试而被表现出来——这些尝试或者是想改变社会协调与领导方式中的某些细节，或者是想把这种方式彻底改变”。他指出，对统治行为进行评判的进程由两点组成，第一点涉及评估机制，第二点与进行评估的个体地位紧密相关，同时他强调，对政治机构进行评估与判断，构成了对统治者与被统治者之间关系的权利基础所进行的调查。[①] 夸克的论述显然是针对国内政治而言。国内政治相对国际政治，一个根本的区别是前者存在着统一的中央集权政府，而后者则是无政府条件下的治理。因而，对于前者，统治者（或称为领导者）与被统治者（或称为被领导者）之间权利与义务更为明确、直接和互为条件，统治者（领导者）不只是有领导、指挥与驭使等权利，更有安全保护、福利创造和服务保障等义务，以至于当从合法性的角度评价统治者（领导者）时，他在原则上无法逃避他的责任。而被统治者（被领导者）也并非一味服从、任人驱使甚至逆来顺受，作为共同体主体成员的他们对政治机构的不满就是他们对统治者（领导者）最锐利的武器，正如夸克指出的，“合法性意味着统治者和被统治者相互负责，一方向另一方负责”。[②]总之，只要国内社会的共同体效应仍存在并不断加强，统治者（领导者）和被统治者（被领导者）之间必然会既充满张力，又谁也离不开谁。

夸克的论述对国际战争合法性的评价颇有借鉴意义，启发我们在评价时，一是必须关注相关国家的行为。无政府状态下的国际战争施动者，无论是既成霸权国，或是潜在霸权国，或者仅是一个“匹夫之国”，一旦其开动战争机器，它实际上已经登上权力运用的舞台，按下了权力运行的按钮，其权力施用的影响不仅直接作用于敌对国，还波及整个国际社会，所以也将受到不仅是敌对国，还包括整个国际社会的评判。因此，必须将战争施动国的表现置于问题审视的漩涡，而其“最重要的是关注个体利益和集体生存要求之间的紧张关系未达到使社会关系处于危险境地的程度”[③]。二是必须关注国际社会反应。对可能的事物的评审考量并不是在真空中进行的，它不是一个孤立的程序，而是不可避免地将要在一个相互依存的国

---

① 让-马克·夸克的论述对笔者的写作较有启益，具体内容可参阅［法］让-马克·夸克著，佟心平、王远飞译：《合法性与政治》，中央编译出版社2002年版，第57—60页。

② ［法］让-马克·夸克著，佟心平、王远飞译：《合法性与政治》，中央编译出版社2002年版，第56页。

③ ［法］让-马克·夸克著，佟心平、王远飞译：《合法性与政治》，中央编译出版社2002年版，第284页。

际社会环境内进行。[1] 2017 年 12 月 1 日，习近平在中国共产党与世界政党高层对话会的主旨讲话中对“人类命运共同体”进行了阐发，指出人类命运共同体，就是每个民族、每个国家的前途命运都紧紧联系在一起，应该风雨同舟，荣辱与共，努力把我们生于斯、长于斯的这个星球建成一个和睦大家庭，把世界各国人民对美好生活的向往变成现实。[2] 虽然国际社会目前尚属共同体的雏形，离真正的人类命运共同体还有段距离，或者说还是共同体形成前那个松散的、发育不良的、有时能协调一致有时又各奔东西甚而相互倾轧的“大杂烩”，但是，没有中央政府——也许，善治下的国际社会，本来就不应该用既有的“中央政府”的逻辑与思维去塑造与衡量——不代表国际的社会性成长不存在，虽然其存在是碎片化的，也不代表没有国际良知，国际社会从来没有简单到只剩下纯粹利益与私利的逻辑。更接近事实的情况是，它从来没有闭上道德价值的眼睛，也不乏道德价值的高地，即使有时存在着道德价值的沉默，但内心的道德良知没有泯灭，价值思考一直没有停止。其实，人类社会还未进入真正的共同体之前，早已率先进入“体验共同体”[3]。体验共同体，即承认他人是另一个自我，也就是说，“他人”是每个人身份特征的构成因素。在同情心理和移情效应的作用下，尤其是作为不受任何直接利益羁绊的旁观者，通常每个人都将自身认同为他人，承认他人与自己共属一个世界，其结果是使他人的尊严在某种程度上成为了我们自己的尊严，而他人的耻辱也成为了我们自己的耻辱；他人受到赞赏或指责的行为也同样成为我们的激励或约束，并涉及到我们的责任。所以，面对背信弃义、恃强凌弱、践踏规约、滥施暴力的行径，国际社会必然发出正义之声。三是必须检查战争合法性所基于的源泉基础的遵守与落实。前面我们所论证的战争合法性三大源泉基础，构成了评价战争现实合法性的多维坐标，正是在它们的指引下才能编织成经得起时间检验的战争合法性的道德天空。如果抛开这些而执拗地求

---

① ［法］让 - 马克·夸克著，佟心平、王远飞译：《合法性与政治》，中央编译出版社 2002 年版，第 284 页。

② 习近平：《习近平谈治国理政（第三卷）》，外文出版社 2020 年版，第 433 页。

③ 该概念的提及和相关略论对笔者的论述很有裨益，可参见［法］让 - 马克·夸克著，佟心平、王远飞译：《合法性与政治》，中央编译出版社 2002 年版，第 318 页。

助于权宜之计和机会主义，这只会让合法性的评判陷于左右不定甚至是非颠倒的危险境地。所以，合法性考量中必须以之为基本尺度。

基于以上思考与论述，战争合法性的程度考量应依循以下基本程序。

第一，思考和确定战争合法性基础的基本内容。前文的论述明确了战争合法性的主要源泉基础，合法性审查便有了基本框架，但这只是思考合法性问题笼统的维度。战争合法性的审视，既要有效预防权宜之计式的随波逐流，还应力戒固守教条式的刻舟求剑，也就是说，必须既要以三个维度为指导以不迷失方向，又要选择当前具体的时代内容，比如理念价值中的具体信条和规范、国际规制中的现行相关条款以及国际政治中的“当红”大国和国际社会的相关态度，作为权衡的标尺，以做到与时俱进。所以，必须要立足当前，思考那些作为基本理念价值、国际规制而存在的、主要决定着战争合法性的根源与前景的基本原则和规则究竟为何，因为“政治现实为了使自己具有合法性，就必须符合这种根源与前景”[①]。战争施动者为了不招致批评、触犯众怒，使自己具有合法性，就必须与当前国际主流价值原则和现行规制保持适度的协调一致，借助其为国际社会普遍认可的优势，争取国际社会支持；相反，如果战争施动者刚愎自用、自行其是，以致逆时代潮流而动，漠视当前国际基本价值和相关规制，必然会引发国际社会公愤，丧失合法性。所以，具体的价值原则和国际规范，构成了战争施动者在做出决定和采取行动时它们必须遵循的方针和依据。越是具有合法性，战争行为现实与基本价值原则及其具体表现形式之间的和谐关系就越得到充分一致的表达。因此，“初始价值及其所标明的指导框架不仅对于它使具有合法性的政治现实毫不陌生，而且相反，它们恰恰被诠释为这种现实的本质和它的最为理想的表达方式——因为它们也正是这种现实所趋向的目标”。[②] 故此，我们应当梳理国际社会基本的、普遍的价值原则和相关规制，将其具体化、明确化，作为分析判断纷繁复杂战争现象的向导。

① ［法］让－马克·夸克著，佟心平、王远飞译：《合法性与政治》，中央编译出版社 2002 年版，第 58 页。

② ［法］让－马克·夸克著，佟心平、王远飞译：《合法性与政治》，中央编译出版社 2002 年版，第 58 页。

第二，调查与掌握参战相关方的战争行动事实。孙子云：“兵者，诡道也。”① 意即战争是一种千变万化之术，需要运用种种方法欺骗敌人，以实现攻其无备、出其不意。战争意图与行动不仅对敌方如此，在客观上乃至从主观上，对国际社会——无论是在战略上还是在战役战术上——也是如此，它总是一个充满迷雾的领域。要想拨开迷雾、透视事实真相并非易事。特别是战争相关方往往对发动战争的目的、采取的行动以及对战俘和民众的态度等，极尽掩盖、粉饰之能事，甚而装模作样地编造故事，自圆其说以期求得认可，竭力塑造和维护自己的道德形象。最终事实的败露及其带来的一切结果，无疑都成为道德生活中“不称职者为求得谅解而缴纳的贡品”②。2003 年以美国为首发动的伊拉克战争，虽是合法性缺乏的典型，但这一结论在战争初期并不能直接得出。美国的真实目的虽然是追求地缘政治和能源利益，强化单极霸权地位，但它却借口伊拉克藏有大规模杀伤性武器，为战争披上了“道德的袈裟”。可是，纸终究包不住火，战争结束后，对大规模杀伤性武器搜寻未果，加之美军发生虐囚事件严重“犯规”，于是，一个欺世盗名的战争骗局最终浮出水面。所以，小布什尽管试图模仿第一次海湾战争争取联合国与盟国支持，但是以失败告终。“除了英国，其他大国都反对军事干涉，其中包括美国的两个亲密盟友法国和德国。”③

可见，要想人不知，除非己莫为。一些军队即使一时封锁自己犯下的罪行，但事件在尘封多年之后仍然会发酵。无独有偶，据 2020 年 11 月 26 日《人民日报》报道，澳大利亚军方在 11 月 19 日公布的一份调查报告证实，有 25 名澳军人涉嫌在 2005 年至 2016 年阿富汗执行任务中参与 23 起杀害囚犯和平民事件。这一涉嫌战争罪的行为立即引起澳大利亚政要和媒体的纷纷批评和谴责。鉴于事件的严重性，澳国防军司令安格·坎贝尔不得不就这一行为“向阿富汗人民表示毫无保留的歉意，并就战争罪行向澳

---

① 孙武：《孙子兵法·始计篇》，远方出版社 2007 年版。

② ［美］迈克尔·沃尔泽著，任辉献译：《正义与非正义战争：通过历史实例的道德论证》，江苏人民出版社 2008 年版，第 22 页。

③ ［美］理查德·内德·勒博著，陈定定、段啸林、赵洋译：《国家为何而战?：过去与未来的战争动机》，上海人民出版社 2014 年版，第 210 页。

大利亚公众道歉”。《澳大利亚人报》刊文指出，这是“澳军事史上可耻的一页”。①

所以，下功夫掌握战争各方的行动事实，才能为准确进行合法性考量奠定稳固的基石。一个是要做到兼听则明，力避偏听偏信。敌对双方的自我标榜和互相揭批往往把我们带到最美好与最冷酷的矛盾处境，但只要不偏信就能辨别出谎言，并透过谎言看到现实，因为事实是在兼听则明、比较鉴别中获得的。另一个是要听其言更要观其行。泥人经不起雨打，谎言经不起调查。谎言不管怎样装饰，终究掩盖不住事实本来面目。所以，既注重了解战争相关方的口头宣传，更要观察其真实表现，使合法性的基础建立在事实之上。再一个是要经得起时间检验。历史往往在经过时间沉淀后可以看得更加清晰。战争中不乏瞒天过海的计术、粉饰罪恶的狡辩，但在时间考验下，事实真相终将大白于天下。在阿富汗战争发生后的当年、10年及20年时，你分别反观其合法性状况，可能会得出不同的结论，其原因在于有不同的事实浮出水面；而在伊拉克战争中，美军发生了严重的虐囚事件，尽管那些被曝光的血腥事实恐怕只是其所犯罪行的冰山一角，且是战争过去了几年后才频频见诸报端的，但也严重影响了人们对其合法性的评价。所以，合法性评价的材料必须经受一定时间的反复曝晒，蒸发尽水分，才能架构起不易坍塌的合法性结论的大厦。

第三，比较战争现实与合法性原则并做出判断。在确定合法性基础的基本内容、掌握战争的现实之后，就要比较战争现实与这些基本原则和国际规制，以便审视战争现实在何种程度上实现了这些基本原则和国际规制，而被包容进后者所确定的范畴。也就是说，要研究和确定战争现实与价值规范之间的相近性与相似性。所以，比较是调查后的研究，是调查的深化，判断则是水到渠成、瓜熟蒂落，是整个评价程序的终点。比较必须以战争合法性的主要源泉基础——理念价值、国际规制、协商赞同——为维度、依据和尺度，分别对战争现实进行检视，以得出各个侧面的初步结论。而判断是对各种情况、各个初步结论的汇聚，辩证地把握主要矛盾与次要矛盾、矛盾的主要方面与次要方面，形成各种因素对事物性质衡量的

① 刘天亮：《澳大利亚军方公布调查报告》，《人民日报》，2020年11月26日第17版。

权重，并得出综合性的结论，进而确定战争合法性的程度。所以，“判断将建立区别与等级，对基本原则在现实中被实现的程度作出判断”。① 如果战争现实与当前国际基本价值和相关规制相似度是可信的，并得到了国际社会的赞同认可，那么国际战争合法性就得到了建立；而如果情况不完全如此，甚至是相反的情况，那么，就宣布了国际战争合法性的不足甚至缺乏。

但是，在检视战争现实时，战争合法性的理念价值、国际规制、协商赞同源泉基础究竟孰先孰后、孰主孰次、孰轻孰重？应如何辩证地把握？这就需要具体探讨合法性程度考量的权重问题。

第二节　合法性程度考量的权重

“战争是迫使敌人服从我们意志的一种暴力行为”，“无非是政治通过另一种手段的继续”。② 而毛泽东在领导中国人民进行波澜壮阔的革命斗争中，以伟大的政治家、军事家的睿智和气魄，洞察并揭示了战争的政治本质，深刻指出：“战争就是政治，战争本身就是政治性质的行动”，“政治是不流血的战争，战争是流血的政治”。③ 所以，本质上，国际战争实际上是政治权力以一种特殊形式在国际社会的运用，因此，应具有一般权力的共性要素特征。贝特朗·德·儒旺纳尔研究指出，一切权力都有三种特性，即广延性、综合性和强度，有力推进了对权力本质的认识：

权力（或者权威）有三个特性：广延性是指遵从掌权者命令的 B

---

①［法］让－马克·夸克著，佟心平、王远飞译：《合法性与政治》，中央编译出版社 2002 年版，第 59—60 页。

②［德］克劳塞维茨著，中国人民解放军军事科学院译：《战争论（第一卷）》，解放军出版社 2005 年版，第 4、26 页。

③ 毛泽东：《论持久战》，《毛泽东选集（第二卷）》，人民出版社 1966 年版，第 446—447 页。

(权力对象)数量很多;综合性是指A(掌权者)能够调动B所采取的各种行动种类很多;最后,强度是指A的命令能够推行很远而不影响遵从。[①]

丹尼斯·朗在其著名的《权力论》中结合自己的理解,对儒旺纳尔的观点进行进一步阐发,认为权力关系的广延性可狭、可广,在许多古典和现代政治理论,以及在公共行政管理与组织理论领域中有关“控制跨度”的大量文献,对此都有论及,其可定义为“掌权者人数与无权者人数之比”;综合性,与罗伯特·达尔用以指涉不同机构的活动或“问题区”的“领域”一词相关联,通常是指权力者掌握权力领域的数量,或权力对象全部行为和生命活动受到控制的比例和范围;而强度,一般指在掌权者使用权力控制权力对象行为的一切领域内可供掌权者有效选择的程度,也就是说,掌权者所为并非没有止境,而是存在一个所能影响或控制的极限。[②]

国际战争是政治权力在国际上的特殊运用,尽管与国内政治权力不同,但这一理论显然为我们的分析提供了有益的框架。国内政治权力的影响与控制,首先,在对象上是明确的,通常指所属的组织与个人,有着清晰的边界;其次,方式与手段是法定的,而且有一定的强制性;再次,权力行使者与承受者存在着一定的权利与义务契约,或者存在着这样的预期,因为作为一种人类现象或社会现象时,权力即“某些人对他人产生预期和预见效果的能力”[③]。但在国际社会,权力则被看成是行为体的一种目标或一种工具,而且显得更为赤裸裸。汉斯·摩根索认为权力争夺是国际政治的本质,不管国际政治的终极目标是什么,权力总是其直接目的,国际政治像所有的政治那样,是争夺权力的斗争。[④]新现实主义对这种“嗜权

---

① Bertrand de Jouvenel, “Authority: The Efficient Imperative”, in Carl J. Fredrich, ed., Authority, Nomos I, Cambridge, MA: Harvard University Press, 1958, p. 160.

② [美] 丹尼斯·朗著,陆震纶、郑明哲译:《权力论》,中国社会科学出版社2001年版,第15—18页。

③ [美] 丹尼斯·朗著,陆震纶、郑明哲译:《权力论》,中国社会科学出版社2001年版,第4页。

④ [美] 汉斯·摩根索著,徐昕、郝望、李保平译:《国家间政治:权力斗争与和平》,北京大学出版社2006年版。

如命”的态度有所淡化，其代表人物肯尼思·华尔兹将其看成一种工具，认为无政府状态下，安全是最高目的，只有在生存得到了保证后，各国才会放心地去追求安宁、利润等目标，因为权力只是手段而非目的。[①] 而战争显然是这种权力的极端形式，怀特·米尔斯认为最极端的权力是暴力[②]。丹尼斯·朗也把武力作为权力的一种形式，指出：

> 当用其他手段行使权力的努力失败时，武力可能用作“最后的劝说者”；或者可以用作对先前不遵从的惩罚。在上述两种情况中，诉诸武力确实是先前权力失效的结果；虽然它的成功使用，只要按照武力作用者的意图在某些行为方面限制了对象的自由，就代表了行使权力的一种新的形式。[③]

可见，表面上看，权力失败后出现了武力运用，但武力又可以重构权力常态，或者可以将其视为权力以另一种非常规方式的继续。克劳塞维茨所言的“战争是政治通过另一种手段的继续”，则是对这一内在规律的深刻揭示。所以，武力是权力由潜在性变为明显性时的体现。武力是一种实际行动，用来阻止或限制人们的行动，虽然偏向于物理性，但是它并非没有社会性意义，因为它会产生武力威胁，带来“杀鸡儆猴”效应。也正如塔利兰德所说的，“有一种不能用刺刀来做的事，是坐在刺刀上”。[④] 由此视之，不难洞见威胁作用之大。美国政治学学者戴维·伊斯顿对武力与武力威胁进一步辨别，指出：

> 我在这里分清武力和武力威胁，在后一情况中我们得到权威作用的一例。通过监禁而在政治体制中实际消灭一个人，与仅仅用监禁威

---

① ［美］肯尼思·华尔兹著，信强译：《国际政治理论》，上海人民出版社2008年版。

② 周丕启：《合法性与大战略：北约体系内美国的霸权护持》，北京大学出版社2005年版，第13页。

③ ［美］丹尼斯·朗著，陆震纶、郑明哲译：《权力论》，中国社会科学出版社2001年版，第32页。

④ ［美］丹尼斯·朗著，陆震纶、郑明哲译：《权力论》，中国社会科学出版社2001年版，第32页。

胁他，两者有很大的区别。仅仅进行了威胁，该人会倾向于服从，从而加入权威关系；而在纯粹使用武力的情况下，该人继续拒绝服从，只不过是被迫遵守权威的决定罢了。[1]

但是，武力威慑不能离开武力而长久独立存在，往往是借助武力对某个个例的消灭或打击的行动能力，在权力对象心目中建立对掌权者未来的可信性，使之相信掌权者有意愿、有能力使用武力，或者事实上建立（重建）一个并不基于武力而基于武力威胁和恐惧的权力关系。

与前面所探讨的一般权力属性而言，国家层面上的权力运用于国际，往往有如下特点：一是权力一般从个体（即国家等）到个体平等地流动，不具备居高临下的位势能；二是权力对象并不明确，没有谁天生就应服从谁，所以，如无特殊，它实际上是“私权力”的运用；三是进行调解的统一法律规范尚缺乏，且即使有也不具有强制性，权利与义务并不明晰，而且权宜之计的功利主义颇为盛行。因此，“胡萝卜”（利益引诱）与“大棒”（武力威胁）曾长期成为国际权力不变的逻辑。但是，应该看到，人类社会尤其是威斯特伐利亚体系建立以来，不计其数的国家历经欲望的膨胀与幻灭、权力的登峰与跌落、世势的和平与战争、发展的蓬勃与困顿，使得人们发现权力的过于物质和自私最终扼住的可能是它自己的咽喉。于是，以国际道义、威望、形象与责任等为核心的软权力逐渐成为权力新宠，使得权力内涵的图谱得到了极大的丰富与拓展。正是基于以上因素，作为权力的特殊形式的国际战争，属性中显然具有自己的特质。

国际战争的广延性，即指在国际社会中战争施动者能够影响或控制其他行为体的数量，也就是说施动者的战争行为基于多种因素作用而获得对其认同与支持的其他行为体的数量，但这里并不包括战争施动者胁迫其他国家的现象。面对战争，国际社会通常分化为三个层次，处于最内层的是施动者自身及其同盟者，再往外则是与战争无直接利益关系的第三者，而处于最远一层的则是敌对方及其同盟者，具体情形可见图 4 - 1 所示。施动

① David Easton, “The Perception of Authority and Political Change”, in Carl J. Fredrich, ed., Authority, Nomos I, Cambridge, Mass.: Harvard University Press, 1958, p. 183.

者阵营或受动者阵营可能大也可能小，往往分别以共同的集团利益、意识形态或只是按惯例履行结盟义务等直接集合在一起，不仅持有共同立场，更在舆论上或实际行动上走向同一战线，同时具有一定的排他性，但是，也不排除在一定情势下，有的国家因为正义或其他原因“背叛”阵营。而直接利益无涉者，通常是一个很大的群体，虽然战争对它们没有直接的利益冲突，但并不代表它们就是个彻底的中立者，对战争没有自己的态度，其多数出于理念价值、意识形态或利益等考虑，可能对战争从道义、舆论、外交等方面进行支持或反对。当然，这并不意味着它们因此就把自己绑上别人的“战车”，其实它们的声援与反对也是另一种战斗。广延性强的战争权力，无疑在于不仅同盟者坚定地支持自己，国际社会直接利益无涉者声援自己、靠拢自己，而且敌对方盟国内心也认同自己，并或消极投入、或集体出走而叛离敌对国联盟，使得对方联盟既在阵线上受到分化和压缩，又在忠诚度上遭到瓦解，“被掏空而成为空壳”，直至整个运转陷入瘫痪。①

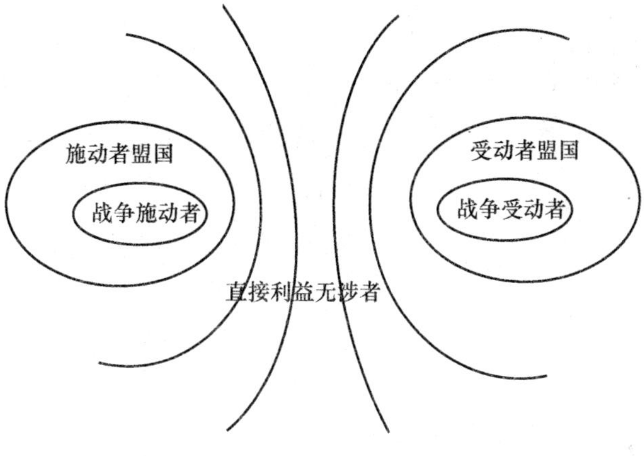

图 4－1　战争中国际社会的分化

---

① 夸克在《合法性与政治》中对国内政治出现合法性危机时容易出现的背叛形式，如假意地参与和投入、移民国外（笔者认为这相当于“集体出走”）等进行了论述，这里得益于他的启发。参见［法］让－马克·夸克著，佟心平、王远飞译：《合法性与政治》，中央编译出版社 2002 年版，第 305—310 页。

在国际社会中，不同发起者的国际战争的广延性是不同的。传统中，小的行为体影响其他行为体的数量一般较少，而强大的行为体影响的就多。但是随着国际规制的不断发展，全球治理的不断深化，即使是小的行为体的影响力也在逐渐扩展。弱小国家可以借助国际制度和国际社会价值观来影响许多国家甚至大国，[①] “蚂蚁撼大树”的情形已不能纯当笑谈。

国际战争的综合性，即指战争发起方在哪些领域能够影响其他国家，这也就是权力活动的“接受区”。[②] 大卫·鲍德温认为，如果说两国间比相互谁的影响更强，这实质上在比较权力的范围，而权力的范围和领域在权力分析中极为重要。[③] 就两国间的一场战争而言，如果谈论 A 国与 B 国相互影响的领域的话，显然都是极广泛的，换言之，即权力的综合性强，因为战争机器总是开足马力的，两国都拼尽全力最大限度地实现从政治、经济、外交、科技和文化等方面封锁和控制对方。但是，尽管“我们生活在一个相互依赖的时代”[④]，A 国与 B 国的战争权力也并不平衡，而这种不平衡的权力却部分来源于非对称相互依赖，[⑤] 也就是说，它们手中的牌并不一样多和有分量，而且因脆弱性相互依赖带来的致命性也不相等。可是，武力的运用往往不计高昂的代价，所以，当暴力作为权力的最后手段时，“仅仅依靠经济手段对抗严重的军事威胁有可能是无效的，在此意义上，与经济力量相比，军事力量处于支配地位”。[⑥] 当然，战争对国际社会其他行为体而言，影响的范围一般较狭窄和有限，主要是在安全领域。

---

① 罗斯、初习：《以数量取胜——小国在安理会的影响力大增》，《国外社会科学文摘》，2001 年第 8 期，第 5　6 页。

② ［美］丹尼斯·朗著，陆震纶、郑明哲译：《权力论》，中国社会科学出版社 2001 年版，第 17 页。

③ David A. Baldwin, “Paradoxes of Power”, New York: Basil Blackwell, 1989, p. 114.

④ 此为罗伯特·基欧汉、约瑟夫·奈所著的《权力与相互依赖》开篇之语，参见［美］罗伯特·基欧汉、约瑟夫·奈著，门洪华译：《权力与相互依赖（第四版）》，北京大学出版社 2012 年版，第 3 页。

⑤ 罗伯特·基欧汉、约瑟夫·奈认为，对国际相互依赖进行政治分析，一个颇有用途的起点是，将非对称相互依赖视为行为体的权力来源。参见［美］罗伯特·基欧汉、约瑟夫·奈著，门洪华译：《权力与相互依赖（第四版）》，北京大学出版社 2012 年版，第 18 页。

⑥ ［美］罗伯特·基欧汉、约瑟夫·奈著，门洪华译：《权力与相互依赖（第四版）》，北京大学出版社 2012 年版，第 16 页。

国际战争的强度，即指国际战争影响其他行为体的深度。显然，战争对对方的影响与控制是深度的，不论它是胜利者还是失败者。战争是力量的较量，但也是价值观、国际未来设想的竞争。大规模的全面战争往往重塑国际体系，如第二次世界大战，不仅致使德国、意大利、日本等法西斯轴心国政府彻底倒台、灰飞烟灭，被剥夺一些政治军事权利，而且建立了以《雅尔塔协定》等为基础的影响深远的新世界体系。即使小规模战争强度也不可等闲视之，比如，美国对伊拉克发动的第二次战争就彻底摧毁了其政权，“外科手术”式地建立了新的政府；不仅如此，其贯彻的预防性战争理念，对国际社会的合法性战争的基石提出了新的挑战，引发了高度关注。

以上国际战争的特性，实际上是战争权力构成诸因素权力特性的综合反映。所以，如果从国际战争权力特性的广延性、综合性、强度三个维度来衡量战争合法性的三个基础，将会使战争合法性的考量建立在直观而切实的基础之上。实际上，它们的表现各异，如表 4－1。

表 4－1　国际战争合法性基础的权力特性

权力特性 战争合法性基础	广延性	综合性	强度
理念价值	低（高）	高	高
国际规制	高	低	低
协商赞同	高	低	低

国际战争的理念价值层面，往往广延性不高，但综合性、强度较高。这是因为在众多的国际行为体中，相互间通常存在着明显的意识形态和文化价值的差异。正如俗语所言，人与人之间最大的距离是心的距离。国家等行为体间又何尝不是如此？特别是完全认同战争所基于的理念价值的行为体毕竟不多，但是一方的理念价值一旦为他者接受，则对其影响是深入的。尤其值得注意的是，如果这种理念价值为国际社会普适或共同认可，那么无疑会增强其权力特性的广延性，换言之，它就会增强战争的合法性。

国际战争的国际规制层面，一般广延性高，而综合性和强度低。这是因为在全球治理下，国际行为体对战争的衡量，利益是根本，而国际规制实际上是国际社会相关行为体利益和观念的汇聚，既关照了相关方的利益或价值观，又对其各自具有约束作用。国际规制比较客观和大众化的面孔告诉人们：如果依此行事，收益是明确和可预期的，而且在此框架下，拥有不同价值观的国家可以相互协调与妥协，从而相互包容，避免因价值观的不同而发生冲突。正如约翰·伊肯伯里认为的那样，规则和制度的确立实质上是对国家权力的运用进行约束和权威性的限制。① 所以，依据国际规制运用权力也是世界趋势和各国企望。霸权国家主导建立了国际规制，可霸权之后，其他国家为何仍继其衣钵、沿其制度？基欧汉认为国际制度是国际秩序的核心，国际制度的建立有赖于霸权，但霸权的衰落并不必然导致国际制度的崩溃，有关国家会出于共同利益的需要，把霸权建立的国际制度维持下去。② 在他看来，一国的意图和行动如果诡秘得让人不可预测，那么不但会使伙伴内心不安，也会使自己做出可靠承诺的能力大打折扣，所以，国际规制可以促进国际合作以及对成功的自我实现的预期，从而远离恐慌与失败。这就是国际规制使得战争权力更具广延性的真正原因。

国际战争的协商赞同层面，一般广延性高，而综合性和强度较低。这是因为在全球治理条件下，国际行为体进行协商赞同的过程，本身就是争取对战争权力施用支持的过程，使得战争行为更为国际社会所理解和接受，扩大了其正向影响范围。在前一章我们对国际协商赞同基础的实践范式进行了论述，认为主要有世界舆论支持、大国和国际组织的认可与支持、战争多边主义几种。在其他条件相同的情况下，从战争多边主义到大国和国际组织的认可与支持，再到世界舆论支持，显然是一个权力广延性逐渐扩大的过程，也是合法性渐增的过程。因为多边主义战争，多数情况下是同盟国参与，所以物质利益带来的赞同，往往以侵蚀公平正义为代

---

① Cf. , John Ikenberry, "After Victory: Institutions, Strategic Restraint, and the Rebuilding of Order After Major War", Princeton and Oxford: Princeton University Press, 2001, p. 31.

② ［美］罗伯特·基欧汉著，苏长和、信强、何曜译：《霸权之后》，上海人民出版社 2006 年版，第 137、207—208 页。

价；而世界舆论表达出的支持或谴责，则常常是公平正义摆脱了物质羁绊后的自由呐喊。但是，世界舆论的支持或谴责，由于缺乏硬实力的支撑，又显得有些孱弱。真正能表达国际道义，又有深沉力量保障的，大概是大国和国际组织的认可与支持，它在一定程度上摆脱了“局中者”利益的片面影响，代表了国际社会的主导意志。但是，战争的协商赞同的综合性和强度，一般是较低的，因为国际社会中的协商赞同只要不是建立在共同理念价值上，行为个体走出它们急功近利的樊笼就不会远，而且，还会因利益的左右使之成为权宜之计，从而“利来则交，利尽则散”成为难以摆脱的魔咒。

综而视之，战争合法性基础的权力特性是不相同的，较强的合法性应当具有更为全面的基础。但是，如果没有建立在理念价值基础之上，即使从国际规制、协商赞同角度对某一国际战争持认同和不反对的行为体，往往也是工具性质的，此类战争权力的综合性和强度很低。

第三节 合法性程度考量的等级

由于国际战争合法性基础表现出权力特性的非一致性，这就要求对国际战争进行合法性评价时，宜突破简单的“二分法”，采取强弱变化显示法可能更趋合理。根据战争合法性基础权力特性的充足与缺乏情况，可做以下划分。

一、合法性充足——绿色等级

如果某一国际战争合法性基础的广延性、综合性和强度三个维度综合表现都很高，那么就说明其合法性非常充足，这一战争无疑就是合法性战争。不妨将这一等级标识为绿色，意味着它为人类社会所认可与接受，一定程度上对国际社会的发展和进步具有巨大的推动作用，应受到肯定；当然，这并不意味着在鼓励发动战争。正义战争、时代战争、依法战争和多边战争[①]的大部分应属于这一等级，因为其不仅有富含时代精神的理念价值作支撑，还有国际规制和国际协商赞同作保障。这一等级的战争属性有以下特征。

一个是具有坚实的理念价值基础。就当前而言，主权原则仍是国际社会的共识。“主权是威斯特伐利亚体系中的一个关键性概念”，在《国际联盟盟约》和《联合国宪章》中都强调了其重要性，“它也是有关干涉合法性辩论的核心问题”，[②] 是不可撼动的价值基石。那些无视一国主权、侵犯别国安全统一和领土完整的行为显然是不合法的，也为国际社会所唾弃。但是，正如前一章关于战争合法性的理念价值基础部分所论及的，面对影响全人类的、很难依靠单个国家得以解决的，诸如全球安全、生态环境、国际经济、跨国犯罪、基本人权等全球性问题日益加剧，全球治理条件下倡导的理念价值越来越集中体现为一种超越国家、种族、宗教、意识形态、经济发展水平之上的全人类的普遍价值，而且其正逐步成为现代国际战争合法性的源泉。这其中人权原则已经成为战争中最具争议也最富先声性的理念价值之一，体现出人权原则对国家主权原则的巨大挑战。实际上，从人类发展、时代进步和以人为本角度看，一个国家的政府如果连公民的基本人权如生存权都予以剥夺，甚至到了制造极端大屠杀这一令世人发指的地步，反映出其主权已成为极权，成了暴虐的工具，对其如果教条地坚守不干涉原则，表面上是在尊重别国主权，实质上已经因漠视道义而堕落成助纣为虐。

所以，在对干涉或战争行为判断时，存在着不同的认识。在现实主义

① 有关正义战争、时代战争、依法战争和多边战争的论述，可参见郭树勇：《大国成长的逻辑：西方大国崛起的国际政治社会学分析》，北京大学出版社 2006 年版，第 79—89 页。相关论述指出，马克思主义认为，促进时代进步，摆脱阶级剥削和阶级压迫、争取自身解放、争取民族独立和维护国家统一、捍卫国家主权、反抗外来侵略的战争均为正义战争。而时代战争，是合法性战争的最高形式，反映了时代本质要求、体现了时代进步，但对其界定要慎之又慎，因为它较适合特定的大动荡的时代。依法战争通常是合法性战争的经常形式，即依照现有的国际法条及其精神进行的维持国际秩序的战争，除非国际法本身存在许多缺陷，否则其尚具有起码的合法性。多边战争，又称多边国际战争，主要指主权国家体系内三个或三个以上主要国家（多边主导国）以“合法”名义动员实施旨在打败有违国际规则和国际社会整体利益国家的国际战争。

② ［美］小约瑟夫·奈著，张小明译：《理解国际冲突：理论与历史（第五版）》，上海人民出版社 2005 年版，第 189 页。

者看来，国际政治中最基本的价值是秩序与和平，最重要的制度是均势，凡有助于维持均势和秩序的干涉行为就是正当的。世界主义认为，正义是最基本的价值，个人组成的社会是最重要的国际制度，如果干涉和战争伸张了正义，维护了人权，那么它就是正当的。在国家道义主义者看来，国家和人民的自主权是国际政治中最基本的价值，最重要的制度是国家组成的社会，它拥有一定的规则和国际法，而在这众多的规则中，最重要的是不干涉别国领土主权的原则，因而，干涉行为基本上是不正当的，只有捍卫国家主权独立和抵抗外来侵略的战争才是正当的。但是，国家道义主义者、著名的政治学家迈克尔·沃尔泽在其著作《正义与非正义战争》中提出了不干涉原则的四个例外，约瑟夫·奈对此也进行了阐述，即先发制人的干涉行动，用一次干涉行动来平衡上一次的被干涉行动，为了拯救面临大屠杀威胁的人民而采取的行动，支持一个具有广泛代表性的分离主义运动的行动。[①] 这些理论和未必成熟的新思考为战争合法性分析提供了宽广的视角。所以，面对复杂的战争现实和时代发展，应当把主权原则与人权原则有机地统一起来把握。

另一个是具有国际规制和国际协商赞同的基础。无论是开战还是交战都遵循国际规制的要求，顺应和体现国际社会的意志，从而使战争权力的合法性特性得以极大提升。

但是，应当看到，冷战结束以来，真正能既遵从世界普适理念价值，又严格遵守国际规制，还符合以联合国为主导的国际社会的共识的战争少之又少。

二、合法性欠足——黄色等级

这一等级一般包含三种情况：一是具有理念价值、国际规制基础，但协商赞同不够；二是具有理念价值、协商赞同基础，但部分有违国际规制；三是具有理念价值基础，但协商赞同、国际规制基础较弱。这三种情

---

① 关于这些理论流派对干涉行为的判断、不干涉原则的四个例外的更为具体的论述，参见［美］小约瑟夫·奈著，张小明译：《理解国际冲突：理论与历史（第五版）》，上海人民出版社2005年版，第190—193页。

况的合法性呈逐渐减弱的趋势，但有一个共同特点是，都具有一个理念价值基础。冷战结束以来的国际战争大多分布于这一等级。一个辉映时代的理念价值，应该得到国际社会的赞同，并沉淀为国际规制，因为“从广义的角度来讲，价值意味着那些更为可取的东西”①。但是，这需要一个过程，而且可能是相当长的表达过程。而在此之前，协商赞同就显得十分重要。它也许是马路尽头试探着继续向前延伸的石头，可能不够平稳，但至少告诉了人们下一步落脚的方向。因为“一项权利如果没有任何人承认它的有效性，那么它也就不具备真正意义上的权利特性”，而且“政治机构作为公共空间的保证人，它既是权利的工具，又是权利的表达”，所以，“义务越是繁重，权利关系的建立就越必须以更高程度上的赞同为前提”。②政治行为要具有法律特性，并不至于成为对力量的非正义使用，赞同的程度和价值必须要和强制义务的广度成比例，这就使其与唯一建立在暴力基础上的政治活动不同，而在明确的界限之内拥有了对强制力诉求的合法性。正是这一点将赞同放诸权利的核心，如果失之，合法性就将受损。

三、合法性缺乏——橙色等级

这也是另一分布国际战争数量较多的等级。它一般存在三种情况：一是不具有理念价值基础，但具有一定的国际规制基础、协商赞同基础；二是不具有理念价值基础，但具有一定的国际规制基础；三是不具有理念价值基础，但具有一定的协商赞同基础。其核心是缺乏足够的理念价值基础，只把国际规制、协商赞同作为工具意义使用。作为国际战争的施动国，其可能表面上援引、尊重国际规制，拉拢相关国家支持，制造正义、合法在我之势，而实际上，可能更多的是为战争找理由借口、钻法规空隙，以掩盖因理念价值虚弱带来的致命缺陷。

---

① 该观点出自尼克拉斯·卢曼的《社会分化》，参见［美］丹尼斯·朗著，陆震纶、郑明哲译：《权力论》，中国社会科学出版社2001年版，第19页。

② ［法］让-马克·夸克著，佟心平、王远飞译：《合法性与政治》，中央编译出版社2002年版，第14—16页。

四、合法性丧失——红色等级

正如合法性充足的国际战争较少一样，理念价值基础、国际规制基础、协商赞同基础皆无，合法性彻底缺乏的国际战争也非常少见。其实，自始至终不受任何理念价值、国际规制支配的战争是不存在的，一些战争之所以丧失合法性，是因为其基于的观念与规制要么不为国际社会所认同，要么已经为时代所汰弃。所以，合法性根本缺乏的国际战争，其实是一种逆全球化进程和时代发展的行为，是正迈向康德文化漫漫之途的洛克文化，向霍布斯文化的消极倒退。逆全球化这一现象，即使在今天也是可能出现的，甚至会成为冲突乃至战争的诱因。比如，2020 年新冠肺炎疫情全球大流行，世界百年未有之大变局加速演进，人类正处在一个特殊的历史时期，国际贸易和投资急剧萎缩，人员、货物流动严重受阻，世界经济深度衰退，全球治理赤字、信任赤字、发展赤字、和平赤字不断扩大，但是，少数国家逆全球携手共同应对风险挑战之潮流，无视规则和法治，大搞单边主义、“退群毁约”，滥用制裁，动辄干涉他国内政、推行强权霸凌，不仅违背世界人民普遍愿望，也严重践踏各国正当权利和尊严，为战胜疫情、经济复苏、世界安全平添了风险和不确定性。[①] 对此，国际社会应予以警惕和唾弃。

第四节　战争合法性等级的“三圈模型”

如果用战争合法性理论“三圈模型”来表示上文四个等级，则如图 4-2所示。在合法性基础的聚合期或趋散期，三个圆圈彼此交错，形成诸多重叠度不同的区域。在各类图示中，A 所示区域，表示位于此处的战争

① 习近平：《构建新发展格局　实现互利共赢——在亚太经合组织工商领导人对话会上的主旨演讲》，《人民日报》，2020 年 11 月 20 日第 2 版；习近平：《守望相助共克疫情　携手同心推进合作——在金砖国家领导人第十二次会晤上的讲话》，《人民日报》，2020 年 11 月 18 日第 2 版。

具有理念价值基础、国际规制基础和协商赞同基础，因而属于合法性充足等级；B 所示区域，表示位于此处的战争具有理念价值基础和国际规制基础，或具有理念价值基础和协商赞同基础，或具有理念价值基础，但其他基础较弱，因而属于合法性欠足等级；C 所示区域，表示位于此处的战争只具有理念价值、国际规制、协商赞同基础中的一种，或因只具有国际规制基础和协商赞同基础而致使其合法性沦为工具意义，因而属于合法性缺乏等级；D 所示区域，位于“三圈”以外，表示位于此处的战争不具有任何理念价值基础、国际规制基础、协商赞同基础，因而属于合法性丧失等级。其中，理念价值基础圈与其他圈没有交汇的部分 C（A、B），表示分布于此的战争有的属于合法性缺乏等级，但不排除有部分属于合法性充足或较足的时代战争。

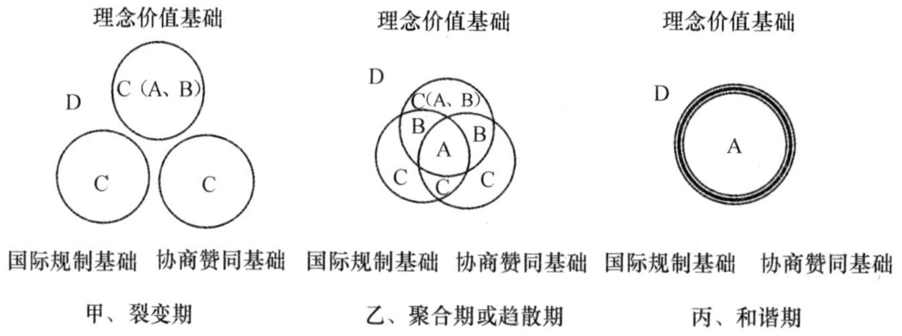

图 4－2　国际战争合法性等级“三圈模型”

至于合法性基础的裂变期与和谐期，可看作聚合期或趋散期的特殊情况。这样，在甲图中，乙图中 A、B 所示的区域消失，只余下 C、C（A、B）与 D 所示区域，表明其战争属于合法性缺乏（但不排除有部分属于合法性充足或较足的时代战争）、合法性丧失等级；而在丙图中，乙图中 B、C 所示的区域消失，只剩下 A、D 所示区域，表明理念价值、国际规制、协商赞同基础已经融为一体，分布其中的战争分别属于合法性充足、合法性丧失等级。

第五章　国际战争合法性的案例考核

> 弄清战争的性质，必须判明这次战争的客观条件和具体环境是怎样的。必须把这次战争和产生战争的历史环境联系起来，只有这样才能确定对战争的态度。否则就会对问题做出不是唯物主义的，而是折中主义的解释。
>
> ——［苏］列宁①

通过前面数章论述，所揭示和建立的国际战争合法性的源泉基础、考量判断与衡量区分的层次等级等理论，能否对纷繁复杂的战争现象进行合理分析，是对所付出努力的科学性的实际检验。理论的价值在于运用。华尔兹认为，只有通过理论的指导，才能在无限的材料中找到解决问题的方法。② 一个理论往往不仅仅有解释功能、分析判断功能，还有预测功能，而且这些功能在一定范围内具有普适性。虽然不存在放之四海皆准的理论，但过于狭隘的理论也是没有解释力和指导性的。下面，运用前面对战争合法性的理论建构成果，重点对冷战后的几场国际战争的合法性进行案例分析。

---

①［苏］列宁:《关于无产阶级和战争的报道（1914 年 9 月 28 日［10 月 11 日］）》，《列宁全集（第 26 卷）》，人民出版社 1988 年版，第 33 页。

② Kenneth Waltz, "Theory of International Politics", McGraw Hill Publishing Company, 1979, p. 1.

第一节 合法性充足——以海湾战争为例

冷战结束以来，真正能既遵从普适价值理念，又严格遵守国际规制，还符合以联合国为主的国际组织的共识的战争少之又少。如果列举合法性比较充足的国际战争的话，1991 年爆发的海湾战争应是相对典型的一例。

出于多种历史和现实背景的原因，[①] 伊拉克在向科威特提出的包括勾销两伊战争期间欠下科威特的债务和租借岛屿等要求遭到拒绝后，于 1990 年 8 月发动了吞并科威特的战争。

伊拉克悍然入侵科威特数小时后，科威特和美国要求联合国讨论这一事件。接着，联合国安理会迅速反应：于当日召开紧急会议，对伊拉克入侵科威特行为进行谴责，并通过第 660 号决议，责令其立即无条件撤军。8 月 3 日，阿拉伯联盟也做出相似的决议。但伊拉克拒绝撤军。8 月 6 日，安理会又通过对伊拉克实施经济制裁的第 661 号决议。国际社会和相关国家经过数月紧张、频繁的外交斡旋，问题依然没有得到解决，伊拉克总统萨达姆·侯赛因一再置联合国和阿拉伯联盟的要求于不顾，11 月 29 日，联合国安理会通过第 678 号决议，规定伊拉克撤军的最后期限为 1991 年 1 月 15 日。1 月 9 日，美伊举行战前最后一次会晤，但会谈毫无结果。战争一触即发。

1 月 17 日当地时间凌晨 2 时，在联合国安理会第 678 号决议被伊拉克拒不执行的情况下，以美国为首的多国部队发起“沙漠风暴”行动，很快使伊拉克处于瘫痪状态。然而，伊拉克再次拒绝接受安理会的决议。2 月 24 日，多国部队发动“沙漠军刀”大规模地面进攻。

面对多国施加的强大军事压力以及本国军队遭受重创，2 月 28 日，伊拉克最终宣布接受联合国第 660 号决议，无条件从科威特撤军，放弃对科

---

① 伊拉克入侵科威特的相关历史和现实原因是本节探讨的另一个问题，将在本章的最后一节进行分析。

威特的领土要求，同意向科威特支付战争赔款。4 月 11 日，驻海湾美军司令宣布正式停火。[①] 海湾战争以多国部队以极小代价取得决定性胜利而告终。

在世界两极体系瓦解、冷战结束后发生的大规模国际战争中，以美国为首的多国部队对伊拉克实施的海湾战争是第一场，也是“冷战后的第一场危机”[②]，具有标志性的意义。如果尝试用战争合法性理论来考察，它应该“是一场具备了完整意义上的合法性战争”[③]，属于合法性充足等级。具体而言，其主要特征有：

第一，从理念价值来看，它尊重和坚持了国家主权原则。在事实上，伊拉克入侵科威特，践踏别国主权，公然违反国际社会的基本理念价值，点燃了战争的导火索；而以美国为首的多国部队，高擎联合国安理会决议的大旗对伊拉克动武，则坚持和维护了国家主权原则。所以在一系列交战原因中，美国指出要重视、中止和惩罚伊拉克对科威特的侵略行为，对科威特的主权和合法政权要充分恢复，领土完整要充分保障。联合国第 660 号决议强烈谴责伊拉克的侵略行径，认为伊拉克对科威特的入侵不仅对国际和平与安全造成直接破坏，而且严重侵犯了别国主权和领土完整，要求伊拉克立即无条件地将军队撤至入侵前的位置，对两国存在的争端呼吁通过谈判解决。[④] 这些决定和举措充分体现了对国家主权原则的尊重与坚守。这让世界“见到了正义和国际道德的力量”[⑤]。同样，伊拉克被击败后，美国并未对其实施长期占领和政权改造，也体现出对国家主权原则的遵守。

《德奎利亚尔回忆录》中说，这说明没有一个联合国成员国会宽恕这种侵略行为，并且成员国一致认为，“萨达姆·侯赛因野蛮入侵并吞并一

---

① http：//baike. sogou. com/v220377. htm.

② Joseph S. Nye, Jr. , “Understanding International Conflicts：An Introduction to Theory and History (5th ed.)”, Longman, Inc. , 2005, p. 172.

③ 郭树勇：《战争合法性与美国军国主义》，《博览群书》，2003 年第 5 期，第 11 页。

④ 关于联合国安理会谴责伊拉克违反《联合国宪章》、要求其撤军的第 660 号决议，可以查阅 http：//www. un. org/en/sc/repertoire/studies/middle_east. shtml。

⑤ 王逸舟：《论联合国的安全保障作用》，袁士槟、钱文荣主编：《联合国机制与改革》，北京语言学院出版社 1995 年版，第 128 页。

个弱小邻国的行径是完全不能允许的”。[①] 显然，对国家主权原则的坚持与尊重与否成了战争合法性与否的内在价值评判标准，也是通向究竟是形成战争强大阵容还是落得孤家寡人悲惨结局的指路标。

第二，以美国为首的多国部队始终以《联合国宪章》和安理会决议为战争行动的基本依据或理由，尤其是行动前联合国的正式授权，极大地增强了战争的国际规制基础。1990 年 8 月 2 日，联合国安理会以 14 票赞成、0 票反对、1 票弃权（也门未投票）的高票数通过了谴责伊拉克违反《联合国宪章》、责其撤军的第 660 号决议；之后，关于解决伊拉克问题，安理会又先后通过了 11 个决议。[②] 表 5 -1 所列的是 1990 年 8 月 2 日至 11 月 29 日联合国安理会 15 个成员国通过的有关伊拉克问题的决议案情况。

表 5 -1 1990 年 8 月 2 日至 11 月 29 日联合国安理会通过的有关伊拉克问题决议案情况表

序号	时间	决议号	主要内容	15 个成员国态度			说明
				赞成	反对	弃权	
1	8 月 2 日	660	谴责伊拉克入侵科威特并要求其无条件撤军	14	0	1	也门未投票
2	8 月 6 日	661	对伊拉克实施全面经济制裁	13	0	2	古巴、也门弃权
3	8 月 9 日	662	宣布伊拉克吞并科威特无效	15	0	0	
4	8 月 18 日	664	要求伊拉克允许第三国公民安全撤离伊拉克与科威特	15	0	0	
5	8 月 25 日	665	同意对进出伊拉克的船只进行海上封锁	13	0	2	古巴、也门弃权
6	9 月 13 日	666	解决实行对伊拉克制裁所引起的人道主义需要问题	13	2	0	古巴、也门反对
7	9 月 16 日	667	要求伊拉克保护外国驻科威特外交使领馆及其工作人员	15	0	0	

① ［秘鲁］哈维尔·佩雷斯·德奎利亚尔著，王联等译：《德奎利亚尔回忆录》，新华出版社 2000 年版，第 207、220 页。

② 《安理会关于波斯湾地区危机的决议》，联合国新闻部：《联合国纪事》（季刊）中文版，1991 年第 1 期，第 54 页。

续表

序号	时间	决议号	主要内容	15个成员国态度			说明
				赞成	反对	弃权	
8	9月24日	669	授权制裁委员会审议因为制裁伊拉克受损国提出的援助要求	15	0	0	
9	9月25日	670	对伊拉克实施空中封锁	14	1	0	古巴反对
10	10月29日	674	谴责伊拉克迫害科威特及外国公民行为	13	0	2	古巴、也门弃权
11	11月28日	677	谴责伊拉克改变科威特人口结构以及毁坏科威特档案行为	15	0	0	
12	11月29日	678	使用一切必要手段执行安理会上述决议	12	2	1	古巴、也门反对，中国弃权

资料来源：Maurice Bertrand，"The United National：Past，Present and Future"，Kluwer Law International 1997，p. 126；《对伊拉克实行全面强制性制裁》，联合国新闻部：《联合国纪事》（季刊）中文版，1990年第4期，第9—22页；《特别报道：科威特危机》，联合国新闻部：《联合国纪事》（季刊）中文版，1991年第1期，第46—52页；《安理会关于波斯湾地区危机的决议》，联合国新闻部：《联合国纪事》（季刊）中文版，1991年第1期，第54页。

这总共12次的会议表决，均以压倒性的数量获得通过，而数量寥寥的反对者中，并不包括拥有否决权的安理会常任理事国，因而，决议是有效的。然而，是时冷战结束、两极对抗瓦解伊始，一方面，意识形态对抗的逻辑惯性仍在，这从也门、古巴的多次表示弃权、反对的表决中可见一斑。另一方面，真正属于主权原则或人权原则的事物正在显露真容，这充分体现在对"要求伊拉克允许第三国公民安全撤离伊拉克与科威特""要求伊拉克保护外国驻科威特外交使领馆及其工作人员""授权制裁委员会审议因为制裁伊拉克受损国提出的援助要求""谴责伊拉克改变科威特人口结构以及毁坏科威特档案行为"等问题上都出人意料地获得一致支持。从美国等国家的军事行动在这些决议的范围内行动可以看出，国际社会形成了一致的看法，那就是，必须采取强制性措施制裁严重违背国际法和国际制度的行为，以申张国际正义，建立法治；伊拉克蔑视与违反《联合国宪章》和国际法，公然侵略科威特的行为必须得到惩罚，“不能让它逍遥法外”①。尤其是，其中第678号决议规定，伊拉克撤军的最后期限为1991年1月15日，并明确如果伊拉克拒不撤军，则授权联合国会员国可以使用“一切必要手段”执行联合国的各项决议，换言之，就是可以在必要时对伊拉克动武，以迫使其执行联合国相关决议。这就为以美国为首的多国联军1月17日对伊拉克动武提供了法律依据。

第三，战争是经过广泛协商沟通后的共识，以美国为首的多国部队采取的战争行动得到了国际社会的普遍赞同。对伊拉克的战争及之前的每一步，其实都受到了联合国安理会的充分讨论，表5－1所列情况反映的就是各成员国为避免战争、防备战争和被迫动武而达成的共识。不仅在“有形会桌”上如此，在“无形会场”上亦然。海湾战争爆发前，布什政府在向海湾大规模集结兵力的同时也开展了频繁的外交活动，除美国外，共有41个国家100万人的军队集结在海湾，对伊拉克形成了战略和技术优势。②一致行动的背后是达成共识的成果。国际社会绝大多数国家或国际组织都普遍强烈抵制和谴责伊拉克的侵略行为，即使是伊拉克的盟国苏联也主动与美国合作，于1990年8月3日同美国达成一致，发表了《联合声明》，要求伊拉克“无条件地从科威特撤军”，使布什感到“非常满意”，并称这是“美苏战后在地区冲突上首次结成同盟”。这些显然为以美国为首的多国战争行为的合法性提供了支撑。赞同之所以在合法性建立中起到必要的作用，是因为“它在构成普遍意义上的权利与构成特别意义上的政治权利的这种相互关系中处于基础地位”③。换言之，即人们承认了政治机构的统治权力，从而也赋予了政治机构的权威性和合法性。

当然，海湾战争背后也存在美国等参战国或援战国对自己战略利益的“工具性”追逐。海湾地区是石油这一经济发展“血液”的盛产地和出口地，世界消费的石油相当大的一部分来自于这一地区。据统计，当时，美

---

① 联合国新闻部：《联合国纪事》（季刊）中文版，1990年第4期，第20页。

② 肖月、朱立群主编：《简明国际关系史（1945—2002）》，世界知识出版社2003年版，第436页。

③ ［法］让－马克·夸克著，佟心平、王远飞译：《合法性与政治》，中央编译出版社2002年版，第18页。

国进口的石油近三成、西欧进口的石油逾五成、日本进口的石油逾六成来自海湾地区。“通过控制海湾石油资源，从而控制世界经济的命脉”①，避免被伊拉克卡住发展的“咽喉”，这一利益因素是美国及其追随者行动的一个重要动力。“诱导性权威能单独地达到极大的广延性”，尽管它“没有共同目标或共同道德责任的深刻意识把掌权者和权力对象团结起来”。②

总之，美国领导发动的海湾战争不仅坚持国家主权原则，经联合国正式授权，而且有国际社会的积极支持，特别是有数量众多、代表广泛的国家的直接参与，“对践踏科威特主权的伊拉克进行了军事惩罚”，其价值合法性与工具合法性在一定程度上较好地实现了统一，因而具备全面的合法性基础，属于合法性充足等级。

第二节 合法性欠足——以阿富汗战争为例

合法性欠足等级的基本特点是虽具有理念价值基础，但国际规制基础与协商赞同基础较弱甚至缺失。国际战争较多分布于这一等级。2001 年美国发动的阿富汗战争，历时较久，合法性不断走低，但在一定程度上，也勉强属于此种情形。

阿富汗战争是美国及其盟国针对“基地”组织及其支援者塔利班政权的一场战争，直接起因是“基地”组织制造了“9·11”事件，而塔利班政权是其背后支援者。它是一次由美国及其盟国以反恐为目的，以国家名义，用战争手段打击境外恐怖组织的大规模军事行动。战争于 2001 年 10 月 7 日爆发，参战的国家主要有美国、英国、德国、波兰、捷克、斯洛伐克等北约国家，吉尔吉斯斯坦、日本、韩国、菲律宾等国为美军提供了后勤支援并在战后派遣军队驻扎阿富汗。2001 年 11 月 12 日晚，塔利班部队

---

① 肖月、朱立群主编：《简明国际关系史（1945—2002）》，世界知识出版社 2003 年版，第 436 页。

② ［美］丹尼斯·朗著，陆震纶、郑明哲译：《权力论》，中国社会科学出版社 2001 年版，第 54 页。

在夜色的掩护下逃离喀布尔市；11 月 13 日，北方联盟部队抵达喀布尔市。喀布尔的陷落标志着塔利班政权在阿富汗的瓦解。2014 年 12 月 28 日，阿富汗首都喀布尔举行了宣告仪式，驻阿富汗国际维和部队指挥官在仪式上收起部队军旗以示战争结束。29 日，美国总统奥巴马正式向国际社会宣布阿富汗战争结束。但是，事实上阿富汗战争并未彻底结束，因为双方的交战在断续进行，而美国撤军承诺不断反复，一再放缓美军在阿富汗的撤军计划。2020 年 2 月美国政府与“卷土重来”的塔利班签署协议，承诺 2021 年 5 月前撤出阿富汗。2021 年 4 月 14 日，美国总统拜登正式宣布，将在 5 月 1 日前开始从阿富汗撤军，并在 9 月 11 日前将所有美军撤离。2021 年 8 月 30 日，美国中央司令部司令麦肯齐宣布，美军已经完成从阿富汗撤出任务。当地时间 30 日 23 时 59 分，“美军组织人员撤离的最后一架运输机飞离阿富汗首都喀布尔机场，标志着美军在阿富汗近 20 年的军事行动结束”①。这一战争耗时 20 年之久，使美国逐步深陷战争泥潭，并付出巨大代价，逾两千名美国士兵死亡。

反观战争，布什决定动用几万美军消灭恐怖组织和打击庇护它的塔利班政权，应该说在一定程度上实现了目标，但是从另一个角度看又没有实现目标。因为反恐怖战争是非传统的“灰色战争”，它没有确定的战场，没有确定的作战规则，也没有确定的战线，即使运用了世界上最强大的军队打垮阿富汗的塔利班政权，击毙了“基地”组织头目本·拉登，也无法防范针对美国的此起彼伏的恐怖活动，当放松警惕之时即是恐怖分子再次袭击之机。② 更让美国感到讽刺意味的是，美军撤离阿富汗之时，面对的并不是夹道欢送的人群，却是试图将其一举扫地出门的爆炸袭击。战争“最终以美军仓皇撤离、塔利班重新掌权为结局”。③ 2021 年 9 月 6 日，“阿富汗塔利班发言人扎比乌拉·穆贾希德在社交媒体上发布声明称，塔利班已攻占潘杰希尔省全部区域。至此，塔利班已控制阿富汗全部省

---

① 安晓萌：《阿富汗战争 20 年大事记》（新华社专特稿），新华网，2021 年 9 月 1 日。

② 支绍曾等：《论阿富汗战争的非传统性》，《军事历史》，2004 年第 1 期，第 28—29 页。

③ 《20 年战争：阿富汗之“伤” 美国之“害”》，新华网，2021 年 8 月 20 日。

份”。[1]

虽然这场战争从意义、性质、过程到结局、影响，存在很多争议，美国在战争背后的战略图谋也颇费心机，特别是其带来的彻头彻尾的灾难令世人震惊和反思，但也应该看到，它在较低的程度上，还是具有一定的合法性的。

首先，从理念价值上看，这一战争尊重国家主权安全，强调人权原则，把“反恐”“自卫”作为战争的主要目的，做到师出有名，因而具有较强的正当性。国际恐怖主义，多以非军事目标、无辜群众为袭击对象，蓄意制造社会恐慌，无论是对国家主权还是人权都提出严峻挑战，是现代社会的“毒瘤”。“9·11”事件，使美国突遭恐怖袭击，数座具有经济文明、神圣权力象征的建筑顷刻遭到毁坏或重创，数千名无辜生命罹难，使美国具有了恐怖主义受害者的形象。恐怖袭击事件发生9天后，布什总统向庇护“基地”组织的塔利班政权发出最后通牒，要求其把藏匿在阿富汗的“基地”组织所有头目交给美国，并允许美国不受限制地接近恐怖分子训练营，以便确保结束他们的运作，然而，塔利班政权并没有遵从，于是美国及其盟国发动了战争。[2] 对此，国际社会绝大多数国家均予以同情、理解和支持，美国政府也具有了一定理由来宣称其进行的反恐战争是合法的和正义的。2001年9月20日，布什首次向世界传达这样一种信息：在反恐问题上没有中间路线，“要么与我们在一起，要么跟恐怖分子在一起”。[3] 一方面，旨在表明在反恐问题上没有中间路线选择，策励同情自己的世界各国站到自己一方来，以扩大自己的阵营；另一方面，力求宣示美方的正义立场和反恐决心。正因为有了理念价值或者道义的召唤，世界几乎所有国家，都在极短的时间内，齐聚在以美国以首的国际反恐怖主义的

---

① 《塔利班发言人：塔利班已攻占潘杰希尔省全部区域》，《中国青年报》，2021年9月6日。

② ［美］亨利·基辛格著，胡利平、林华、曹爱菊译：《世界秩序》，中信出版集团2015年版，第416页。

③ 张薇：《浅析布什主义对国际法的挑战——从阿富汗战争到伊拉克战争》，《湖北社会科学》，2004年第4期，第100页。

道义大旗之下。①

同时，战争中尤其是战争之初，美国注重对阿富汗的普通百姓进行人道主义援助，被媒体称为“面包与炸弹齐飞”。这些无疑为战争披上了“人权”的新装，减少了国际社会特别是伊斯兰国家对美国发动战争给平民带来灾难的指责，分化了当地民众与塔利班政权的关系，试图用行动证明战争的目的是针对恐怖分子的，美国是全世界穆斯林的朋友。从而在一定程度上防范了因不同文明间的偏见或误解引发的文明冲突，强化了正面形象，笼络了人心。

其次，从协商赞同上看，阿富汗战争中美国加强与国际社会的沟通协商，尽力争取各国与自己同仇敌忾，使战争行为得到了国际社会较大支持。“9·11”事件引发了世界对恐怖主义的强烈谴责，以及对受害者美国的极大同情，美国抓住这一有利机会，着眼建立强大反恐联盟，全方位展开外交活动，使得发动反恐战争的国际赞同迅速形成。有学者认为，战争开始前，在阿富汗问题上，美国同欧盟、日本、俄罗斯、印度等世界重要力量体都达成了基本共识，世界上的大国的立场基本上都在同一战线上，“基地”组织和塔利班没有得到任何一个大国的支持，因此，阿富汗战争并不是美国的独自作战，它“几乎是一场大国联合的战争”，国际社会凡有责任的国家几乎没有袖手旁观，“广泛支持和参与了这场战争”。② 上合组织及其成员国“对恐怖袭击事件表示了强烈谴责”，对战争的实施也表示了支持。③ 可以认为，以美国为首的这个国际反恐联盟，实际上具有很强的普遍性，在一定程度上已超越了因意识形态、宗教信仰和文明的不同而致的阻隔与冲突。尤其值得一提的是，上半年还龃龉不断的俄美两国很快就阿富汗战争展开了以前不曾有过的合作。应该说，阿富汗战争确实具有一定的国际合作，特别是美国与盟国以外诸如俄罗斯等“潜在对手”的合作，使国际公意基础得到巩固与拓展。而且，后来在得到联合国安理会

---

① 马小军：《历史与地理的动力——阿富汗战争解读》，《书屋》，2002 年第 10 期，第 29 页。

② 赵华胜：《阿富汗：失去的机会和前景》，《国际观察》，2010 年第 6 期，第 10 页。该文还指出，有 42 个国家派兵参加了阿富汗国家安全支援部队，尽管有的国家参与只是象征性的。

③ 《上海合作组织成员国外交部长联合声明》，新华网，2002 年 1 月 7 日。

授权之后，国际援助部队才进入阿富汗。[1] 可以说，这场战争建立在与相关国家充分沟通协商基础之上，得到了国际社会广泛赞同。

然而，应当看到，阿富汗战争合法性基础并不充分和牢固，还有诸多因素直接影响着国际社会对其合法性的评价。

其一，从国际规制看，阿富汗战争存在挑战依据国际法和平解决国际争端原则的嫌疑。《联合国宪章》第 2 条第 3 款规定："各会员国应以和平方法解决其国际争端，避免危及国际和平、安全与正义。"[2] 应该说，这一制度可以避免国际争端上升为武装冲突及战争，顺应了世界上绝大多数爱好和平的人们的愿望，是一项重要的国际法原则。但宪章并没有绝对禁止使用武力，其第 51 条规定："联合国任何会员国受到武力攻击时，在安理会采取必要的办法以维持国际和平及安全以前，本宪章不得认为禁止行使单独或集体自卫之自然权利。"因此，在以下的情况中，可以合法地使用武力：第一，行使自卫权时可以使用武力；第二，经联合国授权采取的集体安全行动可以使用武力。阿富汗战争是美国试图在联合国取得授权的行为失败后，公然使用武力对他国发动进攻。对此，美国的解释是，自己是出于"自卫"而采取行动的，因为自卫权是一种"自然之权利"，所以是无需经联合国授权。然而，应该明确的是，行使自卫权的前提应是"受到武力攻击时"。[3] 美国在阿富汗的武装反击，虽冠以"自卫"之名，但却是一种事后的报复惩罚，实质不仅是对自卫权的扩张性解释，更是对自卫权的过度性行使。

此外，美军给阿富汗平民造成了事实上的巨大的生命和财产损失。美军在军事行动中经常强闯民宅、肆意搜捕，甚至射杀平民。据"对武装暴力采取行动"组织统计，2016 年至 2020 年间，约 1600 名阿富汗儿童在北约联军主导的突袭中死伤。即使在战争接近尾声之际，美军依然在制造混乱和伤亡。2021 年 8 月 16 日，喀布尔国际机场一度失控，很多人冲上飞

---

① 2001 年 12 月 20 日联合国安理会通过第 1386 号决议，授权国际安全援助部队帮助维持阿富汗安全。转引自赵华胜：《阿富汗：失去的机会和前景》，《国际观察》，2010 年第 6 期，第 10 页。

② 《联合国宪章》第 2 条的规定，联合国网站，http：//www. un. org/zh/documents/charter/。

③ 《联合国宪章》第 51 条的规定，联合国网站：http：//www. un. org/zh/documents/charter/。

机跑道，甚至爬上正准备起飞撤离的美国军机，美军为驱散人群，开枪射击，当场打死数人。[①]

其二，美国发动阿富汗战争有绕开联合国“单干”的嫌疑。美国虽然与国际社会进行了一些合作，也确实得到了相关国家的支持。但是发动这一战争最致命的缺陷在于越过了联合国安理会的批准。联合国秘书长安南虽然在阿富汗战争打响后发表了有关国家有权自卫的声明，但是与其说一定意义上是对美国领导的国际反恐行动合法性的追认，不如说在很大程度上是对美国强行采取单边行动带来既成事实的无奈。不过，我们不能因此过于怀疑国际组织的作用，虽然它在行动上没有挡住美国动武的脚步，但它却是对动武行动合法性一定程度质疑的客观反映，会使一意孤行的美国在国际社会内心深处遭受形象贬损和地位下降，并迟早为此付出代价。正如约瑟夫·奈所言，“安理会讨论国际暴力问题，会在危机时期增强集体关注的效果和吸引国际社会的注意力。而且它有时也可以促使人们的观点变得明确起来，增加武力侵略行为的代价，以及起着外交安全阀的作用”。[②] 当然，说美国战争行为具有单边主义性质，不只因为它绕开了联合国，还因为它的合作基础并不平等，有“强加”的性质。一方面，对待反恐问题上，美国把自己利益强调到了至高无上的位置，以我划线、唯我独尊，强调“要么与我们在一起，要么跟恐怖分子在一起”，不允许其他国家对其“以暴制暴”的行为表示异议。另一方面，在反恐行动中，本身不存在平等合作基础的“一主多仆”式领导，使战争沦为美国单边意志的工具。正如有人所预言，“在反恐怖主义的行动中，华盛顿的某些做法可能会更加专断，在谋求不得已的多边合作时，美国也会始终保持其主导地位，并时时显现单边行为的本质特征”。[③]

其三，美国发动战争的目的具有很大的工具性，往往在满足暂时的利益需要之后就露出霸权的战略意图。美俄在阿富汗战争上的合作并非完全基于理念价值趋同，实际上是在反恐问题上战略利益交换的结果。美国的

---

① 新华社：《20 年战争：阿富汗之“伤” 美国之“害”》，新华网，2021 年 8 月 20 日。

② ［美］小约瑟夫·奈著，张小明译：《理解国际冲突：理论与历史（第五版）》，上海人民出版社 2005 年版，第 207 页。

③ 郝雨凡、张冬燕：《美国安全战略往哪儿走》，《环球时报》，2001 年 12 月 7 日，第 7 版。

直接目标是铲除塔利班政权和“基地”组织，为此，加强了与俄罗斯等国的合作。可是一旦“基地”组织溃散、塔利班政权被摧毁，美国又回归冷战思维，开始了不利于甚至敌对俄罗斯等国的活动，继续视俄罗斯等国为潜在对手。比如它企图谋求在中亚建立军事基地，进行长期驻扎，并且在中情局关于导弹威胁的年度报告中，制造和宣扬“中国威胁论”。[①] 更为重要的是，美国借战争之机在阿富汗强推“民主改造”，试图输出美式民主。在战争前美国总统布什直言：“我们在帮助阿富汗人民建立一个自由社会方面有战略利益。”而在回应美国国会有关是否在阿富汗进行“国家重建”质询时，美军中央司令部前负责人彼得雷乌斯回答：“我们的确是。”[②] 可见，阿富汗战争于初始就包藏祸心，且随着战事发展与最初的反恐目的渐行渐远。美国正借战争为其新世纪的战略调整和推行新干涉主义寻找遮人耳目的事实借口，美国的新干涉主义正以反恐为名“借尸还魂”。

总之，美国发动阿富汗战争是具有一定的理念价值基础的，并且也不乏协商赞同的支撑。然而，美国对国际规制缺乏真心实意的遵守，特别是绕开联合国采取单边主义行动的任性做法，显然动摇了其合法性根基，加之其发动战争目的的工具性追求日益明显，使得合法性程度每况愈下。因此，合法性欠足应该是对阿富汗战争较为客观恰当的评价。

第三节　合法性缺乏——以伊拉克战争为例

合法性缺乏的战争，也是国际战争中另一个数量分布较多的等级。它虽然通常不同程度地具备国际规制基础、协商赞同基础中一种或两种，但核心是缺乏足够的理念价值基础。2003 年发动的伊拉克战争就是一例。

“9 · 11”事件发生后，美国总统布什宣布向美认定的“恐怖主义”开战，并将伊拉克等多个国家列入“邪恶轴心国”。在发动阿富汗战争、攻

① 任毓骏：《布什二月来中国》，《环球时报》，2001 年 1 月 14 日，第 1 版。

② 《强推“民主改造”只会自食恶果——二十年阿富汗战争给美国的警示》，《人民日报》，2021 年 8 月 27 日第 16 版。

陷“基地”组织总部后，美国又以伊拉克藏有大规模杀伤性武器并暗中支持恐怖分子为由，剑锋直指萨达姆·侯赛因。2002年伊拉克危机爆发，11月8日联合国安理会通过第1441号决议，让旨在检查伊拉克是否拥有大规模杀伤性武器的联合国武器检查团重返伊拉克。2003年3月18日，布什发表电视讲话，要求并没有在伊拉克境内发现任何大规模杀伤性武器的检查团立即撤离。2天后，美国绕开联合国安理会，单方面对伊拉克实施军事打击。到2010年8月美国战斗部队撤出伊拉克为止，伊拉克战争历时7年多，美方最终没有找到所谓的大规模杀伤性武器，反而找到萨达姆政权早已将其销毁的文件和人证。2011年12月14日，美国总统奥巴马在北卡罗来纳州布拉格堡军事基地发表演讲宣布伊拉克战争正式结束。2011年12月18日，美军全部撤出。①

伊拉克战争是继阿富汗战争之后，美国发动的又一场以反恐为名的战争，但它的合法性与阿富汗战争相比，显然存在巨大的落差，甚至出现质的恶化。

如果从战前宣传看，美国对伊拉克的战争还是具有一定的合法性基础的。美国宣称对伊拉克动武的主要理由，就是伊拉克公然藐视国际法则，私自生产并拥有大规模杀伤性武器，背后支援恐怖主义分子。美国国务卿鲍威尔对于伊拉克的违规行为强调说：“武器检查很重要，但是最重要的是我们用什么方法把伊拉克置于联合国管制之下。对伊拉克的违反联合国决议的事情，国际社会应该采取相应的措施。”② 接着，布什政府于2002年9月12日提交有关对伊措施的动议。对此，联合国于当年11月通过了第1441号决议。安南于2003年2月8日称：“伊拉克的所作所为不是针对某个国家，而是整个国际社会。当某个国家打算动用武力，处理针对整个国际社会的威胁，而不仅仅是本国防务之时，联合国安理会将授予其行动

① http：//baike. sogou. com/v142001. htm.

② Powell，“Colin. Text：Powell Says Iraq's Non－compliance with UN Rulings Concerns All”，2002，online at http：// Canberra. usembassy. gov/hyper/2002/0905/epf402. htm.

以合法性，整个世界的人民也将认为这种行为是符合国际法的。”① 显然，这给美国带来了很大的支持。如果仅从这一角度看，美国的行动虽然没有获得联合国安理会的正式授权，但是还具有一定的理念价值基础；它虽然是单边主义行动，但是还能按照国际制度和国际法的程序行事，并“很欣喜地得到了数十个国家的支持”②。如果萨达姆及其政权真的成为国际恐怖主义的同谋和怂恿者，那的确是具有侵略性的和危险的。

然而，随着战事的进展，人们发现美国发动战争的合法性出现不断“滑坡”。首先，美国对伊拉克动武所基于的理念价值基础发生了“溃堤”。美国对伊战争的动因是伊拉克产藏了大规模杀伤性武器，可直到战争结束，搜寻未果，整个战争成了一个欺世骗局，国际法、国际制度和国际赞同被美国利用，一定程度上成为其服务外交政策、实现全球战略扩张意图的工具。无论是开始时捍卫的所谓“自卫权”，还是后来推行的所谓“伊拉克自由行动”，再到致使伊拉克“政权更迭”，都在国际法中找不到任何合法性依据。其实，任何针对别国政权的武力改造行为，都是不为国际社会接受的主权侵犯。“在社会价值观念方面，美国试图在中东地区推行其民主价值观，希望伊拉克成为推动中东地区民主化的桥头堡。”③ 这种做法显然十分危险，它公然蔑视和践踏了为国际社会普遍接受的尊重国家主权原则。

其次，美国的行动并没有得到联合国安理会批准或授权，又一次采取单边主义行为，其所称的“先发制人”的“自卫权”也难以立足。美国绕开联合国兴师动武，实质是对国际规制的公然违背，使国际法、国际制度再次受到强权的冲击。但美国并不这样认为，它始终以“自卫权”进行辩护。当年，美国发动阿富汗战争是一种针对恐怖袭击活动的“事后行为”，但借口是行使“自卫权”；如今，美国发动伊拉克战争按

---

① UN（2003）Press Release SG/SM/8600，“Secretary General Says United Nations Has Duty to Exhaust All Possibilities of Peaceful Settlement Before Resorting to Use of Force”，online at http：//www. un. org.

② ［美］罗伯特·卡根著，赵晨译：《美国的合法性危机》，《当代世界与社会主义》，2004年第5期。

③ 张胜军：《全球结构冲突与美国霸权的合法性危机——解读伊拉克战争后的世界政治》，《美国研究》，2003年第3期，第39页。

其所言是一种预防可能受到伊拉克袭击的“事前行为”，但同样称在行使“自卫权”。

美国“先发制人”的“自卫权”理论，显然是在为其霸权战略服务，为其单边主义寻找依据，因为传统的自卫权理论在“9·11”事件后已经难以适应美国为其愈发扩张性、进攻性战略辩护的要求。美国“先发制人”的“自卫权”理论严重背离传统的自卫权理论，并对其提出严峻的挑战。一是动摇了平等准则。传统的自卫权是建立在国家不论大小、强弱一律主权平等、国家间要相互尊重主权统一和领土完整的基础之上，实施自卫是为了中止侵害，恢复与对方平等的地位和状态，而并不是对对方主权与地位的颠覆与剥夺。但“先发制人”的“自卫权”把唯我独尊、唯利是图置于核心位置，使本国的主权、利益高高在上，而对方的主权、利益却得不到应有的平等的尊重与维护。二是突破了正当前提。传统的自卫权有一个行使前提，就是要处于“受到武力攻击时”，事前事后使用武力都是不正当的。而“先发制人”的“自卫权”突破了前提限制，主张在受到威胁而没有受到武力攻击时就采取预防性手段，显然这是滑向侵略的危险突破。三是破坏了适度原则。过度的自卫实际上已演变成恶性报复与蓄意侵略。因此，国际法提出了“适度性”标准。詹宁斯、瓦茨修订的《奥本海国际法》中指出，“如果自卫行动要成为合法的，‘遵守必要的标准和因自卫而采取的措施的比例性’是必要的”。① 可见，“先发制人”的“自卫权”侵蚀了国家主权平等准则，既不符合《联合国宪章》第51条关于自卫权的前提条件，也违背了国际法中明确的行使自卫权要遵循与侵犯行为相称的原则，其实质是不合法的。

当然，现代条件下，由于先进武器往往会以迅雷不及掩耳之势对一个国家实现瘫痪式或毁灭性的打击，故而一些国家认为，如果只允许受害国在实际遭受攻击时才自卫，恐怕到时连自卫的机会和能力都没有了。所以，“各国曾经援引自卫为辩护理由，认为预先采取行动以阻止它们所认为迫在眼前的攻击威胁是正当的”。② 这种担心其实已把国际社会的文明状

---

① [英]詹宁斯、瓦茨修订，王铁崖等译：《奥本海国际法（第1卷第1分册）》，中国大百科全书出版社1995年版，第309页。

② 刘海山：《国际法》，法律出版社1992年版，第310页。

态从洛克文化倒回到霍布斯文化，是自我强化囚徒困境的体现。几个世纪前，霍布斯曾描述过这一状态：

由于人们这样相互疑惧，于是自保之道最合理的就是先发制人，也就是用武力或机诈来控制一切他所能控制的人，直到他看到没有其他力量足以危害他为止。①

时至今日，国际社会的信任和契约已积累得比较深厚，否则就托不起国际社会这艘启锚远航的巨轮。面对争端，国际行为体已经学会了无政府条件下的生存之道，加强交流与合作，让国际组织参与讨论与调解，依据国际法规和双边或多边协议裁决，成为其解决问题的主要方式。卢梭在《社会契约论》的“论公民社会”中指出：

人类从自然状态一进入社会状态，便发生了一种巨大的变化：在他们的行为中，正义代替了本能，从而使他们的行为具有了此前所没有的道德性；只是在义务的呼声代替了生理的冲动和权利代替了贪欲的时候，此前只关心他自己的人才发现他今后不能不按照其他原则行事，即在听从他的天性驱使前先要问一问他的理性。②

他还强调：“只有依靠法律才能实现公正与自由。人与人之间之所以能在权利方面达到天然的平等，也靠的是这个表达所有人的意志的有力的工具。”③ 现如今，武力征服虽是最后手段，但也不可能没有道义和法律的底线，一方即使今日可以不顾敌对者死活，但需谨记的是，明天还必须面对整个国际社会。粗暴勒死他人的人，在未来的某一天，他的颈项可能同样套上索命而正义的绳索。回顾历史，核武器在战后只是用于形式变幻不

---

① ［英］霍布斯：《利维坦》，商务印书馆 1985 年版，第 93 页。

② 本段论述综合参考了《社会契约论》的不同译本：［法］卢梭著，李平沤译：《社会契约论》，商务印书馆 2011 年版，第 24 页；［法］让·雅克·卢梭著，徐强译：《社会契约论》，中国社会科学出版社 2009 年版，第 28 页。

③ ［法］卢梭著，李平沤译：《政治经济学》，商务印书馆 2013 年版，第 12 页。

尽的核威慑，并没有如人们担心的那样被用于实战，因为谁按动了核按钮，谁就将面临国际社会谴责与讨伐的强大风暴。显然，一国的国际社会性成长已经强大到能够抵御片面自私而致急功近利的内心躁动，此即例证。格老秀斯的忠告即使在今天听来，仍令世人醍醐灌顶：“即使是最强有力的民族，也只是在一个法律社会中才感到安全。如果谁为了暂时的利益而违反法律，谁就是自我毁坏了自己未来的太平城堡。”①

所以，过度的自卫实际上已演变成恶性报复与蓄意侵略。传统自卫权以存在客观武力攻击为先决条件，具有明确的客观标准；而“先发制人”的“自卫权”是以存在主观威胁为先决条件。因此，美国“先发制人”式的“自卫”是强权政治的逻辑，侵蚀了国家主权平等准则，既不见诸国际法律文件规定，也不为任何现有国际习惯法所认同，违背了合法性中关于行使自卫权要遵循与侵犯行为相称的原则，对于所谓的威胁，自疑来源、自设标准、自我判定、自助动武。“这其实是一种具有主观臆想成分的独断标准，一旦推行这种标准，必然导致自卫权的滥用，使‘自卫权’成为政治目的的冠冕堂皇的幌子。”② 这无疑会对二战以来建立的国际社会秩序与国际法体系造成巨大冲击。因此，时任联合国秘书长安南在第59届联合国大会上严肃指出，伊拉克战争将联合国带到了一个其决定性意义不亚于创建联合国时的1945年的“岔路口”，并担心这场战争可能开创先例，导致“非法使用武力”的现象会进一步泛滥起来。③

再次，伊拉克战争的协商赞同基础虚弱。这次战争对国际社会的强大舆论表现出明显的傲慢，而且不经联合国讨论批准，单方面决定动武。对此，包括美英传统盟国在内的世界上绝大多数国家表示出极大的不满与坚决反对，即使北约集团内部与美英之间，矛盾裂痕也因此不断加深。④ 与阿富汗战争相比，伊拉克战争明显盗用了反恐之名，偷梁换柱地改变了反恐的实质，使得中国与俄罗斯不得不与其保持距离，“9·11”事件之后形

---

① 赵建文：《关于国家主权的性质和地位的理论演进》，《郑州大学学报》，2000年第6期。

② 张薇：《浅析布什主义对国际法的挑战》，《湖北社会科学》，2004年第4期，第101页。

③ 古祖雪：《联合国改革与国际法的发展——对联合国“威胁、挑战和改革问题高级别小组”报告的一种解读》，《武大国际法评论》，2006年第2期。

④ 谢志高：《伊拉克战争美军有“十怕”》，《解放军报》，2003年4月7日。

成的国际反恐统一战线开始被打破，大国的国际反恐联盟走向破裂。当然，这其中的深层原因，正如一位学者曾一针见血指出的那样，“美国对伊军事行动没有得到联合国的授权，它的理由既不充分也不可靠”，伊拉克战争使人们“看到的是美国在‘反恐’的名义下追求地缘政治和能源利益，是美国在强化单极霸权地位”。[①]

最后，战争过程中美军发生了虐囚事件，这一行为严重违反国际法规。据国际红十字会调查，在阿布格莱布监狱，美军确实发生了虐囚事件，且其部分行为非常暴力、残忍。[②] 这些严重违反了国际有关人道主义、战俘待遇的公约规范的行为，反映出美国在伊拉克战争中对一些国际规制是懈怠和藐视的，而不是真心遵从。

综上所述，除了战前对国际制度的工具意义的遵守、国际社会的部分支持等少许借以掩饰的合法性外衣外，伊拉克战争合法性基础已丧失殆尽。2004 年 10 月 15 日，西班牙首相萨帕特罗在匈牙利举行的社会党领导人会议上，对英国首相布莱尔说，“伊拉克战争是一个巨大错误”，那里目前的情况证明了这一点。这一观点得到了包括加拿大总理马丁和智利总统拉戈斯在内的数位领导人的支持。[③] 学者罗伯特·卡根撰文论及伊拉克战争，说冷战后政治理论家福山曾经预言世界其他地区将随同我们一起走向历史的终结，最终相对和谐地统一生活在自由民主的世界中，因为民主国家共享自由的原则，所以它们“不存在相互竞争合法性的基础”，然而现在这一结论开始受到质疑，今天正是合法性问题分裂了美国与欧洲。[④] 这也反映出了西方国家在伊拉克战争立场上的进一步分裂，它其实既是伊拉克战争合法性缺乏的客观表现，更是合法性缺乏的必然结果。

---

① 赵华胜：《阿富汗：失去的机会和前景》，《国际观察》，2010 年第 6 期，第 12 页。

② 李海龙：《论国际社会中的合法性——一个制度主义视角下的分析》，《太原理工大学学报(社会科学版)》，2009 年第 3 期。

③ 《西班牙首相萨帕特罗称伊拉克战争是巨大错误》，新华网，2004 年 10 月 15 日。

④ [美] 罗伯特·卡根著，赵晨译：《美国的合法性危机》，《当代世界与社会主义》，2004 年第 5 期，第 122 页。

第四节 合法性丧失——以伊拉克入侵科威特为例

正如合法性充足的国际战争较少一样，理念价值基础、国际规制基础、协商赞同基础皆无，合法性彻底缺乏的国际战争也非常少见。合法性根本缺乏的国际战争，其实是一种逆全球化的行为，是正迈向康德文化漫漫之途的洛克文化向霍布斯文化的消极倒退，应为国际社会所警惕和唾弃。二十世纪九十年代伊拉克发动的吞并科威特的战争，就是属于合法性丧失等级的典型。

1990 年 8 月 2 日凌晨 2 时，由 350 辆坦克开路的 10 万伊拉克军队，如滚滚洪流越过 125 公里的伊科边界，涌入这个面积仅为 1.8 万平方公里的波斯湾小国。从未经历过战争、员额不足 2 万的科威特军队，猝然面对历经 8 年之久两伊战争硝烟考验的伊拉克军队的强大进攻，根本不堪一击，不到 3 个小时，科威特城陷落。尽管科威特人民与伊拉克军队浴血奋战，但是伊拉克军队仍很快占领了所有战略要地，包括埃米尔的王宫。8 月 3 日中午，伊军占领科威特全境。科军只有 5000 余人撤到沙特阿拉伯。至 8 月 6 日，进入科威特的伊军达到 20 万人，坦克 2000 余辆。伊拉克军队占领科威特后占据了媒体，扣押了上千名滞留在科威特的西方人作为敌对国俘虏，企图作为谈判条件。8 月 8 日，萨达姆公然宣布伊拉克同科威特“实行合并”。之后，伊拉克将科威特划为“伊拉克的第 19 个省”，并称其“永远是伊拉克不可分割的一部分”。这就是被后来称为海湾战争起因或者说是海湾战争第一阶段的伊拉克入侵科威特战争。

这一危机的爆发有历史和现实的原因。首先，从历史上说，伊拉克与科威特有着较深的渊源，二者都属于当时奥斯曼帝国的一部分。近代以后，在英国殖民主义者的入侵和分治政策实施下，伊拉克与科威特最终变成两个国家，伊拉克于 1921 年获得独立，而科威特于 1961 年宣布独立。但此后一段时间，两国的边界并没有划定，特别是伊拉克方面认为科威特“自古以来是伊拉克的一个省”，这就为双方的争端埋下了隐患。其次，两国之间的鲁迈拉油田之争是战争的重要导火索。虽然伊科两国石油蕴藏量都极为丰富，是产油大国，但位于两国边界、石油资源非常丰富的鲁迈拉油田一再牵动着双方敏感的神经。由于科威特一侧地势较低，所以石油自动流向科方，加之两伊战争期间，科威特一直持续着石油资源的开采，伊拉克便感到科威特是在盗采自己的石油，报复和寻求补偿心理加剧。再次，从 1980 年至 1988 年伊拉克与伊朗发生长达 8 年之久的战争，致使原本还较富裕的伊拉克不但元气大伤，而且还欠下科威特 180 多亿美元的债务，伊拉克面临着巨大的经济和社会危机。但伊拉克总统萨达姆认为，这 8 年中，伊拉克实际上是“保护阿拉伯兄弟免遭波斯威胁的真正盾牌”，期望“他们当中的富有者——沙特阿拉伯、阿拉伯联合酋长国和科威特——帮我们还清全部债务”。[①] 而科威特享有“海湾明珠”之称，是世界上的富裕国家之一。在伊拉克看来，将科威特吞并，不仅可以一笔勾销欠其的巨额债务，而且可以获得巨大的石油资源，国内的危机将得到缓和或化解。最后，从霸权战略角度看，萨达姆谋求中东霸权由来已久，甚至将“实现阿拉伯民族的统一视为自己的历史使命”，“俨然将自己视为阿拉伯世界的领袖和旗帜”。[②] 伊拉克寄希望于吞并科威特后成为世界上最重要的石油生产国之一，以此来操控国际石油资源，反制西方。这也是美国和其他一些主要工业国家所绝对不能容忍的。

但是，这些历史和现实的因素，并不能成为伊拉克占领科威特的正当理由。伊拉克发动对科威特的战争，显然是一种对他国的入侵和吞并，毫无合法性可言。

首先，这次战争基于的理念价值有悖于国家主权原则。历史上科威特虽然与伊拉克在部分边界上存有争议，但也是主权国家间事务之争。伊拉克无论以何种理由，都不能觊觎一个国家的独立主权。所以，萨达姆的野蛮入侵，以及公然宣布伊拉克同科威特实行“彻底和不可扭转的”合并、颁布法令将科威特划为“伊拉克的第 19 个省”[③] 等行为，都是在逆时代潮流而动，

---

① ［美］皮埃尔·塞林格、［法］埃里·朗格著，王芳等译：《海湾危机——秘密档案》，世界知识出版社 1991 年版。

② 程星原：《伊拉克总统萨达姆》，《国际资料信息》，2003 年第 3 期，第 32 页。

③ 程星原：《伊拉克总统萨达姆》，《国际资料信息》，2003 年第 3 期，第 33 页。

不可避免地被看成国际社会“在后冷战时代面临的第一个入侵行为”。[①]

其次，虽然当时全球化初见端倪，国际规制还较稀薄，但伊拉克违背以《联合国宪章》为主的国际法规和协议，是不言而喻的。为了改变伊拉克僵硬立场、挽回时局，当年8月21日，时任联合国工作人员、后来于1997年任联合国秘书长的安南在约旦首都安曼与伊拉克外长阿齐兹举行会晤时就以律师身份对伊拉克的行为予以揭露：“伊拉克入侵科威特的行动已经践踏了国际法则，偏离了安理会所制定的所有决策的精神。不管伊拉克所声称的正当性如何，侵略和吞并已经背离了联合国宪章和国际法的基本原则。”[②] 因而，其结果必然“没有一个联合国成员国会宽宥这种（侵略）行为”[③]。

最后，这场战争缺乏国际协商赞同基础。萨达姆发动战争前后确实与国际社会缺乏应有的沟通。战前，伊拉克虽与美国多次进行隐晦的外交沟通，但双方对彼此真实意图都充满了误判误解。从美国副国务卿凯利到国务卿贝克，从赴伊高级访问团长多尔到驻伊大使格拉斯皮，从新闻界、商界到布什总统本人，对于伊拉克总统萨达姆盛气凌人的言行及正在准备入侵科威特的企图政见不一，且前后矛盾，给了萨达姆一个美国对科威特没有防务协定、对伊拉克的行为保证不干涉的错觉。[④] 实际上，伊方并未得到美方支持，更不用说国际社会的其他成员了。所以，当1990年8月2日，伊拉克悍然出动10万军队一夜之间占领科威特全境后，立即遭到了国际社会的一致强烈谴责。联合国安理会在事发当日召开紧急会议，谴责伊拉克入侵科威特，并通过了责令伊军立即无条件从科威特撤军的第660号决议。秘书长德奎利亚尔说，在联合国45年的历史上，安理会从来没有

---

① ［秘鲁］哈维尔·佩雷斯·德奎利亚尔著，王联等译：《德奎利亚尔回忆录》，新华出版社2000年版，第204页。

② ［秘鲁］哈维尔·佩雷斯·德奎利亚尔著，王联等译：《德奎利亚尔回忆录》，新华出版社2000年版，第198页。

③ ［秘鲁］哈维尔·佩雷斯·德奎利亚尔著，王联等译：《德奎利亚尔回忆录》，新华出版社2000年版，第207页。

④ 美国在海湾危机上给萨达姆接二连三地发出错误信息，其实助长了萨达姆侵略的嚣张气焰。相关阐述可参阅田宗会、尚德君：《新解海湾危机》，《内蒙古民族大学学报（社会科学版）》，2009年第2期。

"对一场入侵、占领和蓄意吞并达成过这样一致意见"①。

这些充分说明伊拉克入侵科威特的战争确实冒天下之大不韪，走到了国际公意的另一面。

小　结

通过以上分析可以看出，从海湾战争、阿富汗战争、伊拉克战争到伊拉克入侵科威战争，战争合法性呈不同程度的递减状态，且作为鲜活的案例，生动地阐释着合法性充足、合法性欠足、合法性缺乏、合法性丧失各等级的内在属性。表 5－2 所示是上述四次战争的合法性比较，由之不难得出几点结论。

表 5－2　海湾战争、阿富汗战争、伊拉克战争和伊拉克入侵科威特战争的合法性比较

战争名称	理念价值基础及其权力特性	国际规制基础及其权力特性	协调赞同基础及其权力特性	合法性等级
海湾战争	强	强	强	合法性充足
	尊重和坚持了国家主权原则	遵守《联合国宪章》和安理会决议，得到了联合国正式授权	经过广泛协商沟通后取得共识，得到了国际社会的普遍赞同	
阿富汗战争	较强	较强	强	合法性欠足
	坚持主权原则、人权原则，师出有名，但战争的目的"包藏祸心"，强推美式民主输出，具有很大的工具性	绕开联合国"单干"，但得到了联合国追授权；挑战依据国际法和平解决国际争端原则	说服国际社会并取得了较大成效	

① 《对伊拉克实行全面强制性制裁》，联合国新闻部：《联合国纪事》（季刊）中文版，1990年第4期，第5页。

续表

战争名称	理念价值基础及其权力特性	国际规制基础及其权力特性	协调赞同基础及其权力特性	合法性等级
伊拉克战争	弱	较弱	较弱	合法性缺乏
	公然蔑视和践踏了为国际社会普遍接受的尊重国家主权原则	行动没有得到联合国安理会批准或授权；“先发制人”的“自卫权”难以立足；发生虐囚事件	伊拉克战争的协商赞同基础存在致命的虚弱	
伊拉克入侵科威特战争	弱	弱	弱	合法性丧失
	基于的理念价值有悖于国家主权原则	违背《联合国宪章》等国际法规和协议	缺乏国际协商赞同	

资料来源：根据前文对海湾战争、阿富汗战争、伊拉克战争、伊拉克入侵科威特战争的合法性分析自制。

第一，战争合法性的差异主要源于其基础及权力特性的强弱分化。

几次战争的合法性状况存在着明显差异，而这种差异主要源于其理念价值基础、国际规制基础、协商赞同基础及其权力特性的强弱分化。当这些基础及其权力特性都很强时，如海湾战争那样，不仅尊重国家主权原则，遵守《联合国宪章》、安理会决议等国际规制，还得到国际社会的普遍赞同，那么战争合法性就充足；而当这些基础及其权力特性不同程度地存在虚弱，甚至部分缺失时，如阿富汗战争中挑战依据国际法和平解决国际争端、企图绕开联合国“单干”，伊拉克战争、伊拉克入侵科威特战争中违背国家主权原则、单方面决定动武、缺乏国际社会支持等，那么战争合法性就会较弱甚至缺乏。

第二，合法性的有无最关键的是取决于是否具有理念价值基础。

海湾战争、阿富汗战争之所以分别属于合法性充足、合法性欠足等级，其根本原因在于尊重和坚持或基本尊重和坚持了国家主权原则，同时结合国际大势，适时举起“反恐”大旗、强调保护人权，使得战争师出有名，从而“登高一呼，应者云集”；相反，伊拉克战争与伊拉克入侵科威特战争因为缺乏国际社会共认的理念价值基础，只能归于合法性缺乏、合法性丧失等级。尤其值得思考的是，同样是以反恐为名发动的阿富汗战争、伊拉克战争，为何合法性差异如此悬殊？关键在于前者在较大程度上是真反恐，尽管其仍掺杂着不纯的成分，但显然占据了道义的制高点，如美国《国家安全战略》中所强调的那样，当前这个时刻，整个世界被前所未有的恐怖暴行所震惊，所有大国“都团结在一起，共同面对恐怖暴力和混乱的危险”。[①] 而后者只是把反恐、保护人权当作开战的借口，既罔顾国家主权原则，也背离人权原则本质，战争实际上已堕落为美国等对霸权战略利益的追逐。而且，即使是阿富汗战争，合法性也因后来美国借机推行霸权战略而严重“滑坡”。可以说，只要美国追求霸权的企图和行为不改变，其战争合法性就不可能有根本改观。因此，战争或其他武力运用时既要尊重主权，对人权也要予以足够重视，力求有效保障。

第三，国际规制基础的强弱对合法性具有直接的支撑与消解作用。

两次海湾战争（海湾战争、伊拉克战争）有诸多相同点，如在同一地点——海湾，针对同一对象——伊拉克，由同一发起者——美国等发起，而且其主要决策者分别是美国的父子总统：一位是乔治·赫伯特·沃克·布什（老布什），美国第41任总统，另一位是乔治·沃克·布什（小布什），美国第43任总统，等等。但两次战争得到的评价却大相径庭。绝大多数人认为“海湾战争在合法性问题上不存在多少争议”“没有受到怀疑”，而伊拉克战争“是一场其合法性受到怀疑的战争”[②]，“美国对伊军事行动没有得到联合国的授权，它的理由既不充分也不可靠”[③]。在众多原因中，是否具有国际规制基础非常重要。海湾战争是一场经联合国授权的反侵略战争，其目的也并未随着战争进程而扩大，对伊拉克政权并未进行“外科手术式”的改造，战争基本上是执行联合国安理会多次决议的行动，其执法性尤其值得称道。及至伊拉克战争，美国甩开联合国自己“单干”，突破《联合国宪章》等国际法规定推行所谓的“先发制人”的“自卫权”，而且战争中屡发虐囚事件，在人权问

---

① The National Security Strategy of the United States of America（2002）.

② 陈玉明：《漫谈战争的合法性问题》，《书屋》，2003年第7期。

③ 赵华胜：《阿富汗：失去的机会和前景》，《国际观察》，2010年第6期，第12页。

题上严重“犯规”，这些肆意挑战国际规制的强权行为，必然招致世人怨怒，直接严重削弱其合法性。所以，战争或其他武力运用中要获得合法性，最直接的做法就是积极争取联合国支持，遵守体现着国际社会绝大多数意志与利益的基本而合理的相关国际规制。

第四，国际社会的支持往往使战争具有天然的合法性。

国际社会的支持其实就是协调赞同基础，它既是一个相对变量，是战争拥有正当理念价值、严守国际规制的结果，也是相对独立地形成合法性的源泉。这一点在阿富汗战争中显得十分突出。美国“9·11”事件之后，几乎所有国家的政府都对美国遭遇恐怖分子制造的这场灾难表示同情，战争被解释为复仇和自卫，因而美国以反恐为由对阿富汗塔利班政权开战也就获得了合法性，这场战争基本上没遇到什么抗议声音。[①] 特别是中、俄等大国在阿富汗问题上的支持使其合法性明显增强，一定意义上弥补了战争越过了联合国安理会批准的缺憾，这才有时任联合国秘书长安南在阿富汗战争打响后发表有关国家有权自卫的声明，对此次反恐行动合法性予以追认。及至美国再次在伊拉克打响所谓的反恐战争时，先前达成的包括中、俄在内的国际反恐统一战线开始分崩离析，欧盟内部对其反对声也不断，即使联合国秘书长安南再次被迫发表讲话为其未经联合国批准发动战争辩解，也无法挽回其失道寡助的颓败之势。可见，如果没有国际社会的赞同与支持，就难言具有充足的合法性。因此，战争或其他武力运用中，应大力加强与国际社会互动，避免“单边主义角色”，通过赢得世界舆论拥护、争取大国与国际组织认同与支持、采取多边行动等途径，不断增强合法性。

---

① 陈玉明：《漫谈战争的合法性问题》，《书屋》，2003 年第 7 期。

第六章　国际战争或武力使用类型的合法性分析

历史是过去的政治，理论的实质是历史。

——［法］雷蒙·阿隆[①]

理论是人的头脑中关于某一领域的组织性及其内部各部分之间的联系的一幅思想性图画。

——［美］肯尼思·华尔兹[②]

类型，通常指“具有共同特征的事物所形成的种类”。[③] 国际战争或武力使用的类型，则是指具有共同特征的战争或武力使用形成的相对稳定的种类或类别。显然，武力使用与国际战争是有区别的，一是在强度上，国际战争是武力运用的极端状态，“并非一切武力使用都构成战争，武力使用是一种事实状态，战争是武装冲突严重到一定程度和上升到一定级别后的法律状态”[④]；二是在行为体上，国际战争主要为国家或国家集团，而武力使用还包括非国家行为体；三是在形式和种类上，武力使用的形式和种类更为广泛，如国际维和、人道主义干涉、国际反恐等；四是在法律依据上，国际战争主要依据战争法等国际法，而武力使用依据的国际法更为宽

---

① ［法］雷蒙·阿隆：《和平与战争》，转引自倪世雄等：《当代西方国际关系理论》，复旦大学出版社 2001 年版，第 6 页。

② ［美］肯尼思·华尔兹著，信强译：《国际政治理论》，上海人民出版社 2008 年版，中文版前言，第 9 页。

③ 中国社会科学院语言研究所词典编辑室：《现代汉语词典》，商务印书馆 1996 年版，第 766 页。

④ 郭寒冰：《当代国际社会合法使用武力问题研究》，时事出版社 2012 年版，第 2 页。

泛。然而，二者在本质上有很大的相近性，国际战争一定程度上是武力使用在新形势下非传统面目的表现和发展，且二者并没有不可逾越的鸿沟。一是二者都是权力特殊形式的国际运用，二是二者的行为体都以主权国家为主；三是二者都是一定程度的法律状态。

本章主要对国际战争与武力使用常见类型的合法性进行分析和解读，是对合法性理论的尝试应用。前一章主要是从具体战争的内在属性出发进行探讨，而无视战争运用的类型或模式；然而合法性不仅体现在不同的具体战争之中，还凝固在不同性质、不同模式的战争类型之中，即一些类型的战争或武力使用，本身就或蕴含一定程度的合法性，或存在合法性赤字。那么，一些常见类型国际战争与武力使用的合法性程度是怎样的呢？其相互间合法性程度又存在哪些差别？

下面，我们从传统与新兴类型两方面，主要以常见类型为对象进行合法性分析解读。虽然正义战争、依法战争、多边战争、预防性战争、人道主义干涉这些类型的战争或武力运用，在逻辑或内容上存在一定程度的交叉、重叠，但由于各自特性的维度或侧重点不同，表现出的合法性也存在着一些差异，因此，本书还是分别对其进行分析，以检验合法性理论建构，深化对其的现实运用。

第一节　传统与基本类型的合法性分析

国际战争的传统与基本类型，往往强调和体现了合法性基础的某一方面，但并不代表其他方面的彻底虚弱和缺位失能，对其进行分析，可以更全面、深入地认识这些战争的合法性状况，进而为实践提供积极的指导。

一、价值维度的偏重：正义战争

马克思主义认为，战争的性质既取决于其政治目的或动机，又取决于其社会效果——是否促进了历史进步，而其最根本的标准在于是否符合广大人民群众的根本利益。[①] 它从政治目的出发，认为“历史上的战争，只有正义的和非正义的两类”，[②] 把战争分为正义战争与非正义战争。并且，马克思主义强调，要站在无产阶级和人民解放的立场上看问题，没有抽象的、永恒的正义与非正义，正义与非正义本身就是阶级的、历史的和具体的。列宁更是强调了这一立场，认为看待战争的合理性和正义性，“只有从社会主义和无产阶级革命及其争取自己解放的观点出发；其他的观点，我们是不承认的”[③]。马克思主义进一步认为，私有制及私有制基础上的剥削和压迫阻碍了人类社会的发展，最不符合人民根本利益。在原始社会中，虽然人们生产力低下、生存条件恶劣，但没有剥削和压迫，人人平等。自从人类文明进入阶级社会后，正如《乌托邦》中所描述的，“在其整体两千五百余年的存在期间，只不过是一幅区区少数人靠牺牲被剥削和被压迫的绝大多数的利益而求得发展的图画罢了”[④]。因而，在马克思主义看来，剥削和压迫不符合广大人民群众的利益，是非正义的；而反抗剥削和压迫，打破旧的社会枷锁，建立一个平等、自由、公正的新社会是绝大多数人民群众的利益，是正义的。当然，人类的剥削与压迫主要有两种存在形式，一个是国家内部的阶级剥削与压迫，另一个是存在于国家之间的民族的剥削与压迫。因此，包括奴隶起义、农民战争、无产阶级解放战争在内的一切反抗反动统治阶级剥削与压迫的战争，以及包括反侵略战争、反殖民战争在内的一切反抗民族剥削与压迫、抵御外来侵略的战争都是正义战争，而与之相反的就是非正义战争。所以，毛泽东说，“我们是拥护正义战争反对非正义战争的。一切反革命战争都是非正义的，一切革命战争都是正义的”。“革命战争”是“革命的阶级战争和革命的民族战争”。[⑤]

马克思主义正义战争理论显然是先进的和独树一帜的。然而在正义战争理论领域中，早在中世纪及之前就曾出现过两位重要理论者，一位是死

① 朱梅生主编：《军事思想概论》，国防大学出版社 1997 年版，第 14 页。

② 毛泽东：《中国革命战争的战略问题》，《毛泽东选集（第一卷）》，人民出版社 1951 年版，第 158 页。

③ 中国人民解放军军事科学院：《列宁军事文集》，战士出版社 1981 年版，第 454 页。

④ ［英］托马斯·莫尔著，戴镏龄译：《乌托邦》，商务印书馆 1959 年版，第 56 页。

⑤ 毛泽东：《中国革命战争的战略问题》，《毛泽东选集（第一卷）》，人民出版社 1951 年版，第 155、158 页。

后被尊为“圣人”的古罗马时代的奥古斯丁（天主教译作“圣奥古斯丁”），另一位是几百年后承其学说的中世纪天主教重要政治思想家和经院哲学大师托马斯·阿奎那。他们认为，要使一场战争成为正义战争，必须有三个条件：第一是有权宣战的统治者的权威，一个私人不得宣战，因为他可以求助于一个长辈的裁判来保卫他的权利。奥古斯丁在他的著作《反儆幸》第二十三章第七十三节中说：“应该加以和平处理的人们的自然秩序，要求把宣战的权力和决定交由统治者掌握。”第二是需要一个有充分根据的理由。奥古斯丁说：当一个民族或一个国家由于不能赔偿所造成的损害或不能归还非法占有的东西而应当受到惩罚时，那些为某种损害复仇的战争一般叫做正义的战争。第三是在交战者的方面要有一个正当的目的，或者是为了达到某种好的目标或者是为了避免某种祸害。奥古斯丁在《论天主的话》一书中说：“如果战争不是为了贪婪或出于残暴，而是从抑恶助善的和平愿望出发而掀起的，那么对于上帝的真正的信徒来说，即使是战争也是和平的。”相反，如果目的居心叵测，则战争是非正义的。奥古斯丁在《反儆幸》第七十四章中说：“损人的欲望，仇杀的残暴，冷酷而毫不容情的精神，胜利后的趾高气扬，对于权力的觊觎，凡此种种，在战争中都是理应加以谴责的。”①

在当代，正义战争理论还有一个重要人物就是美国著名政治哲学家迈克尔·沃尔泽，他在《正义与非正义战争》中集中探讨了正义战争问题，这在本书绪论部分已做介绍。他的核心观点认为，战争始终是“一种有目的的、经过深思熟虑的、有人应为其结果负责的人类活动”，人们事实上总是在对战争和战争中的行为进行道德判断。② 他认为“战争总是受到两次判断：一次是关于国家开战的理由；另一次是关于战争中使用的手段”，“开战正义要求我们对侵略和自卫做出判断；作战正义则要确定行为是遵

① ［意］阿奎那著，马清槐译：《阿奎那政治著作选》，商务印书馆 2011 年版，第 139—140 页。

② ［美］迈克尔·沃尔泽著，任辉献译：《正义与非正义战争：通过历史实例的道德论证》，江苏人民出版社 2008 年版，“译者的话”，第 4—5 页。

守还是违反交战的习惯规则或成文法”。[①] 沃尔泽还引用昆西·赖特的话说，战争是一种“平等地允许两个或者更多的集团使用武装力量进行争斗的法律状态”[②]，并强调：“对于我们的主题更重要的是，战争也是一种道德状态，它同样允许使用暴力，不过不是在主权国家的层面上，而是在军队和军人个人的层面上。”[③]

奥古斯丁和托马斯·阿奎那的正义战争观点，实际上披着宗教的外衣，最后又归于宗教，是以维护封建剥削关系和僧侣及世俗的封建统治为目的的，在一定程度上为正义战争的分析提供了有益的参考。马克思主义正义战争观与沃尔泽的正义战争理论都对历史营养予以了充分吸纳，因而二者既存在一些相通之处，又有明显的区别。一是产生背景不同。马克思主义正义战争理论是在世界格局出现大动荡、大分化、大组合，民族解放独立运动浪潮风起云涌、方兴未艾的背景下酝酿、产生与发展的，是站在人类时代发展制高点上的审视，具有鲜明的时代特征。而沃尔泽的正义战争理论与其成长经历和成年实践活动有关，如其所说，“很大程度上是越南战争和我在反战运动中的亲身经验的产物”，[④] 故强调无论何种战争都是战争的“道德现实”，因而是对冷漠的现实主义的抨击和人性道德的唤归与呵护，具有切身感和常态性。二是主题精神不同。前者主旨宏远，强调的是对人类平等、和平、自由的追求。正如习近平总书记2015年9月3日在纪念中国人民抗日战争暨世界反法西斯战争胜利70周年大会上所言，“相互尊重、平等相处、和平发展、共同繁荣，才是人间正道”。[⑤] 而后者更具微观性，强调战争中对道德、法律和人权的尊重。三是立场侧重点不同。前者强调的是历史的、民族的、无产阶级大众的立场，而后者虽没有

---

① ［美］迈克尔·沃尔泽著，任辉献译：《正义与非正义战争：通过历史实例的道德论证》，江苏人民出版社2008年版，第24页。

② Quincy Wright，“A Study of War”（Chicago，1942），I，8.

③ ［美］迈克尔·沃尔泽著，任辉献译：《正义与非正义战争：通过历史实例的道德论证》，江苏人民出版社2008年版，第47页。

④ ［美］迈克尔·沃尔泽著，任辉献译：《正义与非正义战争：通过历史实例的道德论证》，江苏人民出版社2008年版，中文版序言，第1页。

⑤ 习近平：《在纪念中国人民抗日战争暨世界反法西斯战争胜利70周年大会上的讲话》，《人民日报》，2015年9月4日第2版。

特别说明，但强调国家主权、人类道德、法律应受尊重。

当然，马克思主义正义战争观与沃尔泽正义战争理论之间的区别不是对立性的，而是互补性的。后者是前者在新的历史形势下在微观层面、常态角度、实践环节的具体发展和有益补充。综合起来看，真正的正义战争具有很强的合法性，属于合法性战争。

其一，正义战争往往高擎时代精神火炬和国际社会认同大旗，具有坚实的理念价值基础。正义战争通常有四种情况：一是抗击外来进攻、侵略和奴役的自卫行为；二是保护其他国家免遭外来进攻、侵略和奴役的国际援助行为；三是保护平民免遭残暴政权的蹂躏；四是惩罚犯有侵略或残害罪行的行为者。① 当然，正义战争还有更为丰富的内涵和广阔的外延。

自卫战争其实是正义战争中的重要一种，具有鲜明的特征，一般是指国家为维护主权独立、国家统一、领土完整而进行的反抗外来侵略、压迫的战争。自卫战争一直以来天然地被认为是正义战争、合法性战争。马克思、恩格斯关于自卫战争的观点融注在对具体战争的论述中。马克思写道："在德国，战争被视为民族战争，因为这是防御性的战争。"② 恩格斯在 1891 年论及德国面临民族生死存亡的战争威胁时说："当德国受到东方和西方的侵犯时，任何防御手段都是正当的。"③ 毛泽东以中国的抗日战争为例说明，凡是为了民族解放而进行的反抗帝国主义侵略和压迫的民族战争，都是正义的进步的战争。他指出："我们今天的抗日战争不同于中国一切历史时期的战争，我们的战争是民族革命战争，是进步战争。"④ 这些论述论及的战争有一个共同的特点，就是自卫性的和防御性的，因此，自卫战争在绝大多数情况下是充满正义或道义的战争。其中的道理其实不难理解。一是自卫权是自然法则的内在规定，已成为人类普遍认可的理念。

---

① 潘兴明：《战争与现代国际社会——基于联合国应对战争路径的研究》，《外交评论》，2008 年第 4 期，第 90 页。

② ［德］马克思：《马克思致保尔·拉法格和劳拉·拉法格（1870 年）》，《马克思恩格斯全集（第 33 卷）》，人民出版社 1973 年版，第 133—134 页。

③ ［德］恩格斯：《恩格斯致奥古斯特·倍倍尔（1891 年）》，《马克思恩格斯全集（第 38 卷）》，人民出版社 1972 年版，第 172 页。

④ 毛泽东：《抗战十五个月的总结（1938 年）》，《毛泽东军事文集（第 2 卷）》，军事科学出版社、中央文献出版社 1993 年版，第 377 页。

"自卫战争是保全自我生存的手段，是符合自然法的战略选择。"[①] 自然法的原则告诉我们，凡生物都有生存的最基本权利，而生物要生存就必须保全其生命和维护必要的生存条件，对任何威胁或侵害其生存及必要条件的行为，它有权进行自我防卫以自保。由此推而广之，包括国家在内的人类社会也有正当的自卫权，"反抗实际进攻的自卫权应被认为是无论个人或国家的自然权利"[②]。因此，自卫权是主权国家固有的"自然权利"，为此而发动的战争是正当合理的。托马斯·阿奎那认为，自然法箴规的条理与我们自然倾向的条理相一致。这是因为在我们人的身上总存在着一种与一切实体共有的趋吉向善的自然而自发的倾向；只要实体按照它的本性力求自存，情况就是如此。"自然法包含着一切有利于保全人类生命的东西，也包含着一切反对其毁灭的东西。"[③] 二是自卫战争强调保持已有的法权，并被写入国际法条款，受到相应的保护。在国家道义主义者的眼里，一个国家和人民的自主权是国际政治中的最基本的价值，在众多的行为规则中不干涉别国领土主权是最重要的原则，"干涉行为基本上是不正当的，只有捍卫国家领土主权或者抵制外来侵略的战争才是正当的"。[④]《联合国宪章》就是历经两次给人类造成无穷浩劫的世界大战后对国家权力滥用及诉诸武力的现实危害深刻反思的结果。然而，问题总不是绝对的。绝对放弃武力的和平主义未必能带来和平，因为批判的武器不能取代武器的批判。所以宪章对武力的使用并没有绝对地禁止，其第 51 条规定："联合国任何会员国受到武力攻击时，在安理会采取必要的办法以维持国际和平及安全以前，本宪章不得认为禁止行使单独或集体自卫之自然权利。"因此，武力的合法使用仅限于行使自卫权和联合国授权两种情况。可见，自卫战争是受国际法所保护的。三是"自卫战争是为了维护现状的战争，现状往往

---

① 郭树勇：《大国成长的逻辑：西方大国崛起的国际政治社会学分析》，北京大学出版社 2006 年版，第 83 页。

② ［英］劳特派特修订，王铁崖、陈体强译：《奥本海国际法（下卷第一分册）》，商务印书馆 1989 年版，第 110 页。

③ ［意］阿奎那著，马清槐译：《阿奎那政治著作选》，商务印书馆 2011 年版，第 115 页。

④ ［美］小约瑟夫·奈著，张小明译：《理解国际冲突：理论与历史（第五版）》，上海人民出版社 2005 年版，第 191 页。

比动荡更符合大众的社会心理”[①]。存在未必合理，但存在却是现实，特别是自卫战争所维护的现状一般先入为主地被人们所接纳和承认。因此，任何想改变现实的做法，往往被视为“不安分”，而维护现状的做法被多数人认为是正当的。当然，自卫战争的合法性也是相对的。关键是当自卫战争所护卫的内容不具备正义性和合法性时，它将徒有形式，合法性也不成立。

反映一个时代本质的时代战争是另一种重要的正义战争。历史上诸如促进社会发展进步、争取民族独立、反抗殖民统治等各类战争都是正义的时代战争，对其应予以客观公正的评价。比如，1635 年，法国参加了“三十年战争”，“这是对抗哈布斯堡王朝与神圣罗马帝国为主导的天主教联盟的全欧性战争，是一场反映时代要求的合法性战争”。十七世纪初，德意志境内出现了新教联盟与天主教联盟两大对立的政治军事宗教集团。新教联盟代表了新兴资产阶级的阶级利益，代表了宗教信仰自由，也代表了民族国家兴起反对神圣罗马皇帝大一统霸权的利益，因此，法国支持新教联盟的战争有利于欧洲新兴社会力量的兴起，有利于打破神权对各诸侯领地的专制统治，是反映时代本质要求的战争。[②] 然而，须谨记的是，时代战争往往萌发于国际秩序和社会发展裂变、狂飙之际，常常由新生的时代精神所引领，当时代由大变革大动荡进入平和安治之后，它将转化为稳定的常态正义战争。因此，正义战争中的时代战争虽极具合法性，但这条标准却不可滥用，只可适用于特殊的时期。对此，郭树勇教授指出：时代战争的界定需要慎之又慎。如果用之不当，就会变为世界历史上的宗教战争或信仰战争，重现“为了目的，而不择手段式”的国际政治哲学。[③]

可见，无论何种形式的正义战争，其蕴含的指导理念特别是当今的尊重国家主权和人权原则，已经广为人们接受，并直接规范和指导了现代国

---

① 郭树勇：《大国成长的逻辑：西方大国崛起的国际政治社会学分析》，北京大学出版社 2006 年版，第 83 页。

② 郭树勇：《大国成长的逻辑：西方大国崛起的国际政治社会学分析》，北京大学出版社 2006 年版，第 106、108 页。

③ 郭树勇：《大国成长的逻辑：西方大国崛起的国际政治社会学分析》，北京大学出版社 2006 年版，第 82 页。

际法和有关国际规章和条约、协定的制定，如《联合国宪章》《海牙公约》《日内瓦公约》等。

其二，正义战争尊重既有的合理的国际组织决定和国际法规，具有较强的国际规制基础。用既有的国际规制衡量，不同形式的正义战争往往合法性得分不一。狂飙猛进的时代，以时代战争面目出现的正义战争合法性得分不见得高，一些旧的国际规制正是其扫除、革新的对象；而处于平和安治时期，正义战争合法性得分一般较高，原因是其中规中矩，不仅要做到开战正义，而且强调交战正义，正义战争与本文后面所论及的依法战争越来越趋同。

其三，正义战争最终会得到国际社会的普遍承认与支持，具有良好的协商赞同基础。“道德冷漠的危险要远甚于对财富和权力的贪婪的危险。”① 正义战争高举的是道义的旗帜，获得的是国际社会的有力支持。正义必胜之所以能成为现实，关键是人民必胜，是正义能得到国际社会对战争的普遍认同与支持，而这种认同与支持并不是在一开始就能达成。历史上，中国人民抗日战争，“是正义和邪恶、光明和黑暗、进步和反动的大决战”，以巨大民族牺牲支撑起了世界反法西斯战争的东方主战场，彻底粉碎了日本军国主义殖民奴役中国的图谋，为世界反法西斯战争胜利作出了重大贡献。② 但是，在长达 14 年的正义战争中，中国人民抗战最初面对的却是一些国家采取中立、对日不制裁的态度，直到后来国际社会逐渐认清了日本的政治野心，彻底转变到支持中国的正义立场上来，中国才得到世界的广泛支持。

总之，正义战争是较偏重强调理念价值维度的合法性战争，最终会得到国际社会的认可和支持，正义的种子在人们内心虽会被暂时埋藏，但绝不会窒息，终究会生根发芽，迸发出势不可挡的磅礴力量。

---

① ［美］迈克尔·沃尔泽著，任辉献译：《正义与非正义战争：通过历史实例的道德论证》，江苏人民出版社 2008 年版，英文第三版序言，第 22 页。

② 习近平：《在纪念中国人民抗日战争暨世界反法西斯战争胜利 70 周年大会上的讲话》，《人民日报》，2015 年 9 月 4 日第 2 版。

二、规制维度的偏重：依法战争

依法战争，简而言之，就是依据国际法规则进行的战争。“国际法可以被看做是对世界政治中的国家及其他行为体在它们彼此交往中具有约束力和法律地位的一组规则。”① 故而依法战争实质就是依据既有的国际法规定、国际规程及其精神进行旨在维护国际秩序、实现国家及其集团诉求的战争。其核心在于遵循而不是突破现有的法律框架，是战争中更偏重规制维度的类型。如果说正义战争中的时代战争是合法性战争的“最高形式”，那么，依法战争就是合法性战争的“经常形式”。时代战争，往往以摧枯拉朽之势荡涤不合理法律秩序，重塑国际社会上层建筑，体现国际社会新公意，展示时代新精神；而依法战争，总的来说，“则维护以往时代战争结束后形成的公意和秩序”②。所以，实际上依法战争与时代战争常常是交替出现的。面对一般的、秩序内的对抗性矛盾时，依法战争完全足以将其及时“有序泄洪”，可是当这种不可调和的矛盾已经是结构性的，且积累得足够猛烈，以至于冲击和动摇国际社会既有秩序时，“天崩地裂”的时代战争将取代“有序泄洪”的依法战争，蕴含时代精神的新秩序将在旧秩序的崩溃中浴火而生，随后，依法战争又将继之复始。时代战争实际上是时代转换之际的“剧烈放电”，之所以会发生，关键是既有的国际法规秩序已容纳不下新生的国际意志和力量，“青山挡不住，毕竟东流去”是其必然结果。对此，劳特派特修订的《奥本海国际法》道出了真谛：

> 在没有一个国际立法机关的情形下，战争曾执行着使法律适应已改变的情况的职能。而且，除了给国际组织的缺陷提供一种粗糙的代替物外，战争曾被认为是一种法律所许可用以攻击和改变国家现有权

---

① ［英］赫德利·布尔著，张小明译：《无政府社会——世界政治秩序研究》，世界知识出版社 2003 年版，第 101 页。

② 郭树勇：《大国成长的逻辑：西方大国崛起的国际政治社会学分析》，北京大学出版社 2006 年版，第 81—83 页。

利的工具。[1]

尤其是，由于“国际法本身有许多的缺陷，这些缺陷在国际格局发生重大变化的转折时代，往往以扩大的形式暴露在各主权国家面前”，因此，在国际社会大转折、大分化、大调整时代，国际法面临的挑战也最大。[2]仍然可以认为的是，在绝大多数时期依据国际法和规程进行战争具有起码的合法性。特别值得注意的是，随着国际形势的发展，世界应对战争的路径出现了新变化，为依法战争的合法性提升拓展了更为宽广的空间。学者潘兴明教授对这一趋势进行了探讨，指出其主要体现在以《联合国宪章》为法律框架，结合相关的国际条约和协定，将战争纳入法制化、官僚化的轨道。[3] 这一概述具有一定的客观性和启发性。

一方面，战争趋向法制化。以《联合国宪章》为法律框架的对战争进行约束和规范的国际规约和制度日益丰富和完备。它主要体现在三个方面：

首先，发动战争必须具有合法性。《联合国宪章》第 1 条第 1 款就明确指出，要采取有效的集体办法和国际法原则应对国际争端和对和平的威胁，以维持国际和平及安全。而对于战争，联合国反对破坏和平的战争，倡导以国际法和有关条约、协定所确立的法律、惯例和准则进行规范，从而超越了单纯从国际行为单元——国家自助出发解决争端的单元层次，进入到依据法制协调国际社会单元行为的国际体系层次，这是国际社会成长质的飞跃。然而，联合国对战争并没有禁止，而是设置“门槛”，确立了发动战争的若干个合法性前提：一是使用武力的目的必须是维护国际和平与安全，或者恢复正常的国际秩序；二是使用武力必须得到联合国等国际组织基于国际法和有关条约、协定所确立的法律、惯例和准则的授权；三

---

① ［英］劳特派特修订，王铁崖、陈体强译：《奥本海国际法（下卷第一分册）》，商务印书馆 1989 年版，第 129 页。

② 郭树勇：《大国成长的逻辑：西方大国崛起的国际政治社会学分析》，北京大学出版社 2006 年版，第 82 页。

③ 潘兴明：《战争与现代国际社会——基于联合国应对战争路径的研究》，《外交评论》，2008 年第 4 期。

是在受到武力攻击而联合国安理会尚未采取必要办法时，可以实行单独或集体自卫；四是使用武力的唯一合法行为者是国家。“国家是国际法中的权利和义务的载体，唯独它们才享有使用武力以确保国际法具有效力的权利”。[①]

其次，战争中必须遵守国际法。战争状态并非法律真空，必须遵守法律底线。一旦出现诸如滥杀无辜、虐待俘虏、任意处置敌方公私财产、使用禁用武器等违法行为，将受到国际社会谴责和国际法的惩罚。比如，交战时彼此双方应如何对待俘虏、对方参战人员伤者和尸体的问题，数世纪来一直困扰着各国，直到 1863 年在日内瓦召开了一个国际会议，与会的几乎所有欧洲国家的共 36 名代表深入讨论了这个问题。1864 年在瑞士联邦委员会的协调下，与会的 12 个欧美国家签订了一个改善战地武装部队伤者、病者、死者境遇公约，即通常所称的《日内瓦公约》。这个公约在后来战争现实的检验推动下不断修订完善，形成了 1906 年、1929 年、1949 年等日益成熟的版本，而且加入该公约的国家也不断增多，真正成为了国际公约。[②]《日内瓦公约》从 1864 年甚至更早的萌创到 1949 年直至今天的发展历程告诉我们，依法而战势不可违，否则就要付出惨痛代价。1999 年爆发了科索沃战争，其合法性至今令人争论不休，但有一条需要强调的是，塞族武装领导人被控在更早些年的前南斯拉夫地区的武装冲突中犯下了“屠杀无辜、种族清洗”等罪刑，受到联合国前南问题国际刑事法庭的通缉、逮捕和审判。[③] 不仅如此，在伊拉克战争中，充当“世界警察”的美国军队出现了虐待战俘事件，在世界范围内迅速引发轩然大波，在舆论的巨大压力下美国不得不接受联合国禁止酷刑委员会对其履行《联合国反酷刑公约》情况的审查。其中参与虐囚的美军人员最终也受到了军事法庭的审判。可见，在日益透明、民主的国际环境下，战争双方无论强者还是

① ［英］赫德利·布尔著，张小明译：《无政府社会——世界政治秩序研究》，世界知识出版社 2003 年版，第 55 页。

② ［英］劳特派特修订，王铁崖、陈体强译：《奥本海国际法（下卷第一分册）》，商务印书馆 1989 年版，第 259—294 页。

③ 潘兴明：《战争与现代国际社会——基于联合国应对战争路径的研究》，《外交评论》，2008 年第 4 期，第 92 页。

弱者，如若无视国际法而我行我素，必将导致自吞苦果的结局。

再次，重视法治制度建设。二战以来，以联合国为核心的国际体系和以《联合国宪章》等国际法为基础的维护和平的制度，在面对新的形势和挑战中得到不断完善和发展。联合国最主要的机构是安理会，它负有维持国际和平与安全的责任，是唯一有权采取相关行动的联合国机构，能代表联合国各成员国行使“维持国际和平及安全之主要责任”。另一个重要机构是国际法院，它主要负责对各国提交的争端依据国际法规做出判决，或对联合国其他机构提供法律咨询意见。但是由于国际法院是民事法院，只受理主权国家之间的争端，没有刑事管辖权，不能审判个人行为，这就形成职能上的缺陷。为此，联合国依据《罗马规约》，也即 1998 年外交全权代表会议通过的《国际刑事法院规约》，于 2002 年 7 月 1 日成立国际刑事法院。国际刑事法院负责审理国家、检举人和联合国安理会委托它审理的案件，有权对战争罪、侵略罪、种族灭绝罪和反人类罪进行审判，但是只追究个人的刑事责任，而且在各国所属法院不能自主审理的情况下才可介入。联合国根据需要还可设立审理特定法律事务的特别法庭，如联合国前南问题国际刑事法庭。这些改革、完善还表现在一些与联合国建立工作关系的独立组织也成为国际法治制度建设的有机组成。比如，2000 年由时任联合国秘书长安南委托加拿大政府组建的“干预和国家主权国际委员会”，其向联合国提交的报告《保护的责任》为了确定“人道干预的权利”，强调主权不仅给予一个国家掌控各类事务的权利，更赋予该国保护其境内人民的主要责任；提出了新的规范，即当一个国家不能保护其人民时，此责任则转移到更为广泛的国际社会，“不可干涉内政原则让渡于国际保护责任”；更为重要的是还明确了国际干预的两项前提，即发生“大规模丧失生命”和“大规模种族清洗”，以及正当使用武力的四条基本标准，即“正当的目的”“万不得已的办法”“相称的手段”“合理预期”，以及必经的程序，即安理会授权。[①] 显然，这些法规的成长与丰富，为约束和规范战争提供了较为精确的依据或者是方向性的思考。

---

① 潘兴明：《战争与现代国际社会——基于联合国应对战争路径的研究》，《外交评论》，2008 年第 4 期，第 93 页。

另一方面，战争趋向官僚化。所谓战争的官僚化，“是指战争事务的处理由官僚掌控，官僚用处理其他行政事务的方式来应对战争”。[①] 官僚化既体现在国际政治的体系层次上，也体现在国家单元层次上。韦伯在阐述现代官僚制时认为，现代官僚制由于其明确的技术化、理性化和非人格化而表现出它的合理性。在他看来，官僚制具有确定的胜任范围、确定的职责和由专业人士构成三大特征。[②] 玛莎·芬尼莫尔在《干涉的目的》一书中指出，国家间武力的使用不断受到韦伯式理性—合法权威结构，特别是合法的理解与国际组织规则或规范的影响。随着国际法的结构变得越来越稠密，秩序的这种合法化过程在二十世纪就愈发强大。在二十世纪下半叶，不但国际秩序成为一个法律秩序，而且国际科层组织（理性—合法权威）也成为授权国家行动的机构。[③] 因此，1991 年海湾战争中美国在击溃入侵科威特的伊拉克时，就十分关注其武力使用是否在联合国授权范围之内。对此，美国著名的外交家、国际问题专家、被誉为“美国政坛常青树”的基辛格写道：

> 布什在第一次海湾战争中通过联合国组建了自愿者联盟，击退了伊拉克对科威特的侵略。这是朝鲜战争以来大国首次采取联合行动。一旦达到了联合国决议中的授权界限，他就停止了军事行动（也许曾任美国驻联合国代表的他想吸取麦克阿瑟将军的教训，不愿意重蹈麦克阿瑟仁川大捷后决定跨过南北朝鲜分界线的覆辙）。[④]

显然，相比老布什，他的儿子、美国前总统小布什在第二次海湾战争

---

① 潘兴明：《战争与现代国际社会——基于联合国应对战争路径的研究》，《外交评论》，2008 年第 4 期，第 94 页。

② Max Weber, From Max Weber: Essays in Sociology, H. H. Gerth and C. Wright Mills, eds., London: Routledge, 1977, p. 196ff.

③ Martha Finnemore, “The Purpose of Intervention: Changing Beliefs about the Use of Force”, Ithaca, NY: Cornell University Press, 2003, pp. 21 – 22.［美］玛莎·芬尼莫尔著，袁正清、李欣译：《干涉的目的：武力使用信念的变化》，上海人民出版社 2009 年版，第 19 页。

④［美］亨利·基辛格著，胡利平、林华、曹爱菊等译：《世界秩序》，中信出版集团 2015 年版，第 412 页。

中就显得不够理性，结果，这场持续了近十年之久的战争，让伊拉克几乎成为美国遭遇陨落的“帝国坟场”。究其原因，表面上看，是因为美国过高地将自己当成单极世界的“主宰”，产生了自己在实力上已经没有堪与匹敌的世界大国制约的错觉，加之阿富汗战场的节节胜利，使其自认为可以为所欲为。而实际上，是因为以小布什为代表的美国在战争中，从内心到行动上对日益发展的国际社会、国际理念价值及国际法制缺乏足够的敬畏，对国际理念价值以及趋于官僚化的国际法制缺乏应有的尊重。

官僚化的中心环节是一切以规定的程式按法律、规则和规范办事，秉承的要旨是正确性、可预见性和专业性。正确性，是指事务处理运作上的无差错和无风险。二战以后，无论是事实教训还是《联合国宪章》规定，都告诉人们要以和平方式解决国际争端或冲突，轻启战端是非法的，而且战争是一项高风险的事务，应予以规避。这样一来，各国对战争的使用异常谨慎，防止不慎将其物化为麻烦和风险。那种“师出无名”“明火执杖”的战争几乎绝迹。可预见性，即国家越来越对自己的战争行为负责，一般都预见到战争行为及其后果的特性。当然，我们必须承认，战争是最充满不确定性的领域，国家很难预测战争。即使是当下实力异常强大、就眼前对战争能稳操胜券的国家也难料未来，一场战争拖垮一个大国的剧目在历史舞台曾不断上演。因此，官僚机构往往依据国际组织和国际法的规则，不断预测和排除风险，让战争机器向着依法方向运转，这是官僚机构的职责。故而，对一些违反战争相关法规问题的有关部门予以追究责任，而不像过去那样，战争纯粹沦为政治甚至是极端政治者追逐权力的工具。专业性，“是指参加军事行动的人员和战争决策过程的专业性”。[①] 在大多数国家中，军人已经成为一种职业选择，参加战争就是在履行职责。

通过以上对战争所处国际国内环境变化的分析，我们似乎可以得出结论：真正的依法战争应该具有十分充足或比较充足的合法性。然而，现实并非完全如此，有两种因素对依法战争应具有的合法性产生消解。

第一，依法战争中可能存在的过度的工具理性，将会削弱其合法性的

① 潘兴明：《战争与现代国际社会——基于联合国应对战争路径的研究》，《外交评论》，2008 年第 4 期，第 95 页。

基础。工具理性是相对价值理性而言的，理性选择需要知道效用。价值理性遵循的是“适当性逻辑”，以社会结构——行为和社会制度的规范——为驱动力，由社会结构的规范和规则控制所要考虑和采取的行动，它更忠诚于规范、规则和惯例中蕴含的价值。工具理性遵循的是“推论逻辑”，以行为者为驱动力，由预先指定的行为体或行动者对手段—目的进行计算，按照成本—收益进行评估，设计出效用最大化的战略，它更偏向于用规范、规则和惯例掩盖对国家利益和权力的追逐。规范、规则和惯例是这一过程的部分产物，它们将服务于强大的行为体利益。如果强大的行为体不能生存，规范、规则和惯例也不长久。比较而言，“适当性逻辑是从不同的行为体中预测系统的行为，因为规则和规范可以对不同的行为体提出同样的行为要求。推论逻辑是从不同的行为体中预测不同的行为，因为不同效用功能和能力的行为体的行为是不同的”。但两种逻辑密切相联。“社会结构创造了行为体，并赋予行为体权力。行为体可以出于它们自身的理由去推翻结构。”①

基于以上认识，我们再来审视国际法规则为何在很大程度上被遵守。国家遵守国际法并不是完全的表面的虚伪，也并非完全出于无奈之举，其“部分原因在于习惯或者惰性，它们总是愿意在既定原则的框架内行动”②，还有部分原因在于国际法与国家有利益、道义上的重合点。赫德利·布尔在引述格奥尔格·施瓦岑贝格的理论时说，如果国家有目的地或有意识地服从国际法的话，那么常出于三个方面的动机：一是国际法规则所规定的行为被认为是很有意义的、必须执行的或有义务执行的，它是某个更为广泛的价值观念体系的一部分，或是实践这一价值观念的手段，基于这种原因被遵守的规则有时被称为“国际共同体法”；二是由于受到某个试图执行协议的大国之惩罚或惩罚威胁，比如战败国接受和约并且在自己的实力

① “适当性逻辑”“推论逻辑”是由马奇和奥尔森提出的，玛莎·芬尼莫尔也进行了深刻的论述。参见 James G. March and Johan P. Olson, “Rediscovering Institutions: Organization Basis of Politics”, New York: Free Press, 1989, chap. 2; Martha Finnemore, “National Interests in International Society”, NY: Cornell University Press, 1996, chap. 1。

② ［英］赫德利·布尔著，张小明译：《无政府社会——世界政治秩序研究》，世界知识出版社 2003 年版，第 111 页。

处于虚弱状态时不否定战争的裁决，这种情况下被执行的规则有时被称为“国际权力法”；三是希望其他国家采取对等的行为，如坚守诺言以及战争法规等，基于此种相互利益观念的协议和原则有时被称为“国际互惠法”。[①] 显然，以上动机中，第一条更多地表现出价值理性，其合法性基础牢固，而后两条则更多地反映出工具理性，合法性就显得稍有缺乏。

第二，国际法存在的相对滞后性，也使得依法战争的合法性受到削弱。如前所说，国际法在新的形势推动下不断得到发展和完善，但仍然需要克服其内在的局限性。比如，关于反对预防性战争问题的界定就比较模糊，为一些面临迫在眉睫的现实威胁的国家的反侵略造成了致命的被动；国际法规定主权国家对合法使用国际暴力的垄断权，这一规定显然面临两个挑战：一个是非国家的政治集团采取了所谓的“低级的”或“恐怖主义的”国际暴力行动，再一个是一些国际组织认为自己具有使用暴力的权力。

可见，依法战争所处的客观现实是，从可行性来说，国际法规的滞后性使得国家很难做到完全“依法”，即使做到了也未必“合法”；从战争的内在规律看，当胜利的需要十分强烈时，急功近利往往压倒国际法规则给予人们的内心忠告，特别是当一方陷于绝境时，为了眼前的生存它可能不顾一切；从国家对国际法的态度看，工具理性常常占上风，大多外借“依法战争”之名，内行国家利益之实。我们应该在一定程度上理解国家的这种做法，因为国际法实际上是国际政治体系层次的建构，其下才是国家等行为体的单元层次，而国家最直接的行为准则是维护国家利益。当面对既受到义务和责任观念的控制，又受到自利和获利观念的约束时，不同身份的国家（如世界大国、地区大国与小国）在不同时机（如战争中面临胜利、被动或失败）必然会做出不同的选择。把维护国家利益放在首先和根本的位置，可能是所有国家的共同选择，然而它们又始终声称自己是“依法而战”，其宣战书中最强有力的借口就是发动战争是“为了维护国际法（或国际条约）的尊严”。对于这一矛盾现象，布尔指出：“国际法的重要

---

① ［英］赫德利·布尔著，张小明译：《无政府社会——世界政治秩序研究》，世界知识出版社 2003 年版，第 111 页。格奥尔格·施瓦岑贝格关于这三个方面的论述，参见 Georg Schwarzenberger，“The Frontiers of International Law”，London：Steven & Son，1962，chap. 1。

性并不依赖于国家以牺牲自己的利益为代价来遵守国际法原则，而在于国家经常从自己的利益考虑出发来看待和服从国际法。”由此思之，不禁释然。国际法其实并不是高高矗立、不可触碰的电网，而是国家利益间被挤压得有些变形的缓冲分界线，虽然时常会被暂时逾越，但每当此时它就会发出警示：立即止步，否则离界太远，注定会付出代价！“正如美国2003年所发现的，它会影响国家的软实力。”当时，尽管联合国否决美国对伊拉克第二次动武提议的决议没能阻止美国一意孤行发动战争的脚步，但是它限制了美国所能得到的支持，并且使得这场战争及其后果的代价更高。[①] 所以，各国在战争或武力运用问题上，应该多做国际法治的倡导者和维护者，积极遵信守诺，不搞例外主义和双重标准，当然，也不能以一己之利歪曲国际法，借着法治名义，侵害他国正当权益、危害国际和平稳定。正如习近平在联合国成立75周年纪念峰会上指出的：

> 联合国宪章宗旨和原则是处理国际关系的根本遵循，也是国际秩序稳定的重要基石，必须毫不动摇加以维护。各国关系和利益只能以制度和规则加以协调，不能谁的拳头大就听谁的。[②]

综而思之，一个国家或其他行为体“之所以拿一项原则、法律或者国际条约作为发动战争的借口，是因为那个借口本身具有力量”，“具有国际政治文化建构出来的强大软实力”。[③] 因此，如果国家或其他行为体给战争穿上的“国际法衣裳”，能合体、合神、合时，而非“衣不蔽体”、神形异离或“季节”（时代）错乱，我们还能对其合法性过于苛求与指责吗？

---

① ［美］小约瑟夫·奈著，张小明译：《理解国际冲突：理论与历史（第五版）》，上海人民出版社2005年版，第207页。

② 习近平：《在联合国成立75周年纪念峰会上的讲话》，《人民日报》，2020年9月22日第2版。

③ 郭树勇：《大国成长的逻辑：西方大国崛起的国际政治社会学分析》，北京大学出版社2006年版，第82—83页。

三、赞同维度的偏重：多边战争

第三章的“协商赞同基础”一节以历史数据比较的方法分析了战争多边主义的兴起及其原因，阐述了多边主义行动相对于单边主义的合法性优势，提出随着社会观念的变迁，人们认为多边主义更具合法性。当然，前面的论述主要还是从广义上说的，而这里想侧重于狭义角度予以探讨。对于多边战争，国内学者已较早地提出了这一概念，并对其做了较深入的探讨，[①] 下面将在此基础上展开。

所谓多边战争，亦称多边国际战争，“是人类进入现代之后国际关系舞台出现的一种独特的战争类型”，主要指国际社会中以主要动员国家为首、由三个或三个以上国家参与组成的多国部队，以“合法”名义旨在打败有违“国际游戏规则”或“国际社会整体利益”的个别国家的国际战争，多边国家方通常有一个或两个主导国，而个别国家则是“落单国”。[②]“战争是政治单位所进行的、相互间的有组织的暴力行为”[③]，其目的在于彼此制服并由战胜国对他方强加以它的要求为主导的和平条件[④]。根据交战双方所参与的国家多少，一般有以下几种情况：其一，双方都是一个国家的战争；其二，一方是两个国家，另一方为一个或两个国家的战争；其三，一方是三个以上国家，而另一方是一个国家的多边战争；其四，一方是三个以上国家，另一方是两个以上国家的复合多边战争。复合多边战争的合法性分析相对复杂些，一般可视为多边战争效应的合成或叠加。以上

---

① 关于多边战争的具体论述，可参见郭树勇：《大国成长的逻辑：西方大国崛起的国际政治社会学分析》，北京大学出版社2006年版，第83—85页。

② 郭树勇：《大国成长的逻辑：西方大国崛起的国际政治社会学分析》，北京大学出版社2006年版，第83—84页。

③ ［英］赫德利·布尔著，张小明译：《无政府社会——世界政治秩序研究》，世界知识出版社2003年版，第147页。

④ 本引文的原文是：“其目的在于彼此制服并由战胜国对他方强加以它所任意要求的和平条件”，引用时删除了“任意”二字，并稍作修改，因为随着社会发展，在联合国等国际组织或中立国家的斡旋下，最后的和平条件可能是双方妥协的结果，而不单纯是战胜国的“任意要求”。参见［英］劳特派特修订，王铁崖、陈体强译：《奥本海国际法（下卷第一分册）》，商务印书馆1989年版，第145页。

第三种和第四种情况合二为一就是广义的多边战争。第三种情况即这里要讨论的狭义的多边战争。

从国际政治社会学角度来看，多边战争是人类社会发展进入民族国家体系时代，国际社会形成趋于更加丰富与深刻变化的历史背景下，才可能出现的有组织的暴力活动。具体地说，多边战争一般具有以下特点：第一，战争一方由国际体系或次体系内三个或三个以上以主要大国为首的国家参加，这些国家特别是主导国往往在当时历史时期是世界或地区政治社会舞台上综合国力或影响力居于前列的国家。比如，2001 年阿富汗战争中多边方的主要参战国家就有美国、英国、德国等世界性大国，吉尔吉斯斯坦、日本、韩国、菲律宾等国还为美军提供了后勤支援并在战后派遣军队驻扎阿富汗。第二，战争另一方往往是在国际社会上比较孤立的少数国家，虽是“落单国”，但未必是“落后国”，主要是一个兴起中的大国或有影响的地区强国，当然也不排除是政治上示强而经济上较弱的国家，不是强强联合的国家联盟。比如，第二次世界大战中，1941 年由中、美、英等国发动的针对日本的太平洋战争就是多边战争；而第一次世界大战中协约国与同盟国间的拼杀，就不是所探讨的狭义的多边战争。第三，战争不仅常常以多对少、以强对弱，更重要的是，以“替天行道”的姿态，明确地打着“国际道义”或某种为多数国家所接受、认同的意识形态或原则为旗帜。比如，1991 年的海湾战争就高举遵守《联合国宪章》和安理会决议、尊重与坚持国家主权原则、维护科威特国家主权和领土完整的大旗。根据主要大国是体系层次的还是区域层次的，多边战争可以分为体系性多边战争和区域性多边战争两种。多边战争带有明显的集体性、社会性，具有一定程度的合法性。

首先，多边战争一般高举义旗，尊重与维护国际社会认同的基本原则，具有一定的理念价值基础。多边战争，从数量上看，虽然是多对一的战争，而且有恃强凌弱之嫌，但它并不是“暴民的政治”，也非垂涎别国利益的“哄抢”，而是理性下的利益维护与争取。这里所说的“理性”的内涵之一是指，即使有战略物质利益要求，也要有国际道义、国际社会的价值认同做支撑，并以之作为召集与号令参战国家、吸引与说服世界的旗帜，否则就不能召唤伙伴、回应天下。特别是多边方的主导国，一般都是国际或区域大国，常以伸张国际正义、维护和建立合理的国际体系和国际秩序为己任，多有天下胸怀、长远担当，面对义与利的张力，往往更能表现出对私利的克制和对正义的追求，并接受盟国及世界的监督，在国际社会树立良好形象，赢得支持与赞誉。海湾战争是典型的多边战争，而伊拉克战争在内涵意义上还不能称为真正的多边战争，尽管它同样是以多对少。这是因为“海湾战争所维护的是联合国宪章的基本原则和联合国集体安全制度，海湾战争对国际政治体系现有秩序和稳定有着积极意义。而伊拉克战争则是对主权国家的公然侵犯，破坏的是联合国宪章的基本原则，并威胁了现存国际秩序的稳定”。[①] 伊拉克战争实际上是多边行动掩盖下的单边主义战争。

其次，多边战争通常循规守法，得到联合国等国际组织的授权，具有一定的国际规制基础。得到联合国的授权不一定是多边战争的必备状态，却应是经常状态，而且它将增强行动的合法性。“法律是权力斗争的组成部分。”安理会讨论战争问题，就会在危机时期增强集体的共同关注和国际社会的注意力，“促使人们的观点变得明确起来，增加武力侵略行为的代价”，从而起到“外交安全阀的作用”。[②] 因此，当今时代的多边战争更近乎是一场众目睽睽之下的联合依法治理，能不能开战？如何开战？往往经历正反辩论、反复权衡，因而富有更多理性。很大程度上，国家等行为体对长远利益的深入思考、清醒权衡，会冷却眼前诱惑带来的一时冲动。

再次，多边战争往往是基于说服与认同的结果，具有一定的协商赞同基础。孙子云：“兵者，国之大事也。死生之地，存亡之道，不可不察也。”[③] 战争事关国家生死存亡，任何国家都必须极其审慎而非草率地对待它。今天的世界，各国命运休戚与共，紧密相连，只有超越分歧，凝聚合力，共同应对各种全球性问题的挑战，才能加强和完善全球治理，推进人

---

① 张胜军：《全球结构冲突与美国霸权的合法性危机——解读伊拉克战争后的世界政治》，《美国研究》，2003 年第 3 期，第 31 页。

② ［美］小约瑟夫·奈著，张小明译：《理解国际冲突：理论与历史（第五版）》，上海人民出版社 2005 年版，第 203、207 页。

③ 孙武：《孙子兵法·计篇》，武汉出版社 1994 年版。

类命运共同体建设。[①] 当然，作为战争多边方的诸国，能走进同一个战壕，都有着各自的考量，甚至是不可回避的原因。具体视之，至少有以下几种情况：一是纯粹的自身战略利益的驱使，无利兴兵参战，通常是不可能的；二是既有自身利益考量，更有国际社会道义和责任驱使，特别是世界或地区大国，在维护国际正义与秩序、促进稳定与发展以及维护大国自身权威与发挥大国关键作用上，有着更大的焦虑和压力；三是作为主导国的同盟国，出于一种官僚义务和责任，表现出应有的合作与支持姿态。但无论是哪种情况，参战诸国间一定经过了认真说服并达成了共识。比如，在海湾战争前，联合国安理会的 12 次会议决议就是各成员国为避免战争、防备战争和被迫动武而达成的共识，而在会场外布什政府却为动武展开着频繁的外交活动。最终，在海湾战争爆发前，除美国外，共有 41 个国家 100 万军队集结在海湾地区和伊拉克北部边境，这表明多边方已经达成了一致共识。

然而，多边战争由于自身结构的局限性和力量的不对称性，导致其合法性在运行中会受到不同程度的削弱。

其一，自身结构的局限性影响合法性。多边战争的多边方诸国，从结构上看，理想的情况应是由来自国际社会中具有普遍代表性的国家联合组成的“正义阵线”，实际情况却通常是，由以主导国为首的若干国家组成的“自愿联盟”。这种自愿联盟，既可能是传统联盟中的部分国家，也可能是来自传统联盟外的国家，其本质是：为了完成特定的目的任务，以集体行动为前提，由主导国以及其他有能力和意愿与主导国站在一起的国家组成暂时性的联盟。[②] 因此，这种自愿联盟并不是社会全体利益和意志的自由代表的组合，特别是当它的军事行动未得到联合国等国际组织授权时，这就使得其作为国际社会的代表具有很大的局限性和欺骗性，甚至沦为主导国赚取合法性的工具，为其外交提供回旋的余地。理查德 · 哈斯将美国的外交分为四种：维护同盟关系、采取单边行动、重视国际组织和

① 谢鹏、宿亮：《坚持多边主义 顺应时代潮流》，新华社，2020 年 11 月 24 日。

② 崔磊：《自愿联盟与美国外交》，《世界经济与政治论坛》，2005 年第 2 期。

"与其他一些有能力和美国站在一起的国家组成暂时性的联盟"。[①] 最后一种所指即自愿联盟。美国在2003年的伊拉克战争中就充分暴露出了这种自愿联盟的合法性缺陷。伊拉克战争前夕，美国试图在安理会得到动武授权的提议遭法、俄、中反对后搁浅，2003年3月18日，美国国务卿鲍威尔无奈宣布有30个国家公开支持美国，加入了美国的自愿联盟，另有15个国家支持这个联盟，只是由于种种原因，不希望被点名。[②] 结果，这一绕开联合国的多边战争，开始似乎"师出有名"，随后却遭到了海湾战争、阿富汗战争以来前所未有的合法性危机，也激化了与欧洲盟国间的矛盾。[③] 可见，多边战争在没有得到联合国授权的情况下，尽量多地得到世界诸国的支持就成为主导国合法性的来源，极易反映主导国的意志，成为其实现自己政治和军事目标的工具。

其二，多边方内部力量的不对称性制约了合法性的维护。多边战争不是"联合维和"，各国对战争的发言权并不平等，实际上成了单极世界的缩影。一方面，小国因为是传统或临时联盟的成员国，所以容易被大国"绑架"，只能跟着走，充当增强战争合法性的摆设，极有可能在无意中成了大国的帮凶。另一方面，纵使非主导国想作为，也有可能遭到主导大国的排挤而难能作为。面对伊拉克战争合法性的崩溃，多边方的西班牙、菲律宾、哥斯达黎加等国宣布撤军，这在很大程度上足以显示出它们在挽救战争合法性上的无奈。

综而视之，说多边战争是一种合法性战争，主要是指在一定的相对性的范围内，它具有国际合法性，不仅体现了国际社会的基本理念价值，还遵循了国际规制，反映了国际社会的公意。然而，应该看到，它与其他几种合法性战争类型比较起来，出现得最晚、发生率最低、争议最大、国际合法性也最低。[④]

---

① ［美］理查德·N. 哈斯著，陈遥遥、荣凌译：《规制主义——冷战后的美国全球新战略》，新华出版社1999年版，第75页。

② 崔磊：《自愿联盟与美国外交》，《世界经济与政治论坛》，2005年第2期，第71页。

③ 关于伊拉克战争合法性的详细分析，可见第五章第三节的内容。

④ 郭树勇：《大国成长的逻辑：西方大国崛起的国际政治社会学分析》，北京大学出版社2006年版，第84页。

第二节　新兴但争议类型的合法性分析

一些战争的类型虽称之为“新兴”，但并不一定意味着是“新生”的，它们有的存在由来已久，只是随着战争实践演进不断发展，日益成为争议焦点。对其进行合法性分析，无疑有益于认识的进一步深化。

一、人道主义干涉：“人权”取代“主权”？

国际社会中，“干涉”的界定与使用常与“干预”相混淆。实际上，干涉，通常指“过问或制止，多指不应该管而硬管”；而干预，则常指“过问（别人的事）”。[①] 相比而言，干预是包括干涉在内更为广泛的概念；而干涉，则具有一定的非法性和强烈度，国际政治视野中常用来描述对另一个主权国家的内部事务进行粗暴干预的行为，一般与军事行动和威胁相连。然而，出于善意目的的干预则有一定的价值基础和法理依据，对国际社会和受干预国也是有益的。人道主义干涉即是其中代表。

人道主义干涉虽然在《联合国宪章》中未确切予以定义，但一些法学家和学者做了深入而有意义的探讨。早期国际法学家格老秀斯的理解是：“人道主义干涉原则承认一国或多国为制止某国侵害其国民而使用武力的合法性，前提是这种侵害十分野蛮且规模很大，以至于震惊了整个国际社会的良知。”[②] 奥本海则认为，“一般都同意，一个国家由于它的属人和属地权威可以自由决定它的本国国民的待遇。但是，很大部分的意见和实践支持这样的见解：自由决定是有限度的，而且如果一个国家对它的国民施行虐待或加以迫害到了否定他们的基本人权和使人类良知震惊的程度，就不是单独与该国有关的事项，而甚至为了人类利益的干预也是法律上所允

① 中国社会科学院语言研究所词典编辑室编：《现代汉语词典》，商务印书馆 1996 年版。

② 王然：《人道主义干涉的国际法问题探讨》，《湖北警官学院学报》，2013 年第 4 期，第 120 页。

许的”。[1] 迈克尔·沃尔泽对单方干涉辩解时指出：当发生罪行达到“震惊人类道德良知”的程度时，任何有能力阻止这种犯罪的国家都应该站出来制止，至少有这样做的权利。[2] 玛莎·芬尼莫尔的界定强调了目的与手段：人道主义干涉，是指为保护外国国民免遭人为暴力而进行的跨边界军事部署。[3] 国内也有著作认为，人道主义干涉是指在没有被干涉国同意的情况下出于人道主义原因对该国实施武力干涉或以武力干涉相威胁。[4]

梳理以上观点可见，人道主义干涉其实是指，国际社会在一国因无力制止或消极纵容甚至施行虐待迫害的情况下，导致国内出现大规模人为侵犯基本人权的暴行时，未经该国同意所采取的旨在制止暴行、保护该国国民免遭人权侵犯的跨国强制性军事干预行为。其特征主要有：一是人道主义干涉的主体是国际社会，包括人道主义危机国之外的国家、国家集团、国际组织，以及三者的结合，这也充分体现出了全球治理背景下，以各国政府、国际组织甚至各国公民为主体的多元化行为体特征；二是干涉的目的是为了人道主义；三是使用武力或武力威胁的方式；四是干涉行动违背被干涉国的意愿，是道义的强行移植。如果以联合国批准或授权与否为根据，人道主义干涉可以分为两类：经过了联合国授权的这一类干涉，是集体人道主义干涉；而未经联合国授权的干涉，则是单方面人道主义干涉，它一般由某个国家或者国家集团未经国际社会集体安全制度允许直接采取行动。

人道主义干涉出现以来，受到了国际社会的高度关注，引发了激烈的争论。主张人道主义干涉的理由是，受干涉地区出现了严重的人道主义危机或灾难，保护人权、制止暴力是人类的共同责任。而反对者也言之凿凿，认为人道主义干涉违背了国家主权原则，不仅入侵了一个国家的边界，还干涉了主权国家的内部事务，而且效率低下，甚至常常失败；更令

---

① ［英］劳特派特修订，王铁崖、陈体强译：《奥本海国际法（上卷第一分册）》，商务印书馆1971年版，第235页。

② ［美］迈克尔·沃尔泽著，任辉献译：《正义与非正义战争：通过历史实例的道德论证》，江苏人民出版社2008年版，英文第三版序言，第18页。

③ ［美］玛莎·芬尼莫尔著，袁正清、李欣译：《干涉的目的：武力使用信念的变化》，上海人民出版社2009年版，第55页。

④ 杨泽伟：《国际法析论》，中国人民大学出版社2003年版，第21—22页。

人担忧和不能容忍的是，干涉行为通常存在动机不纯问题，现实中更多地表现为政治干涉的特征，从而超过其干涉限度，异化为侵略。①

这些争论的核心是：人道主义干涉所秉持的到底是“人权”高于“主权”，还是“主权”高于“人权”，或者根本不能如此简单地做出结论？回答这一问题，需要对“人道主义干涉”的合法性进行深入的分析审视。

其一，从理念价值层面看，人道主义干涉坚持了人权原则，并未否定和超越主权原则的优先地位。

首先，必须承认的是，主权原则仍是当今国际社会所认可的最高的、最基本的原则。一国领土之内，国家是最高的权威者，行使最高的权力。国家主权虽然很大程度上具有绝对性，但是也具有相对性，因为每个国家都具有行使主权的最高权利，面对一些事务溢出国家边界给治理带来挑战，主权让渡成为治理必需。如果各国之间不想处于冲突或战争状态，如果各国打算实现自己的最大利益，它们就必须制定相互交往的基本规则，划分和明晰各自利益界限而非固持自己利益至上、不顾对方利益，并限制自由行动的权力。②

其次，随着时代的发展，国际社会对国家主权的认知由量变的积累已经产生了一定程度上明显的质变，过于强调绝对主权，漠视或否认人权，甚至抵制国际社会对人道主义问题的严重关切，已经不符合国际社会主流观点。一个国家如果连国民的基本人权都难能保障，则其主权的合法性实际上已经受到瓦解，主权原则的适用也受到了质疑和限制。因此，一个重要的原则正在国际社会中逐渐形成，其包括既对立又相辅相成的因素：一个是接受普遍管辖权原则，另一个是承认这样的规则，即当主权国家的法律制定或适用违反了起码的人权，从而可以被正当地认为震动人类良知时，人道法则将高于该主权国家的法律。③

再次，人权原则在国际社会中已经得到普遍承认，成为与国家主权原则同样重要的主要原则。玛莎·芬尼莫尔在研究人道主义干涉规范的变化

---

① 关于对人道主义干涉争论观点的详细内容，本书在第三章“国际战争合法性的源泉基础”的第一节“理念价值基础”中的末尾部分进行了梳理。

② 李云龙：《国家主权过时了吗?》，《学习时报》，2003 年第 107 期。

③ 赵迎辉：《对人道主义干涉的国际法思考》，山东大学 2010 年硕士研究生论文。

后指出，人道主义干涉实践并非新鲜事物，然而随着时间推移，它们发生了重要变化。如十九世纪时欧洲基督徒是人道主义干涉的唯一焦点，而这一焦点已得到了扩展和普世化，至二十世纪后期，在国际话语中，所有的人都被平等对待，所有的人都值得保护。[①] 诞生于二战后的《联合国宪章》在序言中就明确指出："重申基本人权，人格尊严与价值，以及男女与大小各国平等权利之信念"；在第 1 章第 1 条中强调，联合国宗旨之一是，促成国际合作，"增进并激励对于全体人类之人权及基本自由之尊重"。[②] 因此，越来越多的人在承认国际社会多样性的同时，也强调国际社会的统一性，认为生命权、自由权等基本权利是全人类所共享、任何国家均应保障的权利，部分人权事务已经不再属于一国国内专属管辖的范畴。"国家应当符合建立在遵守国际人权法律和规范基础上的、新的合法性标准。国家主权和不干涉原则开始被视为有条件的特权，必须遵守国际标准。"[③] 主权原则、不干涉原则的尊重与保障，应在国家满足其行为不侵犯国民基本人权的这一基本限度前提下，才得以优先和充分享有。甚而，人权与主权"这两个原则的斗争中，平衡似乎自冷战结束以来发生了变化，现在人道主义诉求常常压倒主权的诉求"。[④]

其二，从国际规制层面看，人道主义干涉具有一定的国际法依据。

关于反对强权对人权的蹂躏，国际社会一直积极从国际规制上予以解决。如，《联合国宪章》一方面在第 2 条规定了国家主权是国际体系的组织原则的同时，另一方面在第 1 条强调人权和公正是联合国的基本任务，而且在此之后的行动（1948 年形成了《世界人权宣言》）中增强了这种主张。[⑤] 再如，1948 年达成了《防止及惩治灭绝种族罪公约》；1996 年，联

---

① ［美］玛莎·芬尼莫尔著，袁正清、李欣译：《干涉的目的：武力使用信念的变化》，上海人民出版社 2009 年版，第 78—79 页。

② 《联合国宪章》，联合国网站，http://www.un.org/zh/documents/charter/。

③ ［英］克里斯·布朗、克尔斯滕·安利著，吴志成、刘丰、刘佳译：《理解国际关系（第三版）》，中央编译出版社 2010 年版，第 274 页。

④ ［美］玛莎·芬尼莫尔著，袁正清、李欣译：《干涉的目的：武力使用信念的变化》，上海人民出版社 2009 年版，第 75 页。

⑤ ［美］玛莎·芬尼莫尔著，袁正清、李欣译：《干涉的目的：武力使用信念的变化》，上海人民出版社 2009 年版，第 75 页。

合国国际法委员会通过《关于国家责任的条文草案》，特别报告员利普哈根指出，当一国大规模严重违背对保护人类具有根本重要性的国际义务而构成国际犯罪时，该国就有可能受到集体措施（如集体人道主义干涉）的制裁，承担国际刑事责任。[①] 国家责任制度和国际法律义务的发展为人道主义干涉提供了新的依据。

其三，从协商赞同层面看，人道主义干涉特别是多边干涉在一定程度上得到国际社会的认可与支持。

在当代，人道主义干涉大多数是多边主义的，这就赋予了人道主义干涉的国际社会赞同的基础，在一定程度上克服了因国际法律尚不完善导致任由干涉者单方主导、自由裁决，进而失去监督与公正的弊端，特别是经过联合国安理会授权的人道主义干涉具有较为充足的合法性。正如玛莎·芬尼莫尔所言，“人道主义要在当代政治中合法化就必须是多边形式的”，“必须在多边支持，最好是联合国，或多边明确同意的情况下才能进行干涉。而且，只要有可能的话，必须由多边力量贯彻执行”。[②]

然而，人道主义干涉的合法性是相对的、脆弱的，不能一概而论，实践中必须具体情况具体分析。一般而言，以下情况削弱了它的合法性。一是人道主义干涉容易被工具化。人道主义干涉根本的目的在于制止暴力、维护人权，结束大规模侵犯基本人权的状态，而在实施中有的国家却借“维护人权”之名，行“干涉主权”之实，更多的是为了争夺势力范围，扩大军事优势，追逐自身的战略利益，甚至在人道主义危机解除之后，仍然长期对受干涉国的政治、经济、军事等进行实际控制。当然，我们也不能片面强调抛弃一切国家利益的“纯粹人道主义动机”，不可否定的事实是，国家利益仍是影响国家行为的决定性因素。如国际法专家费尔南多·泰森所指出的，在人道主义干涉中，除非干涉者其他动机导致了更大的压迫，否则，即使人道主义动机屈居于从属地位，只要干涉者以结束剥夺人权的状况为目的，遵循正当的干涉程序并采用与人道主义目标相适应的手

---

① 伍艳秋：《浅议人道主义干预的立法规制》，《现代国际关系》，2002 年第 10 期。

② ［美］玛莎·芬尼莫尔著，袁正清、李欣译：《干涉的目的：武力使用信念的变化》，上海人民出版社 2009 年版，第 75、76 页。

段，就已经满足了正义的要求。[①] 二是有的单方面行动严重缺乏合法性。单方面人道主义干涉，是指一个或几个形式上未经授权的参与者所采取的有效替代了正规决定的行动，而该决定是一个法律指派的官员或机构所应遵循的。[②] 单方面人道主义干涉主体可以是单独一国，也可以是采取多边行动的多个国家，其核心在于：单方面干涉以彻底规避或强迫正规程序的途径，用其认可的方式有效地替代合法决定。因此，未经安理会授权的几个国家自我授权的干涉也是单方面行动。虽然，这种由多国参与的单方面行动的合法性，在一定程度上比一个国家“单干”要强，但是，除非在非常紧急的时刻，否则，单方面人道主义行动是缺乏甚至丧失合法性的。这是因为擅自采取单方面人道主义干涉，一方面，不仅不能尊重主权原则，还可能会违背人权原则。如果允许其在未优先穷尽非干涉方法时动用武力，势必导致不同国家按照它们自己的道德原则行事而不受制约，那么，主权、人权原则本身也终将不保，这将演变成另一种灾难。另一方面，单方面的人道主义干涉没有成为国际习惯法，也违背了《联合国宪章》和一般国际法，世界大多数国家对其也持反对态度。

总之，虽然人道主义干涉存在国际规制等方面的现实困境，也常被少数国家利用和异化，但大多数规范的人道主义干涉，特别是联合国授权的集体行动，是具有较充足甚至是充足的合法性的，其本质折射出的并不是人权高于甚至取代主权，而是国际社会在尊重和维护人权理念指导下，对国家主权失能、缺位时的人权职能的补救。

人道主义干涉，通常主要为旨在维护基本人权，具有比较强的理念价值维度的权力特性，特别是在满足联合国安理会授权这一条件下，其实基本上已成为正义战争中的特殊形式，也为国际社会所理解与支持，虽然考虑到其可能是单方面干涉情况，甚至被极端运用的情况，它的合法性一般属于合法性充足等级，但也不排除滑入合法性欠足或缺乏甚至更为恶化的可能。

---

① 王然：《人道主义干涉的国际法问题探讨》，《湖北警官学院学报》，2013 年第 4 期，第 121 页。

② Christine Chinkin, “The State That Acts Alone: Bully, Good Samaritan of Iconoclast?” EJIL (2000), Vol. 11, No. 1, pp. 31 –41.

二、预防性战争："自卫"还是"侵犯"？

自2003年美国发动伊拉克战争以来，预防性战争就引起国际社会的广泛关注并处于争论的中心。美国自称伊拉克战争是"先发制人"的自卫，但实质上是一场预防性战争。小布什政府有意混淆它与先发制人的区别，旨在掩盖其预防性战争的实质。[①] 然而，美国国务院政策规划办公室主任理查德·哈斯在2003年1月的一次演讲中却毫不掩饰地说，对某个有侵略历史并支持恐怖分子、生产大规模杀伤性武器、危害国际社会的政权，可以进行摧毁其发展能力的"预防打击"。[②] 迈克尔·沃尔泽虽认识到预防性战争的非正当性，但却为其在伊拉克的运用而辩解："预防性战争在古典的正义战争理论和国际法中都是不正当的，但是，当我们正在对付的是一个过去曾经进行过侵略或者做出过野蛮暴行，并有理由认为它可能再次作恶时，'预防性使用武力'就可以被证明是合理的。"[③]

那么，预防性战争到底是"自卫"还是"侵犯"？其合法性又如何？需要做出进一步探讨。

预防性战争在传统上的定义是：两个实力均衡的国家之间因一方预先阻止对方的权力转移而发动的战争。故而战争发动者直接的考虑是，"现在进行战争以避免后来在环境恶化的条件下进行战争的风险"。[④] 早在古希腊时期，历史学家修昔底德就曾对这种战争做过论述，他在分析伯罗奔尼撒战争发生的原因时指出，雅典力量的增长及其引起斯巴达的恐惧致使战争不可避免。可见，阻止权力转移特别是对手的军事能力明显增强、保持实力均衡不被破坏是其焦点，而"当下比以后好"是其根本逻辑，也即如对其生动的表述：可能某一天我与你有一战，而现在我比你强壮，所以我

---

① 对美国的预防性战争分析可以参见罗峰：《美国预防性战争的逻辑》，《世界经济与政治》，2010年第9期。

② 张薇：《浅析布什主义对国际法的挑战》，《湖北社会科学》，2004年第4期，第102页。

③ ［美］迈克尔·沃尔泽著，任辉献译：《正义与非正义战争：通过历史实例的道德论证》，江苏人民出版社2008年版，英文第四版序言，第12页。

④ Jack S. Levy, "Declining Power and the Preventive Motivation for War", World Politics, Vol. 40, No. 1, 1987, p. 82.

准备现在与你开战。[①] 保罗·施罗德认为："预防性战争甚至冒险的预防性战争，在政治中并不是极端的反常现象"，"它们是常规的、甚至是普通的治国方略的工具"。[②] 时至今日，一个国家发动预防性战争的动机并不局限于实现实力均衡，而是包括预先阻止某种对国家安全形成严重威胁的行动。"真实的预防性行动是一种对存在于未来的严重威胁所做的一种反应，而不是对现实正在发生被攻击的一种反应。这里的'行动'是指武力动机的一系列排列，包括从有限的打击到全面战争。"[③] 可见，预防性战争演绎的，其实是霸权者的逻辑，是不具有合法性的。

首先，从理念价值看，预防性战争突破主权原则，是旨在追逐一国私利的对别国主权的侵犯。应该说，当今世界，权力转移是在无时不刻地进行着的，只要不以侵略、掠夺等非法方式实现，都是正当合理的，也是事物发展之必然，应予以充分尊重；同时，任何国家只要没有武力侵犯别国的事实或紧迫的征兆，其主权都应予以充分尊重而不可侵犯。然而，预防性战争假借"自卫"之名，针对自己认定的未来的遥远的威胁，而采取打击行动，其本质是一种蔑视别国主权的极端自私的战略选择，而不是迫不得已的自卫。真正的自卫，在指导原则上，是对自己和别国的主权同等尊重；在动机上，是中止不法侵害，保护自己；在战略上，是防御性的，而不是进攻性的。预防性战争是一国看到其相对优势在下降，认为战争不可避免，并且选择现在——也即在它仍有优势时所首先发动的战争[④]；或者臆想将来对方可能对自己的安全产生威胁，当下先采取行动。其目的在于维护自己的实力优势，而草菅别国主权，其本质是侵略而不是自卫。

其次，从国际规制看，预防性战争严重违背国际法有关动武的规定。

① David E. Sanger, "Beating Them to the Prewar", The New York Times, September 28, 2002.

② Paul W. Sehroeder, "World War Ⅰ as Galloping Gertie: A Reply to Joachim Remak", in Paul W. Sehroeder and Robert Jervis, et al., "Systems, Stability, and Statecraft: Essays on the International Histoy of Modern Europe", New York: Palgrave, 2004, p. 139.

③ Stanley A. Renshon, et al., "Understanding the Bush Doctrine: Psychology and Strategy in an Age of Terrorism", New York: Routledge, 2007, p. 203.

④ 刘阿明、王联合：《先发制人与预防性战争辨析——以布什政府国家安全战略为例》，《学术探讨》，2004 年第 11 期，第 70 页。

《联合国宪章》虽然没有绝对禁止使用武力，但对动武进行了严格的约束，第51条规定：“联合国任何会员国受到武力攻击时，在安理会采取必要的办法以维持国际和平及安全以前，本宪章不得认为禁止行使单独或集体自卫之自然权利。”因此，可以合法地使用武力的主要情形是：第一，行使自卫权时可以使用武力。当然，这里的自卫是真正的自卫，是有具体条件的束缚，而不是自我的认定。第二，经联合国授权采取的集体安全行动可以使用武力。预防性战争本身就是强权者对主权原则的挑衅、对国际和平和他国利益的侵犯，是很难得到联合国授权的，伊拉克战争即是一例。那么，“行使自卫权”就是其唯一能辩解的依据。但是，自卫权的行使是有条件的，就是必须要满足“制裁前自卫”和“实施中自卫”两项原则：“制裁前自卫”，即自卫权只能在安理会采取必要措施之前实施，一旦安理会采取必要措施后，会员国不应再采取自卫行动；“实施中自卫”，即《联合国宪章》规定的限定条件“受到武力攻击时”，也就是该国受到实际存在的武力攻击之时或之后。[①] 同时，预防性战争也不同于“先发制人”打击，因为后者界定的条件一般是：生命和健康必须面临迫在眉睫的威胁；战争在最近的将来不可避免；军事力量是唯一可用的；对敌对国使用武力必须与威胁相称。[②] 预防性战争是面临“时间和空间久远”的威胁而采取的策略。[③] 所以，它不仅没有受到攻击，而且它的威胁也不是“迫在眉睫”的，证据是模糊不清的，此时实施战争显然是对自卫权的滥用。

再次，从国际赞同看，预防性战争是一种放弃沟通与合作的危险的自我任性与强权，为国际社会大多数国家所反对。预防性战争实际上是霸权国家由于对威胁来源的恐惧与怀疑，对可能存在于未来的安全威胁的过度军事反应。随着全球化的发展，世界各国因全球性问题形成了一个相互依存的命运共同体，在共同利益领域不断扩大的同时，面临的安全威胁也是无处不在的。面对威胁有两种态度和方式：一种是积极沟通协商，促进认同，加强合

---

① 郭寒冰：《当代国际社会合法使用武力问题研究》，时事出版社2012年版，第109页。

② 刘阿明、王联合：《先发制人与预防性战争辨析——以布什政府国家安全战略为例》，《学术探讨》，2004年第11期，第68—69页。

③ Stanley A. Renshon, et al.,“Understanding the Bush Doctrine: Psychology and Strategy in an Age of Terrorism”, New York: Routledge, 2007, p. 177.

作，化解威胁；另一种是自我封闭，放大恐惧，强化怀疑，重新陷入“人人自危”的霍布斯状态，从而制造对抗与战争。预防性战争显然是遵循后一种逻辑的强权行为，它拒绝了尊重国家主权原则，也拒绝要同其他国家合作的威斯特伐利亚观念。[①] 这在很大程度上“将国家引向了自然状态而不是国际法状态”[②]，是一种历史的倒退，必然会遭到国际社会的排斥甚至报复，结果也是注定要失败的。小布什政府在伊拉克发动的预防性战争正是强权思维指导下，威胁扩大化认知和自我实现化处理相互交织并呈螺旋状激烈上升的结果，不仅堵死了以和平解决问题的道路，也损害了国际法和世界和平。不仅没有得到联合国批准，还受到世界绝大多数国家的谴责和反对，并“被希拉克总统领导的法国等反战轴心认定是一场侵略战争”[③]。

前车之鉴，后车之师。在全球遭遇百年未遇之疫情大流行与世界面临百年未有之大变局相互交织，世界进入动荡变革期，各国面临是对话还是对抗、是开放还是封闭、是多边还是单边的关键问题选择的背景下，中国国家主席习近平着眼合作发展、维护和平和人类命运共同体的构建，超越一切分歧、猜忌与短视，引领世界向前看，在第三届巴黎和平论坛上指出：

> 大道之行，天下为公。和平与发展是时代主题，也是不可抗拒的历史潮流。面对人类面临的挑战，世界各国应该加强团结而不是制造隔阂、推进合作而不是挑起冲突，携手共建人类命运共同体，造福世界各国人民。[④]

总之，除非得到联合国安理会的授权，通常情况下，在当今国际社会，预防性战争既不是一般的自卫，也不是“先发制人”的自卫，而是对赤裸裸侵犯别国主权行径的一种掩饰，是严重缺乏合法性的，应当被严格禁止。

---

① 罗峰：《美国预防性战争的逻辑》，《世界经济与政治》，2010 年第 9 期，第 59 页。

② 刘阿明、王联合：《先发制人与预防性战争辨析》，《学术探讨》，2004 年第 11 期，第 70 页。

③ 郭寒冰：《当代国际社会合法使用武力问题研究》，时事出版社 2012 年版，第 90 页。

④ 习近平：《共抗疫情 共促复苏 共谋和平——在第三届巴黎和平论坛的致辞》，《人民日报》，2020 年 11 月 13 日第 3 版。

第三节　五种类型的合法性比较

通过以上分析可见，正义战争、依法战争、多边战争、人道主义干涉、预防性战争等，尽管在内涵上有一定交叉，强调的内容维度也不尽相同，但其合法性是可以运用建构的理论做初步的衡量的，其表现存在着一定的差异。这样，就存在着若干个“合法性之间”：一是国际战争或武力使用的五种类型存在怎样的“合法性梯度”？也就是说，它们的合法性强弱如何？二是如何理解和把握国际战争或武力使用类型的“合法性冲突”？换言之，如果爆发了一场战争，在判断其基本类型性质的同时应该如何对其合法性进行考察？在条件相同的情况下，哪一种类型更具合法性？比如，一场战争中如果一方是多边战争，而另一方是自卫战争，那么，应如何较客观地判断双方行为的性质与合法性？三是如何避免跌入国际战争或武力使用类型的“合法性陷阱”？也即要准确地判断、定位甚至增强战争类型合法性，应注意哪些问题？

合法性之间一：如何确定国际战争或武力使用类型的“合法性梯度”？

为便于比较，我们不妨按照之前建立的合法性分析框架，将五种类型国际战争或武力使用的合法性分析，汇列成表6－1。

与单纯从性质上把战争分为正义战争与非正义战争不同，战争合法性是可以量化的，不同类型战争或武力使用的合法性程度有着明显的差异性，这正是研究战争合法性和合法性战争的前提条件。列表告诉我们，五种国际战争或武力使用类型，除预防性战争较特殊外，在通常的条件下都有成为合法性战争或武力使用的潜质，它们在不同的具体条件下所表现出的合法性程度不同。从相对的、可量化的角度看，四种类型国际战争或武力使用都有一定程度的合法性，它们的合法性程度有着不同的分布。

表 6－1　国际战争或武力使用五种类型的合法性比较

战争类型		理念价值基础及其权力特性	国际规制基础及其权力特性	协调赞同基础及其权力特性	合法性等级（通常情况）
传统型	正义战争	强	强或未定	强	合法性充足
		高擎时代精神火炬和国际社会认同大旗	多数情况下尊重国际组织决定和国际法规，但狂飙猛进的时代除外	当前或最终会得到国际社会的普遍承认与支持，具有良好的协商赞同基础	
	依法战争	强或较强	强	强或较强	合法性充足、合法性欠足
		尊重国际社会普遍接受的国家主权原则，但通常存在过度的工具理性	依据既有的国际法规定、国际规程及其精神	日益透明、民主的国际环境下使得依法战争协商赞同基础增强，但存在工具理性时除外	
	多边战争	强、较强或较弱	强、较强或较弱	强或较强	合法性充足、合法性欠足、合法性丧失
		一般高举义旗，尊重与维护国际社会认同的基本原则，但有时有很大的局限性，甚至旨在赚取合法性	通常循规守法，得到联合国等国际组织的授权，具有一定的国际规制基础，但有时并未得到联合国等国际组织授权	往往基于说服与认同，具有一定的协商赞同基础，但代表性有限，且有时有较强的脆弱性	
新兴型	人道主义干涉	强或较强	较强或较弱	强或较强	合法性充足、合法性欠足
		坚持人权原则，但并未否定和超越主权原则的优先地位，但是，容易被工具化	具有一定的国际法依据	多边干涉一定程度上得到国际社会的认可与支持，但是，单方面行动会严重削弱其合法性	
	预防性战争	基本缺失	缺失	弱	合法性缺乏、合法性丧失
		旨在追逐一国私利，突破主权原则，侵犯别国主权	严重违背国际法有关动武的规定	放弃沟通与合作，为国际社会大多数国家所反对	

资料来源：根据前文对正义战争、依法战争、多边战争、人道主义干涉、预防性战争的合法性分析自制。

正义战争一般基于绝大多数人民群众的利益，反映时代精神和本质要求，着眼于国家、民族乃至人类的独立、平等、自由，反抗剥削和压迫，甚至在时代洪流中扫荡旧的不合理秩序，而且为绝大多数国家所认同和支持，尤其是理念价值、协调赞同维度的权力特性强，因而是最具合法性的战争，其合法性属于合法性充足层次。依法战争一般是在一个相对稳定的时代背景和秩序下，国家及其集团或国际组织依据既有的国际法规定、国际规程及其精神进行的战争，在当今，其主要体现为联合国授权的战争。然而，由于国家工具理性的滋长和国际法规则的局限性等原因，极大地增加了其合法性程度的不确定性，结果，其可能属于合法性充足或欠足层次。至于多边战争，“它是一种特殊的合法性战争类型，其合法性不能单独表现”,① 其固有的权力特性主要体现在协调赞同维度，而理念价值、国际规制维度的权力特性则受外界影响或涨或落，结果，其合法性等级波动剧烈，高位时可能是合法性充足，而低潮时甚至为合法性丧失。可见，它的合法性具有很大的不确定性和依附性。人道主义干涉，通常主要为旨在维护基本人权，理念价值维度的权力特性更趋于“饱满”，在满足联合国安理会授权这一条件下，其实已经成为正义战争中的一种，也为国际社会所理解与支持，但考虑到其可能是单方面干涉情况，甚至是被极端运用的情况，它的合法性一般属于合法性充足层次，但也不排除滑入合法性欠足或缺乏的可能。

因此，一般情况下，按合法性程度由大到小进行排列，五类国际战争或武力使用的“合法性梯度”为：正义战争、依法战争或人道主义干涉、多边战争、预防性战争。

合法性之问二：如何理解国际战争或武力使用类型的“合法性冲突”？

两方交战，如果甲方从事的是正义战争而乙方从事的是非正义战争，

① 郭树勇：《大国成长的逻辑：西方大国崛起的国际政治社会学分析》，北京大学出版社2006年版，第88页。

其结论是显而易见的，即甲对乙的战争是合法性战争。比如中国人民的抗日战争既是正义战争，也是合法性战争。然而，事情并非都如此简单，战争类型的区分可能会带来“合法性冲突”，比如，如果两方爆发了战争，甲方是主动方，对乙方实施的是多边战争，而乙方作为被动方，对甲方进行的是自卫战争，这样一来，好像双方都在进行一场合法性战争，那么，总体上定性这场战争就遇到了困难。在这种情况下该怎么界定呢？笔者认为，如果没有其他战争类型或因素叠加进来的话，则由于自卫战争属于正义战争，合法性高于多边战争，故可以认为乙方从事的是合法性战争。比如 1900 年发生的八国联军对中国的战争，虽然从八国联军方看实施的是多边战争，但从中国方看是针对侵略的自卫战争，从这个角度看，八国联军入侵中国显然是合法性丧失的战争。可是，岁月经历了 91 年后的 1991 年，以美国为首的三四十个国家组成多国部队对伊拉克的海湾战争，虽然也是一场“多对一”战争，但合法性态势发生了逆转。为什么呢？因为以美国为首的多国实施的不仅仅是多边战争，还是惩罚侵略者的正义战争、得到了联合国授权的依法战争，而伊拉克实施的所谓“自卫战争”，已经是对自卫的非正常运用，所以合法性的天平必然倒向以美国为首的多国。可见，当不同的战争类型出现在同一场战争中，发生合法性定位冲突时，可以依据前面所得出的战争合法性梯度进行配对比较，最后再进行简单的合法性累积，从而得出较为合理的结论。

合法性之问三：如何避免国际战争或武力使用类型的“合法性陷阱”？

所谓国际战争或武力使用类型的“合法性陷阱”，不是说“合法性”本身是“陷阱”，而是说几乎每一种类型的合法性，都不是绝对固定的，都有局限性或脆弱性，有其不能覆盖的例外情况，成为认识和运用上的陷阱，如果教条式地对号入座、照搬照套，就会陷入误判误用的歧途。因此，必须采取积极措施，对其有效避免和跨越。

从评判分析上看，国际战争或武力使用类型合法性内在的局限性，要求合法性定位必须克服主观臆断和简单片面，应进行历史的、联系的、全面的分析，力求客观科学。其一，彼此兼察。就是不能孤立地看待一次战争或武力使用的类型，而应有一定历史纵深视野，由此及彼，由彼及此，基于对相关战争或武力使用的系列考察，而得出对某次战争或武力使用合法性较为准确的判断。其二，外内兼察。比如对于自卫战争既要考察发生的国际政治因素，也要分析其国内政治诱因，在比较权衡中得出综合结论，而不能偏执一端。其三，静动兼察。没有永恒的真理，也没有永恒的理念价值和国际规制。我们既要坚持用现行的相对稳定的静态的理念价值和国际规制去衡量，更要与时俱进，善于用发展着的新理念、新规制评判事物，避免无视时代发展，陷入刻舟求剑的泥淖。

从运用上看，一场国际战争或武力使用如果具有若干类型的迭加，就会覆盖各自“陷阱”，使这场国际战争或武力使用的合法性大为增强。其一，正义战争中的时代战争和任何其他一种类型结合的国际合法性，大于余下两种国际战争或武力使用类型的国际合法性。如果国际战争或武力使用中甲方所实施的国际战争或武力使用不仅是时代战争，而且还具备其他任何一种合法性战争或武力使用的性质，那么，相对而言，乙方即使同时具备另外两种合法性战争或武力使用的性质，它所实施的国际战争或武力使用也不能算作合法性战争或武力使用。其二，多边战争有明显的不确定性和依附性，如果能与其他三种类型中的一种或几种结合，无疑使得多边战争增强了合法性。特别是当正义战争（含自卫战争）、依法战争和多边战争合成一体时，此时的战争就成为合法性最充足的状态。之所以有这样的结果，根本原因，正如在“国际战争合法性的程度考量”一章中所揭示的，此时，国际战争或武力使用完全具有了坚强的理念价值基础、国际规制基础、协商赞同基础，国际战争或武力使用权力的广延性、综合性、强度等权力特性处于巅峰之值，国际战争或武力使用的合法性已经“饱涨”到了无以复加的状态。

第七章　国际战争合法性与国家软实力

如果一国的行为被认为缺少合法性，那么该国就要为其政策付出更高的代价。国家希望借助国际法和国际组织来证明自己的政策具有合法性，并且指责别国政策缺乏合法性，这会影响到它们的行为及其后果。合法性也会增强一国的软实力。

——［美］约瑟夫·奈①

国际战争合法性的价值与力量，从国家层面看，在于对国家软实力的增强具有特殊而重大的意义。

对待战争的态度，应当破除两种极端倾向，一种是现实主义的极端，即不区分战争具体情形、拥护一切形式战争的战争主义；另一种是理想主义的极端，即不区分战争具体情形、反对一切形式战争的和平主义。对待战争合法性与合法性战争也是如此，即使在合道合法合理的条件下，也要防止鼓噪冲动或退避三舍。故本书的研究旨归并不在于倡导和发动合法性战争，或者是为战争寻找合法性依据，但也不拒绝作为政治最后手段的合法性战争。

因此，研究战争合法性的最终落脚点，主要解决两个问题：一个是“怎么看”，即指建构和运用战争合法性理论对发生的战争进行科学合理的评价，更深入地认清战争本质和合法性程度，了解合法性战争现实意义，促进人们的政治和社会觉醒，从而更为自觉地支持合法性战争，反对非合

---

① Joseph S. Nye, Jr.,“Understanding International Conflicts: An Introduction to Theory and History (5th ed.)”, Longman, Inc., 2004, pp. 168 - 169.

法性战争，推进国际社会的发展与和平稳定。另一个是“怎么办”，就是在解决“怎么看”问题基础上，作为国家或国际社会，当面对战争机遇逼迫时，应怎样运用战争合法性理论指导战争的理性规避与不得已的自觉利用，以发挥合法性战争的积极作用。

本章正是着眼于国际战争合法性理论运用这一层面，以暴力的合法垄断者——国家的视角，探讨战争合法性对国家软实力增强的重要作用，以启示人们应辩证地把握合法性战争的机遇。

第一节 软实力是硬实力的社会化效应

“软实力”（或译作“软权力”）最早由美国哈佛大学教授约瑟夫·奈在其1990年出版的《注定领导世界：美国权力性质的变迁》一书[①]及同年发表的《软权力》论文[②]中明确提出并论述了概念。后来，他对“软实力”思想又进行了不断丰富和拓展。奈指出，有很多种影响他人行为的方式，既可以通过威胁和奖励他人，也可以通过吸引他人，来达到自己的目的。[③] 他把前者称为“硬实力”，把后者称为“软实力”。“硬实力”是指通常与诸如军事和经济力量那样的具体资源相关的“硬性命令式权力”；“软实力”是指与诸如文化、意识形态和制度等抽象资源相关的，决定他人偏好的“软性同化式权力”。也就是说，硬实力是通过借助引诱或威胁（即“胡萝卜”或“大棒”）直接迫使他人改变意志和行为，而软实力则是通过自己的思想的吸引力或者决定政治议题的能力，让其他国家自愿效仿或者接受体系的规则，从而间接地促使他人确定自身的偏好。[④] 在信息

---

① Joseph S. Nye, Jr. , “Bound to Lead: The Changing Nature of American Power”, New York: Basic Books, Inc. , Publishers, 1990.

② Joseph S. Nye, Jr. , “Soft Power”, Foreign Policy, Fall 1990.

③ Joseph S. Nye, Jr. , “Soft Power: The Means to Success in World Politics”, New York: Public Affairs, 2004, p. 2.

④ Joseph S. Nye, Jr. , “Bound to Lead: The Changing Nature of American Power”, New York: Basic Books, Inc. , Publishers, 1990, pp. 31 –32.

经济和跨国相互依存不断加深的时代，权力正在变得越来越难以转移、越来越不具体、越来越缺少强制性。[①] 简而言之，软实力“是通过吸引而非强制以达到目标的能力”[②]，“软权力就是吸引力”[③]。从本质上说，软实力是硬实力的社会化效应，或者说是基于硬实力的社会建构物，这是因为软实力有着以下特性。

一、软实力区别于但离不开硬实力，具有较强依赖性

软实力与硬实力既存在明显区别，又存在紧密联系。用奈的话说，就是“硬权力和软权力是相互联系的，但它们又不是一回事”[④]。它们的区别：一是来源不同。从最可能使用的资源看，硬实力主要来源于军事、政治、经济力量等直接资源，软实力主要来源于制度、意识形态、文化和对外政策等抽象资源。二是作用方式不同。奈指出，更确切地说，权力“是影响他人和达到自己所期望的目的之能力”[⑤]；权力是使其他行为者调整自身行为以满足己方需求的能力，大致有三种方式可以做到这一点：强制（大棒政策）、报偿（胡萝卜政策）和吸引力（软权力）。[⑥] 可见，硬实力更多的是靠“大棒＋胡萝卜”的威逼利诱来实现施动者的目的，其作用具有强制性、外生性和工具性的特点；而软实力则靠制度、价值观、文化与政策的吸引来达成施动者的目的，其作用具有自觉性、内生性和价值性的特点。三是效果不同。正因为两者的作用机理不同，所以必然产生不同的

---

① Joseph S. Nye, Jr. , “Bound to Lead: The Changing Nature of American Power”, New York: Basic Books, Inc. , Publishers, 1990, p. 33；［美］小约瑟夫·奈著，张小明译：《理解国际冲突：理论与历史（第五版）》，上海人民出版社2005年版，第75页。

② Robert O. Keohane & Joseph S. Nye, Jr. , “Power and Interdependence in the Information Age”, Foreign Affairs, Sep. /Oct. 1998, p. 86.

③ 张小明：《约瑟夫·奈的“软权力”思想分析》，《美国研究》，2005年第1期，第23页。

④ ［美］小约瑟夫·奈著，张小明译：《理解国际冲突：理论与历史（第五版）》，上海人民出版社2005年版，第74页。

⑤ Robert O. Keohane & Joseph S. Nye, Jr. , “Power and Interdependence in the Information Age”, Foreign Affairs, Sep. /Oct. 1998；［美］小约瑟夫·奈著，张小明译：《理解国际冲突：理论与历史（第五版）》，上海人民出版社2005年版，第71页。

⑥ Joseph S. Nye, Jr. , “Think Again: Soft Power”, Foreign Policy, February, 2006.

影响。硬实力较为直接，产生预期效果快，但消退也快，具有有形化、短暂性的特点，但负面影响突出，容易引起对方的反感、强烈抵触、反抗甚至持续的仇恨。而软实力较为间接，产生效果速度较慢，但是具有内质化、隐形性、持久性的特点，而且因为依托于文化、价值等的吸引力，不施加外在强迫，所以不易产生直接负面效应。四是理论基础不同。硬实力更多的为现实主义所主张和青睐，软实力则主要为自由主义所倡导和支持。

然而，软实力不能脱离硬实力而存在，它对硬实力具有较强的依赖性。哈佛大学教授塞缪尔·亨廷顿认为，硬实力决定软实力，或者说硬实力是软实力的基础。他指出："物质的成功带来了对文化的伸张，硬实力衍生出软实力。"① 奈也认为，"物质上的成就会使得一种文化和意识形态具有吸引力，而军事和经济上的落后会导致自我怀疑和认同危机"。② 可见，强制式的硬实力是非强制式的软实力的基础和前提。即使像美国这样一个软实力超强的国家，它的软实力成长也不是一蹴而就的。美国从 1783 年独立到二战后取代英国霸权地位，历时 160 余载。如果论硬实力，早在十九世纪末二十世纪初，崛起的美国已堪与霸权国英国比肩，有学者甚至认为"1870 年到 1914 年这一时期里，美国在总能力方面超过了英国"③，而在"一战中，美国大发战争财，意满志得，英国遭受重创，继续衰落。英国债台高筑，欠美债务多达 40 亿美元，美国成为英国的大债主"。可是，美国的软实力成长尚未稳固。1919 年的巴黎和会是列强确立一战后国际秩序的重要会议，美国总统威尔逊倡议建立国际联盟，欲确立美国在世界事务中的主导地位，可是在国内反对和英国霸权遏制之下，国际联盟虽然得以成立，但美国却被排除在外，美国的努力暂告失败。及至二战后，再次大发战争横财的美国才真正成为主导世界新秩序的全面霸权国，其软

---

① ［美］塞缪尔·亨廷顿著，周琪等译：《文明的冲突与世界秩序的重建（修订版）》，新华出版社 2010 年版，第 89 页。

② ［美］小约瑟夫·奈著，张小明译：《理解国际冲突：理论与历史（第五版）》，上海人民出版社 2005 年版，第 74 页。

③ ［澳］杰弗里·布莱内著，时殷弘译：《战争的原因》，商务印书馆 2011 年版，第 245 页。

实力也从此极速强大。[①] 可见，有了硬实力不代表有或者马上有软实力，然而，没有或者曾经都没有过硬实力，就不可能凭空出现较强的软实力。因此，有学者指出："发展中国家目前在'软权力'方面处于弱势。但是，一旦发展中国家的政治、经济和科学技术的力量增长起来之后，其文化价值的力量就会加强。"[②]

二、软实力拥有丰富的社会化内涵，具有相对独立性

软实力虽然离不开硬实力，但是它绝对既不是硬实力的虚幻倒影，也不是硬实力的驭使奴婢，它一旦形成，就具有相对的独立性，有着作为社会建构物的力量之源的丰富内涵。"软实力之父、政治学家约瑟夫·奈界定它大部分源于社会，特别是文化的、政治的和社会的价值。奈也承认一个国家的政治系统和外交政策能赢得尊敬，因而也能贡献于它的软实力。"[③] 归纳起来，软实力主要基于以下基本内容[④]。

一是文化吸引力。一国之文化是其软实力孕育的丰饶土壤和力量源泉，尤其是当这种文化具有深厚传统性、开放包容性、时代先进性和世界共享性时更是如此，它往往会迸发出蓬勃活力和迷人魅力，对国际社会产生很强的吸引力。历史上，中华文化借助瓷器、茶、丝绸、服饰、音乐、典籍等载体，穿越各种阻隔，远播万里之遥，数度在不同国家或地域掀起持久的"中国热"，引得各国纷纷效仿和借鉴，背后就因其具有先进性和共享性。因此，奈认为，作为软实力的文化是"普世性"文化，即具有全球吸引力的文化。在他看来，文化特别是大众文化能够广泛地为他国接受

---

① 关于美国实力成长和渐进式取得霸权的简要过程，参见吴必康：《"春秋无义战"，抑或"修昔底德陷阱"？——英美渐进式霸权转移的历史和理论逻辑》，《学术前沿》，2014 年第 5 期，第 74—83 页。

② 王沪宁：《文化扩张与文化主权：对主权观念的挑战》，《复旦学报》（社会科学版），1994 年第 3 期。

③ David Shambaugh, "China's Soft - Power Push", Foreign Affairs, July/August 2015, p. 101.

④ 张小明教授对奈的软权力思想进行了较为详尽的介绍和分析，韦宗友博士对此也进行了有意义的探讨，本书对软实力相关内容的概括，借鉴了他们的成果，在此致谢。张小明：《约瑟夫·奈的"软权力"思想分析》，《美国研究》，2005 年第 1 期；韦宗友：《权力、软权力与国家形象》，《国际观察》，2005 年第 5 期。

和效仿，无疑使该国具有更大的吸引力和影响力。而美国在这方面确有很多优势，以麦当劳、可口可乐为代表的消费文化，以好莱坞、迪斯尼为代表的大众娱乐文化，以微软、脸书为代表的信息与新兴传媒文化席卷全球，渗透进每个人的生活，使美国软实力无处不在、无孔不入。

二是意识形态或政治价值观念的吸引力。正如张小明教授提出的，奈常混用的“理念”“政治价值观念”“意识形态”是广义文化的重要组成部分，在一定程度上可以归入文化的范畴。[①] 然而，从另一角度看，这些价值观也有独立强调之必要，它们是文化的重要核心和灵魂，尤其在权力视角中，它们是权力高擎的旗帜、不息的旋律，被文化所溶解和颂赞，而不能为一般文化所淹没，因为权力的本质就在于影响他人以达到自己所期望的目的。这方面，通常集中体现为政治体系所坚持的理念价值观产生的吸引力。如二十世纪五十年代，中国倡导的和平共处五项原则，就为世界普遍接受和称颂，成为国家间处理关系的重要准则。而在奈看来，美国的民主、自由、人权价值观，分权制衡的制度和理念具有巨大的政治吸引力和“普世性”。总之，政治价值观念的吸引力无疑使得权力的另一张面孔——软实力，更具使命感、方向性和承载力。

三是塑造国际规制和决定政治议题的能力。软实力的吸引力，还来自让别人自觉地“就范”的规制力。这里的“规制力”是指主导国际组织建立与完善、国际法规制定、国际议题议程决定等的能力。正如奈所说，如果一个国家可以通过建立和主导国际规范及国际制度左右世界政治的议程，那么它就可以影响他人的偏好和对本国国家利益的认识，从而具有软权力，或具有“制度权力”。[②] 他还在另一篇文章中说：“软实力也通过国际组织（如国际货币基金组织、北约或美洲人权委员会等）发挥作用，它们在一定程度上为其他国家提供了多样化的与美国利益相一致的选择，这些国际组织巩固了美国的软实力。”[③] 显然，这种规制力具有多边主义色彩和建构意义，其根本是把自己的价值固化为规制，然后“挟规制令天下”，

---

① 张小明：《约瑟夫·奈的“软权力”思想分析》，《美国研究》，2005 年第 1 期，第 24 页。

② Joseph S. Nye, Jr. , “Bound to Lead: The Changing Nature of American Power”, New York: Basic Books, Inc. , Publishers, 1990, pp. 33 – 34.

③ Joseph S. Nye, Jr. , “The Power We must not Squander”, New York Times, Jan. 3, 2000.

使自己的权力行为更具合法性。

三、软实力发挥着日益重要的作用，具有独特功能性

随着时代的发展，软实力的地位日益凸显，作用增量不断扩大。以下是十六世纪以来的世界领导国家及其主要权力资源的构成。

表 7-1　世界领导国家及其主要权力资源

时期	领导国家	主要资源
十六世纪	西班牙	金条、殖民地贸易、雇佣军、王朝纽带
十七世纪	荷　兰	贸易、资本市场、海军
十八世纪	法　国	人口、农业、公共管理、陆军
十九世纪	英　国	工业、政治凝聚力、金融和信贷、海军、自由规范、岛屿国的地理位置（易于防御）
二十世纪	美　国	经济规模、科技领先、地理位置、军事力量和同盟、“普世性”文化和自由主义国际规则（软实力）
二十一世纪	美　国	科技领先、军事和经济规模、国际通讯枢纽、软实力

资料来源：［美］小约瑟夫·奈著，张小明译：《理解国际冲突：理论与历史（第五版）》，上海人民出版社 2005 年版，第 74 页；Joseph S. Nye，Jr.，“Understanding International Conflicts：An Introduction to Theory and History（5th ed.）”，Longman，Inc.，2004。

分析上表可以得出三点启示：一是作为世界大国必须有相对强大的硬实力做支撑，不仅经济实力超群、贸易发达，军事力量也要堪当护航重任。二是软实力一直是世界领导国权力中的重要组成，十六世纪西班牙的王朝纽带、十八世纪法国的公共管理等，就是软实力较早发展的例证。三是软实力在大国权力构成中的分量越来越重，其内涵越来越丰富，到二十世纪已成为包含“普世性”文化和自由主义国际规则等诸多要素的有机体。实践也证明，光有硬实力的护卫，大国地位难能持久；有了软实力的感召加持，大国影响才会播万里之遥、引万国来朝。因此，当今世界，国家实现崛起除了要有强大的硬实力，还必须充分提升软实力。这是因为，随着全球化持续发展，经济相互依赖日益加深，国际关系民主化高涨，国

际政治已经从比较单调、充斥零和博弈思维的进攻性现实主义世界，进化为防御性现实主义与自由主义、建构主义交融演进的世界。国际社会中，霍布斯文化大大消退，洛克文化成长盛行，世界天空变幻不定的云隙中，偶尔也会掠过一丝引人雀跃的康德文化的亮光。因而，不但武力征服变得越来越困难，而且作为硬实力突出体现的军事实力，在国际社会所能起到的作用也越来越有限，国家不得不越来越多地依靠软实力，企望在赢得别国的支持和合作中去实现自己的战略目标。当然，软实力作为社会建构物，确有独特的功能去支撑这种企望。

一是可以增强一国权力行为的合法性。软实力是靠文化、意识形态的吸引力、国际规制的塑造能力来蓄积的，因此，具有软实力，就意味着别的国家认同自己的文化和价值观，纷纷效仿自己，而体现自己的利益的国际规制也被认为包容它们的利益，因而这个国家的权力行为就自然地被他国所理解和赞同，从而具有合法性。美国每次对外采取干涉行动，始终不忘将其贴上“正义”“民主”“人权”等软实力标签，如：1983 年入侵格林纳达，取名“复仇女神行动”；1989 年入侵巴拿马，取名“正义事业行动”；1993 年入侵索马里，取名“恢复希望行动”；1994 年入侵海地，取名“恢复民主行动”。[①] 这种用战争“正当理由”包装自己的做法显然是一种欺骗和狡辩，这种做法背后的一个重要战略考量就是，软实力的运用在一定程度上可以为硬实力的运用披上合法性外衣。

二是有助于降低与其他国家打交道的“交易成本”。孔子曰“道不同，不相为谋”[②]，喻指意见或志趣不同的人就无法共事。其实，国家亦然。国际交往中，“道不同”却不得不“谋”的两国间，比起一国为另一国所吸引、倾慕、追随，也即一国对另一国存在较强软实力吸引力的两国间，交往成本肯定增大许多。这是因为一国的价值观、意识形态、文化、社会制度和对外政策对他国产生了一定的辐射力和吸引力，该国与他国间的“共同语言”“共同认识”就会增多和加深，误解与摩擦就会随之减少，打交道时就会尽可能相互降低门槛、打开方便之门，“交易成本”自然会大幅

① 薛国安主编：《军事思想概论》，国防大学出版社 2012 年版，第 154—155 页。
② 《论语》，上海古籍出版社 2007 年版。

下降。正如奈所指出的：

如果一个国家能够使其权力在别国看来是合法的，那么它在实现自己的意志时就会较少受到抵抗。如果它的文化和意识形态具有吸引力，那么别国就会更愿意效仿。如果它能建立起与它的社会一致的国际规范，那么它需要改变自己的可能性就会很小。如果它能够帮助支持那些鼓励其他国家按照主导国所喜欢的方式采取或限制自己行为的制度，那么它在讨价还价的情势中就可能没有必要过多地行使代价高昂的强制权力或者硬实力。①

三是直接影响着国家形象和国家声誉。软实力强大的国家总会塑造出良好的形象与声誉，相反，良好的国家形象与声誉也会使软实力不断提升。然而，软实力的获得与作用发挥的途径应是自然的而非强制的，否则很可能适得其反。诚如斯言，“软实力买不来，必须被赢得。而且最好在没有政府权力控制下，当其社会人才与世界直接互动时赢得”。②

第二节　国际战争合法性是软实力增强的重要因素

克劳塞维茨认为，战争是政治交往的继续，是政治交往通过另一种手段的实现③；而且，现实中的战争，并不像战争的概念所规定的那样，是一种趋于极端的努力，而是一种本身有矛盾的不彻底的东西，所以，必须把它看作是另一个整体的一部分，而这个整体就是政治。④ 然而，国际战

---

① Joseph S. Nye, Jr., “Bound to Lead: The Changing Nature of American Power”, New York: Basic Books, Inc., Publishers, 1990, pp. 32 – 33.

② David Shambaugh, “China's Soft – Power Push”, Foreign Affairs, July/August 2015, p. 107.

③ ［德］克劳塞维茨著，中国人民解放军军事科学院译：《战争论（第一卷）》，解放军出版社 2005 年版，第 26 页。

④ ［德］克劳塞维茨著，中国人民解放军军事科学院译：《战争论（第三卷）》，解放军出版社 2005 年版，第 946 页。

争并不是永远不变化的事物，只要国际环境与政治在演变，就必然会在它的属性中打下深刻的烙印。因此，随着社会文明的发展，冲破一切义绳律索约束、恣意妄为的战争，在国际社会已失去空间。拥有合法性的战争——也即合法性战争——是国际政治文明在理念价值、国际规制和社会赞同等维度发育发展的必然结果，它与软实力有本质上的一致性和正相关性，对施动国软实力的形成和增强具有重要意义。详而言之，合法性战争的软实力因素体现在有利于生成以下“三力”。

一、依据或推新国际社会共享理念价值，必然对国际社会产生价值认同力

具有合法性的战争所坚持或推陈出新的理念价值，并非是一国所炮制并强制推行的“私有观念”，而是被国际社会共同认可的既已遵循的或呼之欲出的伦理原则和意识形态。这些共享价值是在人类社会发展的历程中逐渐形成的，它们可能是一国社会价值的自然“外溢”，也可能是诸国交往中的积极创造；可能是如日中天的成熟价值，也可能是冉冉升起的新生理念。不论怎样，为国际社会绝大多数所认可和接纳，具有普适性而非个别性、共享性而非私有性、先进性而非落后性，是其最本质的特征。奈强调，美国的软实力的一个源泉是它的价值观念，一定程度上美国被认为是“自由、人权和民主”的“灯塔”，而其他国家纷纷效仿。[①] 实际上，“当今被国际社会公认的价值原则应主要包含主权平等和独立观、自由民主观念范畴内的国际民主和文化多样性价值观等”。[②] 尊重和维护国家主权、保护人权应是国际社会价值的核心，坚持以此为根基的合法性战争，必然为其他国家所认可并产生价值认同。下面以美国为例做简要考察。

美国从国家独立至 1945 年成为超级大国，发动或参与了约 8 场大的战争，下表是其合法性的基本情况。

---

① Joseph S. Nye, Jr. , “The Power We must not Squander”, New York Times, Jan. 3, 2000.

② 简军波：《现代国际合法性条件与美国的困境》，《世界经济与政治》，2007 年第 3 期。

表 7－2　1775—1945 年美国经历的主要战争

序号	年份	战争名称	问　题	合法性状况	遵循或创新的理念价值认同
1	1775—1783	独立战争	美国人民掀起反抗英国殖民者的战争，具有民族独立和反抗侵略性质；美国胜利	合法性充足	遵循的原则：民族独立、反抗侵略
2	1846	美墨战争	美国借口保护侨民，入侵墨西哥，并占领了其大片领土；美国胜利	合法性丧失	
3	1898	美西战争	美国以解放古巴、菲律宾，支持两国人民起义为理由；帮助古巴实现了独立；得到两国以及英国等国的支持；但主要旨在与西班牙争夺殖民地；美国胜利	合法性欠足	创造新道义原则：自由、独立、正义
4	1899	美菲战争	美西战争后，拒不从菲律宾撤军，企图占领该国主权；镇压当地人民起义；美国胜利	合法性丧失	
5	1900	八国联军侵华战争	与英、法、德、俄、日、意、奥组成联军侵略中国，旨在瓜分中国，打开市场，称霸世界；美国胜利	合法性丧失	
6	1917	第一次世界大战	美国以反对德国违反国际法的无限制潜艇战为由，参加第一次世界大战；美国胜利	合法性充足	战后美国总统威尔逊提出的“十四点纲领”“和平方案”集中体现了战争带来的规范创新：（1）公开外交原则；（2）航海自由原则；（3）贸易自由原则；（4）裁军与军控原则；（5）民族平等与自决原则；（6）集体安全原则；（7）共同利益原则；（8）国际经济合作原则

续表

序号	年份	战争名称	问　题	合法性状况	遵循或创新的理念价值认同
7	1941	二战之欧洲战争	始于9月，旨在反对德国侵略，摧毁德国暴政；与英、苏结成反法西斯联盟；促成世界反法西斯侵略的伟大阵线；美国胜利	合法性充足	二战后的雅尔塔会议体现了战争带来的规范创新：（1）根除纳粹主义原则；（2）五大国一致原则
8	1941	二战之太平洋战争	以日本1941年12月7日偷袭美国太平洋上的海军基地珍珠港为标志，太平洋战争爆发；美国领导同盟国给日本军国主义以沉重的打击，既有自卫战争性质，又有反法西斯战争性质；美国胜利	合法性充足	

资料来源：王绳祖主编：《国际关系史》第1卷至第7卷，世界知识出版社1995年版；郭树勇：《大国成长的逻辑：西方大国崛起的国际政治社会学分析》，北京大学出版社2006年版，第151—155、160—162页。笔者对相关散见资料进行了综合梳理。

从上表可以看出，美国在大国成长的过程中，合法性战争对其作用不容忽视，从国际政治社会学视角看，有以下几个特点。

一是发动或参与的战争的合法性程度比较高。在发动的8场战争中有4场是合法性充足的战争，1场是合法性欠足或较足的战争，3场是合法性丧失的战争，合法性战争总数占56.2%，高于历史上崛起大国英国的55.6%、俄国的51.5%。[①]

二是在二战结束，美国全面走向霸权国巅峰、国际体系发生深刻转换这一关键时刻的前夕，美国十分注重战争的合法性。越是走向崛起大国的

---

① 郭树勇教授对西方诸大国成长中发动或参与合法性战争的次数进行了很详细的统计和分析，本书的写作参考了他的研究成果，特致谢。关于这方面具体的论述，参见郭树勇：《大国成长的逻辑：西方大国崛起的国际政治社会学分析》，北京大学出版社2006年版，第118—119、128—129、151—153页。

临界状态，美国对战争的考量就越是谨慎，这可以从它崛起前连续参加一战、二战3次合法性战争可见一斑。具体史实确实是这样，美国采取的政策起初是独善其身、静观其变，充当战争“调解人”并大发战争横财；后来，抓住时机投入战争，成为拯救和领导人类正义事业的关键力量。“美国参加了第一次世界大战与第二次世界大战，成为改变战争进程的关键力量，特别是在世界反法西斯战争中发挥了主导作用，这对于增强美国战争的国际合法性、优化美国国际形象起到了一般的合法性战争所不及的作用。”①

三是美国从合法性战争中所挖掘和发展起来的国际认同与规范，成为美国软实力增长的鸿源巨流。表7－2所列的美国经历的战争所创造的理念价值，是美国历史上创造的所有新规范、新认同体系的最主要部分，它为国际社会贡献了庞大的国际认同体系，绝大多数已经成为当今国际社会的基本准则。在国家层面上，它不仅为美国树立了一种清新的良好国际形象，而且也为它掌握相当长时期的国际政治话语权奠定了基础；在国际层面上，这些认同与规范被新兴强国所极力推进，不仅逐步实现了国际制度化，推动了战后国际组织大发展，还推动了民族自决与解放运动，埋葬了世界殖民体系和法西斯制度的全球扩张。

由此可见，合法性战争所基于的理念价值本身会对国际社会产生价值认同力，从而为该国软实力注入丰富营养，为其获得巨大提升发挥重要作用，而无论这种理念价值是源于对既有国际认同的继承，还是源于对新生国际认同的提炼、升华与推广……当然，细辨起来，美国在合法性战争中所提出与倡导，通过战争所践行与推广，以及战后所提炼、升华和固化的理念价值，并非美国的“私有价值”的强行推广或一国的思想创造，而是长期以来，人类在追求和平与发展的进程中，面对全球性问题挑战日益突出的严峻形势，由各国人民和政治家共同呼唤理性、克制人类或国家自私的结果，是国际社会长期互动的必然，反映了世界文明发展的趋势。“美国只是以其独特的政治社会背景，抓住了战略机遇，将这些百年来的新生

① 郭树勇：《大国成长的逻辑：西方大国崛起的国际政治社会学分析》，北京大学出版社2006年版，第154页。

思想上升为正式的国家意志，并依靠较强的物质性国力，努力促使其由国家意志向国际社会意志的转化。”①

二、尊重、依据甚至重塑国际规制，必然对国际社会产生示范感召力

具有合法性的战争虽然不等于依法战争，但在很大程度是为了维护国际秩序、实现国家及其集团诉求，依据既有的国际法规定、国际规程及其精神进行的战争，基本上是遵循而不是突破现有国际规制。它往往给国际社会树立了积极融入而非被动排斥、带头维护而非有意挑战既有秩序，以及主动履行国际责任与义务的良好形象。当然，合法性战争也不是对既有规制放弃批判和重建权利的一味顺从。当现有的国际规制存在明显的不合理、不公正，以致不能体现新的国际公意、展示时代新精神时，合法性战争往往会荡涤其不合理成分，积极重塑国际社会上层建筑，建立蕴含时代精神的新秩序，解放被压制的国际公意。因此，具有合法性的战争，以其“依法行道”的自律和“天下己任”的胸怀，必将对国际社会起到很强的示范和感召作用。正如奈所言，“如果一个国家可以塑造国际规则，使之与自己的利益和价值观念相吻合，其行为在他人看来可能更具有合法性。如果它可以使用和遵循那些能够引导和限制他国自愿行为的制度和规则的话，那么它就没有必要使用代价高昂的胡萝卜与大棒。”②合法性战争虽然举起了“大棒”，但严守“棒规”，并将自己的利益融入其中，故能赢得国际社会源自内心的佩服。

美国发动海湾战争得到了联合国授权，遵循了国际法规定，其合法性充足，对国际社会具有很强的感召力，得到了国际社会的充分认可，无疑为其赢得了软实力。可美国发动的伊拉克战争，既未得到联合国授权，也未严格遵守国际法，随着时间推移，战争非合法性对软实力的侵蚀日益显

① 郭树勇：《大国成长的逻辑：西方大国崛起的国际政治社会学分析》，北京大学出版社2006年版，第161页。

② Joseph S. Nye, Jr. , “Soft Power: The Means to Success in World Politics”, New York: Public Affairs, 2004, pp. 10 – 11.

现，其不仅受到国际社会的谴责，战争联盟内部也分崩离析。除了英国，其他大国都反对军事干涉，其中包括美国的两个亲密盟友——法国和德国。[①] 最终，伊拉克战争成为美国软实力成长道路上的“滑铁卢”。美国对外实施的这两次战争的历史表明，为了胜利，美国当局虽然都是以国家安全受到急迫威胁，甚至以全球和平安全与世界正义受到严重危害为借口或理由发动战争，但是只有那些满足国际规制条件、经得起时间与国际社会质疑的战争，才能取得眼前与长远的胜利，否则，即使取得暂时的军事胜利，也会因最终输掉了政治而以失败告终。而其后果及其产生后果的原因，就在于失去了对国际社会的示范感召力。一旦一个大国，哪怕是世界主导国家，因过于自私而难以自我抑制发动战争，就会失去感召力，从而无异于在国际社会自掘坟墓。

三、注重平等协商、争取国际赞同，必然对国际社会产生民主亲和力

合法性的核心要素就是统治对象或民众对统治权利的认可与赞同，脱离民众的赞同去谈合法性就会陷入绝对虚无主义的误区。夸克指出，“对个体自由可能的根本限制处于政治功能的核心地位。因此，为了建立统治权利，这种限制便造成了对赞同的需求。由于权利与义务之间的动态关系预示着对于所放弃的部分应达成一致这一观念，因此，义务越是繁重，权利关系的建立就越必须以更高程度上的赞同为前提”。[②] 可见，获得更高程度上的赞同，对于一个政治单元的权利关系建立非常重要。合法性虽然具有一定的稳定性，但是以当时的政治情势、政治社会的态度为转移的永恒状态。合法性不仅是“天道”，更是“人道”，最终要以国际社会的赞同为前提、为动力、为归依。因此，合法性战争基于协商赞同，实行多边主

---

① Isakoff, Michael and David Corn, “Hubris: The Inside Story of Spin, Scandal and the Selling of the Iraq War”, New York: Crown, 2006; Gordon, Michael R. and Bernard E. Trainor, “Cobra Ⅱ: The Inside Story of the Invasion and Occupation of Iraq”, New York: Pantheon, 2006.

② ［法］让－马克·夸克著，佟心平、王远飞译：《合法性与政治》，中央编译出版社 2002 年版，第 16 页。

义，反对单边主义，以合作姿态与国际社会携手合力应对挑战；注重与国际社会平等沟通、民主对话，反对霸权强权，坚持平等互利开放原则，以协调方式、民主途径、互动实践，加强合作，最大程度照顾各方利益关切；强调包容克制和必要妥协，反对“己所不欲强施于人”，最大限度地争取国际社会认可和支持，这对国际社会无疑会产生亲和力，赢得广泛赞同。正如奈在“9・11”事件后对美国政府所提醒的，在制定自己的政策时要考虑别人的利益，包括盟友的利益，要与他人协商，要使自己的利益与别国的利益相吻合。①

总之，战争合法性使得施动国作用于国际社会，更多靠的是用价值认同力、示范感召力、民主亲和力集聚成的自身的吸引力，而不是强迫国际社会做其不想做的事情，如此，必然会使施动国软实力得到明显增强。

第三节　软实力规约下合法性战争机遇的辩证把握

无政府社会正经历着一系列深刻的变化，渐进的量变必将累积成质的变革，当这种变革因种种原因不能得到国际社会既有框架容纳和承认并以和平的渠道释放时，那么战争将可能成为其最后的出口，这种累积被压抑得愈久，战争爆发的烈度就愈强。然而，“人类创造了他们生活于其中的社会，包括国际社会”，“人类生活其中的社会也塑造了人类。在国际关系领域中也是如此”。② 因此，对于国家特别是崛起或是守成大国而言，面对战争逼迫的现实时，应当坚持与强化战争的合法性，因为这既是国家软实力成长的内在律令，也是国家对国际社会和平发展的责任与贡献。因此，必须辩证把握合法性战争的机遇。

---

① 张小明：《约瑟夫・奈的“软权力”思想分析》，《美国研究》，2005 年第 1 期，第 25 页。

② ［美］肯尼思・华尔兹著，信强译：《人、国家与战争：一种理论分析》，上海人民出版社 2012 年版，第 92 页。

一、在立场选择上，要积极避让但不消极绥靖

战争既会对社会产生促进作用，又不可避免地给包括战争施动国在内的人类社会带来巨大的破坏。《管子》有云："故一期之师，十年之蓄积殚；一战之费，累代之功尽。"① 意即，军队出征一次，会用尽十年的储备；进行一次战争的费用，会耗尽几代人的蓄积。布尔在《无政府社会》中指出，"随着发动战争的代价增大，可以有效地通过战争得以实现的对外政策目标则显得变少了"，"战争除了会给战争的发起国带来毁灭性后果和混乱之外，也会损害该国在世界政治中的地位"。② 尤其是大国的成长将会造成国际力量结构变化，导致国际社会部分国家的恐慌与排斥，特别是在霸权国的挑动遏制，甚至精心"布局"下，必然面临别有用心的"围追堵截"，或是故意设下的圈套陷阱，崛起大国所处的环境趋于僵化，回旋的战略空间趋于收窄，面对"鱼钩"与"长矛"③ 的考验，既需要政治勇气，更需要智慧。放眼近 500 年的历史，国际政治的世纪性规律表明，力图通过战争方式彻底变革由霸权国家主导的基本国际体制的挑战者统统失败了，成为新的世界领导者的国家统统是先前世界领导者的主要伙伴。④ 然而，积极避让，是以迂为直，以退为进，是机智地退让，以逐步缓冲化

---

① 管子：《管子・参患篇》，上海古籍出版社 1989 年版。

② ［英］赫德利・布尔著，张小明译：《无政府社会——世界政治秩序研究》，世界知识出版社 2003 年版，第 158 页。

③ "鱼钩"与"长矛"，是中国民革中央法律委员会、耶鲁大学博士高志凯先生 2008 年为奥运安保所提出的中国应区分和应对的两类不同事件。所谓"鱼钩事件"，是指事件本身是肇事者所设的诱饵、陷阱，其"本身并不可怕，可怕的是自己上钩"，故不予以过激处理，一般不严重，但如果缺乏理性，处置不当，就会被国外媒体炒作，而产生严重恶劣影响；而"长矛事件"，是指直接攻击性的事件，"这些破坏活动和破坏分子不仅中方深恶痛绝，国际社会也会深恶痛绝"，应该严阵以待，并想方设法挫败，坚决打击，毫不手软，"但是应该及时让国际社会了解真相，避免误解"。所以，"鱼钩"与"长矛"必须区别对待，用对付"长矛"的手段来对付"鱼钩"，或者把"长矛"当成"鱼钩"来对待，都是错误的。他后来说，对付长矛要狠、要猛，要勇于当黄继光；对付鱼钩要巧、要忍，要勇于当邱少云。该文对奥运安保提出了独到的见解，突破了奥运安保工作单一思维与高压模式，为已方释放了缓冲空间。"钩矛两分法"显然对大国应对崛起中遇到的挑战同样具有很好的启发和借鉴意义。

④ 时殷弘：《国际政治的世纪性规律及其对中国的启示》，《战略与管理》，1995 年第 5 期。

解矛盾，并不是消极绥靖。布莱内看似“杞人忧天”却不乏见地地论述道：“和平运动的大多数追随者并未认识到，他们的运动可以证明是一个战争原因”，“20 世纪 30 年代在英法两国的和平运动大概是第二次世界大战的一个原因，因为它加强了希特勒的讨价还价地位，给了他一种膨胀的信心，以为潜在敌人全无打仗胃口”。[①] 因此，可以忍让动武，不可以怒而兴师；正义的立场，一刻也不能退让。

二、在外交运筹上，要连横合纵但不非联不战

合法性不是权力施动者的自我评判，而是国际社会对其权力运用权利的认定。故而，合法性战争要在具有强有力的理念价值基础上，加强国际协商，增进国际理解和认同，提升国际赞同水平，以达成有利的统一战线，增强战争权力的广延性和强度。特别是多边主义已经日益深入人心，国际战争或武力运用者要争取合法性，就应顺应时代潮流，坚持多边主义，本着相互尊重、公平正义、合作共赢理念，坚持共商共建共享的全球治理观，加强与国际社会互动，突出相关行为体的平等性、合作过程的开放性和合作目标的互惠性，尊重相关方的重大关切，求同存异，发现国家间共同、交融的利益，寻求多边合作的最大公约数，不断壮大战争中自己战壕的队伍，形成强大有力的对敌阵线。当然，即使因种种原因，在国际社会难以形成有利的联合战线，处于国际正义高地的国家，也应举起正义大旗，为维护国家主权独立、领土完整、安全与发展利益而做坚决的抗争。

三、在实力运用上，要勇于胜利但不违法触线

“兵者，国之大事，死生之地，存亡之道”。[②] 虽然作为战争，胜利至关重要，但是对于一国而言，合法性也十分关键。战争中，没有合法性，胜利不但因缺乏道义、法理和国际社会支持而难能实现，而且即使取得了

① ［澳］杰弗里·布莱内著，时殷弘译：《战争的原因》，商务印书馆 2011 年版，第 254 页。

② 孙武：《孙子兵法·始计篇》，武汉出版社 1994 年版。

胜利，也是使软实力贬值的、令国际社会难以信服的胜利。尤其值得重视的是，当今的战争，是信息化、智能化时代的战争，也是民主化时代的战争。信息化、智能化与民主化相互交织演进，形成加速旋转、势不可挡的力量螺旋，强劲扫尽每一个角落内令其晦暗不清的雾霾，使战争对于国际社会越来越透明化和直播化。因此，战场已经不是一个令人无法透视的黑匣子，参战者越来越像是在“聚光灯”下行动，在“放大镜”下作战，公众监督极强的渗透性大大促进了国际法规约束的刚韧性，国家任何对罪恶的隐瞒和掩饰，都经不起技术和时间的检验。科技的透视侦察、敌对双方的互相揭批、网上的“人肉搜索”和斯诺登①式的起义爆料，将是一切伪善者的梦魇和谎言者的坟墓。因此，合法性战争中，必须既要勇于胜利，又要严守国际法底线，否则，硬实力胜利之时，便是软实力溃败之始。

四、在规程设置上，要参与制定但不唯我独尊

决定利益、权利和观念如何分配，并使这种分配状况固定化，是国际规制的重要功能。谁能主导国际规制的创立或重塑，谁就能设定政治议程，谁就拥有软实力。然而，一个稳定而具有合法性的秩序，不可能建立在不义与压制之上，否则确立战争结果与战后秩序的新国际规制，将成为孕育另一场扭转当前冲突结果的战争的新土壤。即使是战胜国，虽然可以主导国际规制的创立和重塑，但不能唯我独尊，将自己僵化成对一切事务的绝对主宰。回顾历史，1945 年 10 月 24 日，在人类经历两次世界大战浩劫后，在人们对和平与发展的强烈愿望中诞生的、迄今已有 193 个国家加入的联合国，之所以成为世界上一个最具普遍性、代表性、权威性的国际组织，成为战后合作处理国际事务的核心机制，关键在于它是由美国、苏联、英国、中国、法国等国及众多同盟国一起协商创建而不是少数国家主观臆断的结果，是多边主义而不是单边独裁的胜利，故而成为一个普遍性

① 爱德华·斯诺登，1983 年出生于美国北卡罗来纳州，是美国中央情报局前技术分析员，后供职于国防项目承包商博思艾伦咨询公司。2013 年 6 月，他将美国国家安全局关于“棱镜计划”监听项目的秘密文档披露给了《卫报》和《华盛顿邮报》，随即遭到美国通缉，事发时其在中国香港，随后飞往俄罗斯。紧接着，他又曝光英国的“颞颥”秘密情报监视项目。

的维护和平与安全的国际组织是其初心使命。因此，以国际战争合法性提升促进国家软实力增强，就应充分吸收包括战败国在内的国际社会的意见，使本国的利益与国际社会的利益一致起来，建构未来的组织与制度，使权力更多以软实力形式不断延伸。正如习近平总书记所指出的，“要弘扬多边主义，其核心要义是，国际上的事应该由大家商量着办，不能由一国或少数几个国家说了算”。[①]

① 新华社：《习近平出席金砖国家领导人第十一次会晤并发表重要讲话》，《人民日报》，2019年11月15日第1、3版。

第八章　国际战争合法性对中国的意义与启示

> 大国总是面临着如何使其他国家认可自己在国际体系中发挥特殊作用这个问题。大国在国际社会中发挥管理作用的前提是，在国际社会中有足够多的国家明确承认大国的这种作用，从而使大国的行为具有合法性。
>
> ——［英］赫德利·布尔①

国际战争合法性实际上是政治权力现代合法性在国际战争领域以另一种形式的延伸与表达，理念价值基础、国际规制基础、协商赞同基础既是其形成源泉，也是其强弱的衡量依据。战争合法性作为战争政治属性成长的现代性体现，反映出国际社会的时代发展从多个维度对战争的约束与塑造。国际战争合法性的中国意义与启示，本质上是国际战争合法性的时代内涵规律与中国发展内在要求一致性的价值体现，以及对中国理性克制应循的实践启示，而不是中国对国际战争合法性的工具性应用和扩张性追求。对于中国而言，重视武力运用的合法性，对国家软实力增长、实现中国梦、推动人类命运共同体构建具有十分重要的价值。而当中国因国际战争逼迫或为发挥负责任大国作用而不得不运用武力时，要争取更加充足的合法性，就应坚定秉持和倡导国际正义，积极遵守和建设合理的国际规制，努力争取国际社会支持，充分筑牢合法性基础。

---

①［英］赫德利·布尔著，张小明译：《无政府社会——世界政治秩序研究》，世界知识出版社2003年版，第183页。

第一节 国际战争合法性意蕴的中国意义

讨论国际战争合法性对中国的意义价值的前提，是国际战争合法性的内涵与中国和平发展要求存在着一致性。当前和今后相当长时期内，只要国际社会没有彻底改变“无政府社会”本质、颠覆国家“自助”逻辑，国际战争不仅不会消亡，而且仍然是政治的继续。然而，随着全球化深入发展，国际交往空前加强，国际社会的共享价值、国际规制不断地孕育繁衍，战争已非昨天简单的重复。战争因承受由政治、道德、法律和社会判断交织成的合法性绳索绑缚越来越多、越来越紧，而变得越来越“驯化”。因此，对于正聚力实现中华民族伟大复兴的中国梦的中国而言，[①] 不仅要推进现代化建设、坚决实现祖国统一，还要积极维护世界和平、促进共同发展，故而关注与探讨国际战争或军事力量运用合法性，[②] 显得具有十分重大而特殊的价值。

一、中国软实力成长不可忽视的重要因素

软实力是通过吸引而非强制以达到目标的能力，换言之，软实力其实就是吸引力。奈在论述软实力时，不仅将其归纳为文化吸引力、意识形态或政治价值观念的吸引力，以及塑造国际规制和决定政治议题的能力，而

---

① 习近平：《决胜全面建成小康社会 夺取新时代中国特色社会主义伟大胜利》，人民出版社2017年版，第71页。

② 国际战争与国际军事力量运用是有明显区别的，一是在强度上，国际战争是军事力量运用的极端状态，并非一切军事力量运用都构成战争，军事力量运用是一种事实状态；二是在行为体上，战争主要为国家或国家集团，而军事力量运用还包括非国家行为体；三是在形式和种类上，国际军事力量运用的形式和种类更为广泛，如国际维和、人道主义介入、国际反恐等；四是在法律依据上，战争主要依据战争法等国际法，而军事力量运用依据的国际法更为宽泛。但是，二者在本质上有很大的相近性，后者一定程度上是前者在新形势下以非传统面目的表现和发展，且二者并没有不可逾越的鸿沟，故将二者一并探讨。

且指出了合法性与权力尤其是软权力的关系，强调合法性是权力的一个源泉，合法性也会增强一国的软权力。[①]

当今中国，正“朝着实现中华民族伟大复兴的宏伟目标奋勇前进”[②]，已成为世界第二大经济体，并日益走近世界舞台中央。然而，从更长远看，中国的发展强大，应有更深层的成长。郭树勇教授在分析西方部分大国兴衰史后认为，“大国成长是物质性成长与社会性成长的统一”，“大国的社会性成长要求对暴力进行一定的合法性限制”，而且“大国成功成长前夕对战争的合法性限制程度最高”。[③] 因此，今天中国的崛起，不应只是硬实力的崛起，而应是包括软实力在内的综合实力的崛起。只有软实力的不断增强，对世界才能有更强的吸引力、感召力和归附力。

基辛格在《论中国》一书中指出，中国的统一之所以历千年而延续至今，主要靠从上层的士大夫到底层的平民百姓都信奉的一整套价值观，而不是历代皇帝的镇压，并由此感慨道：

> 几乎所有帝国都是凭借武力建立的，然而没有一个能够靠武力延续下去。若要长久统治世界，必须化武力为义务。否则统治者会为了维护统治耗尽精力，却无力塑造未来，而塑造未来才是政治家追求的终极目标。压迫若能让位于共识，帝国即可得以延续。[④]

这一慨叹深刻地揭示了政治的本质和终极追求。所以，历史性的清醒下的自觉和少为恰恰是最有意义的有为。正因为此，高度重视和争取战争合法性、合理运用合法性战争就显得异常重要。

回顾历史，中国近百年的历史上曾参与或实施的合法性国际战争对中国的崛起起着重要的作用。特别是新中国建立以来，经过艰苦卓绝的斗

---

① ［美］小约瑟夫·奈著，张小明译：《理解国际冲突：理论与历史（第五版）》，上海人民出版社 2005 年版，第 201 页。

② 习近平：《决胜全面建成小康社会 夺取新时代中国特色社会主义伟大胜利》，人民出版社 2017 年版，第 1 页。

③ 郭树勇：《大国成长的逻辑：西方大国崛起的国际政治社会学分析》，北京大学出版社 2006 年版，第 215、218、227 页。

④ ［美］亨利·基辛格著，胡利平等译：《论中国》，中信出版集团 2015 年版，第 9 页。

争，中国国力与国际地位不断呈上升趋势。造成这一重新崛起进程的众多因素中，中国人民的革命战争、自卫战争、反法西斯战争以及反霸权主义战争是推动的基本力量之一。“战争并不完全是恶的历史杠杆，合法性战争本身就是一种历史之善。”[1] 通过分析我们不难看到，这些战争或为维护世界和平与正义，或为反抗侵略与霸权、争取民族独立，或为捍卫国家领土完整与主权安全，而且遵循国际规制，赢得国际社会有力支持，甚至融入与引领世界反法西斯波澜壮阔斗争的狂涛洪流，具有充足的合法性。[2] 这些合法性战争保证了中国在十分孱弱的情势下没有再受到国际社会的致命一击，反而从国际社会的同情与支持中慢慢地积聚了力量，国家逐步走向统一和独立，鼓舞了民族士气与民族自信心，在国际社会中不断提升国际地位。简而言之，这些合法性战争从多个方面推动了中国的崛起：一是保持了中国的领土完整；二是恢复并维持了中国的对外主权；三是重振了中国的民族自信心，获得了国际社会一定程度的肯定，参与创建了以联合国为核心的国际体系，彻底改变了东亚国际政治格局，恢复了中国在东亚的地区性大国地位；四是形成了利于中国靠近世界体系核心的位势；五是推动中国成为国际政治文化与国际制度的融入者；六是改善并提高了中国的国际形象；七是为中国综合国力的全面提高扮演了第一推动力的作用。[3] 在这些国家实力向上成长的积极因素中，无不显示出历次战争的合法性对国家软实力的巨大贡献。

今天，中国在走向中华民族伟大复兴的征途上，既要成就“大我”，还要完善“自我”，也即，不仅要为人类和平与发展不断作出新的更大的贡献，还要“推进祖国和平统一进程、完成祖国统一大业”[4]，而且这“是实现中华民族伟大复兴的必然要求”。中国早就向世界承诺，中国始终是世界和平的建设者、全球发展的贡献者、国际秩序的维护者，愿扩大同各

---

① 郭树勇：《中国软实力战略》，时事出版社 2012 年版，第 234 页。

② 郭树勇教授对从辛亥革命以来，中国重新崛起历史中参与或实施的一系列重要战争逐一进行分析，认为其都是合法性战争，参见郭树勇：《中国软实力战略》，时事出版社 2012 年版，第 224—233 页。

③ 郭树勇：《中国软实力战略》，时事出版社 2012 年版，第 234—239 页。

④ 习近平：《在庆祝中国共产党成立 95 周年大会上的讲话》，人民出版社 2016 年版，第 26 页。

国的利益交汇点，推动构建以合作共赢为核心的新型国际关系，推动形成人类命运共同体和利益共同体。[①] 但是，中国也向世界表明，始终坚决维护国家主权、安全和发展利益，维护国际公平正义，反对一些国家把自己的意志强加于人，反对干涉别国内政，反对以强凌弱。特别是，中国不觊觎别的国家的权益，但也决不放弃自己的正当权益。“中国人民不信邪也不怕邪，不惹事也不怕事”，任何外国不要指望我们会拿自己的核心利益做交易，不要指望我们会吞下损害我国主权、安全、发展利益的苦果。[②]

因此，当中国在面对国际战争逼迫或者在国际社会发挥负责任大国作用而不得不运用武力时，积极争取合法性以增强国家软实力就显得十分重要。申而论之，从合法性本质内涵看，其也内在地具有服务提升软实力的作用机理。一是，在武力运用中，坚守国际社会共享的理念价值，坚持独立自主、相互尊重、合作共赢，沿着理性和正义的轨道行动，坚决摒弃冷战思维和强权政治，为国际社会绝大多数行为体所认可和接纳，就必然对国际社会产生价值认同力。二是，在武力运用中，尊重国际规制，对于既定的国际秩序不做鲁莽的实质性挑战，相反，在很大程度上依据既有合理的国际法规定及其精神行动，尤其是“遵循联合国宪章宗旨和原则”[③]，“支持联合国发挥积极作用”[④]，就必然对国际社会产生示范感召力。当然，当既有的国际规制存在明显不合理、不公正时，合法性战争或军事力量运用往往会冲击其不合理成分，重塑国际社会上层建筑，解放被压制的国际公意，将赢得国际社会的拥护与支持。三是，在武力运用中，注重平等协商、争取国际赞同，坚持平等沟通、民主对话，实行多边主义，强调包容克制和必要妥协，最大限度地争取国际社会认可和支持，就必然对国际社会产生民主亲和力。总之，这些富含吸引力的柔性力量汇聚起来，就是持久、强大的软实力。

---

① 习近平：《在庆祝中国共产党成立95周年大会上的讲话》，人民出版社2016年版，第20页。

② 习近平：《在庆祝中国共产党成立95周年大会上的讲话》，人民出版社2016年版，第21页。

③ 胡锦涛：《坚定不移沿着中国特色社会主义道路前进 为全面建成小康社会而奋斗》，人民出版社2012年版，第47页。

④ 习近平：《决胜全面建成小康社会 夺取新时代中国特色社会主义伟大胜利》，人民出版社2017年版，第60页。

二、实现中国梦必须高度关注的重大问题

“中华民族伟大复兴，绝不是轻轻松松、敲锣打鼓就能实现的”，“必须进行伟大斗争”，[①] 而注重对国际战争或军事力量运用合法性的审视，显然不可或缺。

一则，因为这是伟大梦想题中应有之义。中国梦不仅追求经济发展、国家富强、人民幸福，更在根本上坚守主权独立、领土完整、国家安全和发展空间，强调要更加自觉地维护国家主权、安全和发展利益，“坚决反对一切分裂祖国、破坏民族团结和社会和谐稳定的行为”，“绝不容忍国家分裂的历史悲剧重演”，[②] 而关注国际战争或军事力量运用合法性，正是这一目标要求的内在体现。应理性认识到，从历史和现实的角度强调战争合法性的意义，并不是排除和平手段解决国际问题特别是事关中国崛起根本利益问题的可能性，而是认为合法性战争是最接近于和平发展总战略的一种暴力手段。[③]

二则，因为这是伟大梦想实现路径的必然要求。始终不渝走和平发展道路，“不对任何国家构成威胁”，“永远不称霸，永远不搞扩张”，[④] 坚决不走过去强权政治图景中大国依靠武力崛起的老路，是中国向世界做出的庄严承诺。然而，这并不意味着中国发展过程一帆风顺。事实可能是，中国越是进入发展崛起期，则越是进入安全风险期，面临卷入国际冲突甚至战争的危险愈大。[⑤] 所以中国实现和平发展，不单单取决于自己的和平承诺与行动同世界积极的沟通，更为突出的问题可能出在国际体系主导国能否真心实意地包容中国的和平发展。正如前文所述，权势和平转移理论表

---

① 习近平：《决胜全面建成小康社会 夺取新时代中国特色社会主义伟大胜利》，人民出版社2017年版，第15页。

② 习近平：《决胜全面建成小康社会 夺取新时代中国特色社会主义伟大胜利》，人民出版社2017年版，第15—16、57页。

③ 郭树勇：《中国软实力战略》，时事出版社2012年版，第245页。

④ 习近平：《决胜全面建成小康社会 夺取新时代中国特色社会主义伟大胜利》，人民出版社2017年版，第59页。

⑤ 朱同银：《论国际战争合法性的价值观基础》，《国际观察》，2018年第5期，第49页。

明，实现和平崛起的诸多因素中，重要的有两方面：一方面是对崛起国说的，即要“选择和平道路”；另一方面是对体系中主导国而言的，即要“包容崛起国的和平发展”。[①] 实际上，随着中国经济实力、国防实力、综合实力正快速接近世界前列，一些西方国家特别是个别大国表示出强烈的担忧，一时间“中国威胁论”甚嚣尘上，并且有少数国家频繁利用人权、领土等各种问题制造事端，企图制裁、打压、分裂中国，打断中国发展进程，阻遏中国崛起。二十世纪末以来，美国多次以台湾问题、南海问题等为借口向中国施压，甚至制造危机进行挑衅，中国已经不止一次地遭遇克劳塞维茨所强调的“敌对情感和敌对意志”[②]。不难预见，当前和未来一个时期，处于发展更加关键阶段的中国所面临的内外安全挑战将更加严峻、复杂。因此，重视对于国际战争或者其他军事力量运用合法性问题的探讨，正如本书在绪论中所指出的，并非倡导战争、意欲扩张、放弃和平发展，而是对和平发展的战略丰富和坚强支撑，意在强化底线思维，既从良好的愿望出发，同国际社会一道积极创造和维护和平的国际环境和稳定的国际秩序，走和平发展之路，也从防御和自卫的角度关注和运用具有合法性的强制手段，打破非法敌对遏制，抵御侵犯，维护国家主权，坚持人类正义，积极展示和提升国家软实力，为和平发展提供可靠保障。

三、推动构建人类命运共同体必须积极把握的议题

自从 2013 年中国国家主席习近平在国际场合首次提出“命运共同体”概念[③]以来，“人类命运共同体”思想被不断阐释，并得到国际社会广泛认

---

① 张春：《权势和平转移与中国对美战略选择》，《教学与研究》，2007 年第 3 期，第 65 页。

② General Carl von Clausewitz, “On War”, trans. by Michael Howard and Peter Paret, New York: Oxford University Press, 2007, p. 14.

③ 2013 年 3 月 23 日，习近平在莫斯科国际关系学院发表演讲，强调：“人类生活在同一个地球村里，生活在历史和现实交汇的同一个时空里，越来越成为你中有我、我中有你的命运共同体。”此前，2012 年 11 月 8 日，胡锦涛在中国共产党第十八次全国代表大会上的报告中指出：“要倡导人类命运共同体意识”，“促进各国共同发展”，“增进人类共同利益”。习近平：《顺应时代前进潮流 促进世界和平发展——在莫斯科国际关系学院的演讲》，《人民日报》，2013 年 3 月 24 日第 2 版；胡锦涛：《坚定不移沿着中国特色社会主义道路前进 为全面建成小康社会而奋斗》，人民出版社 2012 年版，第 47 页。

同，已经成为中国引领时代潮流和人类文明进步方向的鲜明旗帜。[①] 党的十九大报告则呼吁世界各国人民，一起同心协力，努力构建人类命运共同体。[②] 在全球抗击新冠肺炎疫情——这一人类“百年来全球发生的最严重的传染病大流行”中，[③] 习近平更是多次谈及命运共同体，指出：病毒没有国界，疫情不分种族，在应对这场全球公共卫生危机的过程中，构建人类命运共同体的迫切性和重要性更加凸显，“人类是一个命运共同体。战胜关乎各国人民安危的疫病，团结合作是最有力的武器”。[④]

显然，人类命运共同体包含着多重维度。2020 年 11 月 10 日，习近平以《弘扬“上海精神” 深化团结协作 构建更加紧密的命运共同体》为题，在上海合作组织成员国元首理事会第二十次会议上进一步阐述指出，要着眼为地区国家稳定和发展作出更大贡献，为推动构建人类命运共同体作出更多实践探索，加强抗疫合作，构建卫生健康共同体；维护安全和稳定，构建安全共同体；深化务实合作，构建发展共同体；促进民心相通，构建人文共同体。[⑤] 这“四个共同体”是促进上合组织发展的中国方案，深刻揭示了人类命运共同体的丰富内涵，明确了上海合作组织面向未来的使命担当。当然，在“无政府社会”治理的背景下，“四个共同体”中的“安全共同体”，无论是在当下还是将来，无疑是最重要、最紧迫的向度。因此，国际战争或军事力量运用的合法性问题，对于中国推动构建人类命运共同体来说，意义重大，不仅反映出中国倡导的国际社会应恪守的底限，也折射出中国引领国际社会追求的公平正义和共同价值的标高，是对中国立场、中国态度和中国领导力的直接考验。“当前，人类社会发展正处在

---

① 杨洁篪：《推动构建人类命运共同体》，《人民日报》，2017 年 11 月 19 日第 6 版。

② 党的十九大报告指出：“各国人民同心协力，构建人类命运共同体，建设持久和平、普遍安全、共同繁荣、开放包容、清洁美丽的世界。”习近平：《决胜全面建成小康社会 夺取新时代中国特色社会主义伟大胜利》，人民出版社 2017 年版，第 58—59 页。

③ 习近平：《在全国抗击新冠肺炎疫情表彰大会上的讲话》，《人民日报》，2020 年 9 月 9 日第 2 版。

④ 习近平：《团结合作是国际社会战胜疫情最有力武器》，《求是》，2020 年 4 月 16 日，第 8 期。

⑤ 习近平：《弘扬“上海精神” 深化团结协作 构建更加紧密的命运共同体》，《人民日报》，2020 年 11 月 11 日第 2 版。

关键十字路口，需要大国担当起应有的责任”，[①] 中国应与时俱进地探索和引领国际战争或军事力量运用合法性的新时代内涵，既立足“小我”，加强对国家的主权、安全与发展利益的保卫，又超越自我，走向“大我”，肩负起负责任大国对于世界的应有担当。

尤其是，当今中国在国际维和事业中发挥着越来越重要的作用。中国不仅在海外常态保持着一两千的国际维和力量，还同时承担着联合国的八千人应急部队的责任。联合国副秘书长哈雷称赞说，“中国在联合国维和行动中发挥着独特和关键作用”，在联合国只有中国同时承担三项光荣责任：不但是常任理事国，而且是维和行动的出兵大国，此外还是维和行动的出资大国。[②] 但是，应当看到的是，“人类今天所处的安全环境仍然堪忧，地区冲突和局部战争持续不断，恐怖主义仍然猖獗”。[③] 在这种情况下，强调研究和正确把握国际战争或军事力量运用合法性问题，显得更为现实而迫切。中国在出兵维和为世界提供安全公共产品时，其实是在传播时代价值、维护国际公平正义，只有在武力运用时拥有和争取合法性，正确处理好人权与主权、合理与依法、道德性与正当性、合规性与有效性等关系，顺应时代之声、回应人类之盼，中国才能真正“始终做世界和平的建设者、全球发展的贡献者、国际秩序的维护者”[④]。

第二节　国际战争合法性优化的中国启示

国际战争合法性的时代内涵表明，理念价值、国际规制、协商赞同基

---

① 习近平：《在共同发展的道路上继续并肩前行》，《解放军报》，2019 年 3 月 24 日第 1 版。

② 周宇婷：《金一南：维和让中国走向世界，让世界了解中国》，中国军网，http：//www. 81. cn/jwgz/2019 - 02/14/content9426937. htm。

③ 习近平：《为建设更加美好的地球家园贡献智慧和力量——在中法全球治理论坛闭幕式上的讲话》，《解放军报》，2019 年 3 月 27 日第 3 版。

④ 党的十九大报告中指出，中国要始终做世界和平的建设者、全球发展的贡献者、国际秩序的维护者。习近平：《决胜全面建成小康社会 夺取新时代中国特色社会主义伟大胜利》，人民出版社 2017 年版，第 25 页。

础既是合法性形成的源泉，又是其强弱的衡量依据。而国际战争合法性对于中国所具有的重要意义更深刻启示人们，作为坚持和平发展、致力于民族伟大复兴和人类美好未来建设的中国，无论是为维护国家主权、安全与发展利益而不得不进行防御自卫，还是在国际舞台发挥负责任大国作用而运用军事力量，都应保持实践自觉和战略定力，采取多种措施，筑牢武力运用的合法性基础，争取更加充足的合法性。

一、坚决维护和倡导国际正义，筑牢理念价值基础

得道多助，失道寡助。合法性充足之行动，即正义之行动。国际正义体现着人类的共同价值追求，反映着国际社会发展的内在要求，代表着人类社会绝大多数人的利益。武力运用应当既立足当前又着眼发展，坚持以先进的、时代的、国际社会主流的理念价值为引领。

国家主权原则是必须坚持和维护的首要原则。国家主权原则其实是一个涉及国家统一、独立、自主以及国际关系处理准则的综合价值体系。当今世界，“威斯特伐利亚神殿还没有完全崩塌”,[①] 国家主权原则仍然是国际关系中最基本、最重要的原则，是国际秩序牢不可移的支撑。当前，中国面临着捍卫国家统一与维护世界和平双重使命任务，因此，坚持和维护国家主权原则更具特殊意义。无论是保卫国家主权独立和领土完整、挫败任何分裂图谋，还是发挥负责任大国作用、为世界安全贡献力量，中国都应举起维护国家主权原则正义旗帜，占据世界道义制高点，争取道义主动权，做到师出有名，树立正义形象。

人权原则是应当关注和秉持的重要原则。《联合国宪章》序言即言“重申基本人权，人格尊严与价值”，在第一章则强调“全体人类之人权及基本自由之尊重”。[②] 有学者甚至认为，国家主权和不干涉原则在当今已经开始被视为有条件的特权，而这个条件必须遵守国际标准。国家应当符合

---

① 马克·W. 赞奇：《威斯特伐利亚神殿的支柱正在朽化》，参见［美］詹姆斯·N. 罗西瑙主编，张胜军等译：《没有政府的治理》，江西人民出版社 2001 年版，第 98 页。

② 《联合国宪章》，联合国网站，https：//www. un. org/zh/sections/un－charter/chapter－i/index. html。

新的合法性标准，而这个标准建立在遵守国际人权法律和规范之上。[①] 中国作为构建人类命运共同体的倡导者、推动者，“稳定解决了十几亿人的温饱问题，总体上实现小康”，“更好推动人的全面发展”。[②] 不仅如此，即便是中国的武装力量，在履行职责时，也一直将尊重和维护一切人权作为革命纪律和行为准则，人民军队的“三大纪律八项注意”就严格规定：“不打人不骂人”“不调戏妇女”“不虐待俘虏”。其性质宗旨和境界与美军等西方军队相比，有着天壤之别。因此，中国不但有权利而且有资格谈论人权，不仅有责任而且有能力维护人权。在武力运用中，一方面，必须坚持人权原则与主权原则的有机统一，防止片面强调人权，甚至以人权否定主权，特别是要警惕西方为替“新干涉主义”辩护而抛出的“人权高于主权”论调，认清其将人权与主权对立起来的本质；另一方面，必须把有效保护人权置于十分突出甚至更加优先的位置，尤其在人道主义救援、执行国际维和任务中更是如此，因为一些地区出现暴政或政府彻底失能时，仍刻舟求剑式地强调绝对主权，在客观上就会放任残暴或冲突发生，错失保护时机，甚至酿成更大的人道主义灾难。应当看到这样的理论越来越成为共识，即一个国家违反了起码的人权，以至于“震动人类良知”时，主权国家的法律将不再高于人道法则。[③]

理念价值的时代创新是对正义更好的倡导。理念价值的时代创新实现了价值观的求真保鲜，使得合法性的争取由亦步亦趋转为先创先导、由被动附随转为自觉引领。山登绝顶我为峰。中国越是走近世界舞台中央，就越要有为世界立心、为生民立命、为万世开太平的勇气和担当。历史上中国创造性地提出的和平共处五项原则，就为绝大多数国家所认可和接受，时至今日仍是规范国际关系的重要准则。新时代，中国应不断深入倡导“人类命运共同体”“和平发展”“合作共赢”“人民至上”“生命至上”等

---

① ［英］克里斯·布朗、克尔斯滕·安利著，吴志成、刘丰、刘佳译：《理解国际关系（第三版）》，中央编译出版社2010年版，第274页。

② 习近平：《决胜全面建成小康社会 夺取新时代中国特色社会主义伟大胜利》，人民出版社2017年版，第11—12页。

③ ［英］劳特派特修订，王铁崖、陈体强译：《奥本海国际法（上卷第二分册）》，商务印书馆1972年版，第220页。

理念，强化“共商共建共享”的全球治理观，在参与全球治理体系改革与建设、构建人类命运共同体的广阔实践中，积极贡献新思想、做出新作为，总结提炼反映世界和平发展、开放包容、合作共赢的新理念，使之成为丰富合法性理念价值基础的新规范。

二、积极遵守和建设合理的国际体系、秩序，筑牢国际规制基础

作为一种具有法律责任的制度安排，国际规制在国际社会正常运转尤其是全球治理中处于核心地位。国际战争等武力运用无非是国际政治生活涌动的浪涛中最具爆发力、破坏性和颠覆性的特殊一浪，但凭借强力手段解决争端，已不是霍布斯文化下国家的“丛林征伐”，而是一种法律状态，故而应以牢固的国际规制基础支撑合法性。

一方面，要积极遵守而非挑战基本而合理的国际规制。所谓积极遵守，是指对于相关规定不仅持开放融入态度，还强调有所甄别而非照单全收，对合理的应予以坚持和遵循。习近平指出：“当今世界发生的各种对抗和不公，不是因为联合国宪章宗旨和原则过时了，而恰恰是由于这些宗旨和原则未能得到有效履行。”① 因此，武力运用，应本着维护和巩固第二次世界大战胜利成果，积极发挥联合国作用，争取联合国支持，避免像一些西方大国那样绕开联合国、悖逆《联合国宪章》精神行动的任性做法，坚定维护以联合国为核心的国际体系，坚定维护以《联合国宪章》宗旨和原则为基础的国际秩序，坚定维护联合国在国际事务中的核心作用，遵守充分体现着国际社会绝大多数的意志与利益的相关国际规制。

另一方面，要积极构建更加科学合理的国际规制。国际规制“只是一种中介，它或是利益的体现，或是价值观的体现，或是二者共同的体现”②。随着时代的变迁、理念价值的变化、利益格局的变革，国际规制必

---

① 《习近平：推动全球治理体制更加公正更加合理》，新华网，http：www. xinhuanet. com/politics/2015 - 10/13/c_1116812159. htm。

② 周丕启：《合法性与大战略：北约体内美国的霸权护持》，北京大学出版社 2005 年版，第 72 页。

然表现出一定的滞后性和不合理性，需要予以改革完善。若机械地以落后的国际规制衡量、评判当下行动的合法性，无异于削足适履、缘木求鱼。然而，“改革和完善现行国际体系，不意味着另起炉灶，而是要推动它朝着更加公正合理的方向发展”。[①] 当国际规制滞后于时代发展时，应以构建人类命运共同体为牵引，以先进的理念价值为引领，以国际问题治理为切入，“秉持公平正义，坚持责任道义，体现担当仗义”，[②] 加强国际协商沟通、交流合作，同国际社会一道，推动国际规制中不合理、不公正安排的改革，支持其朝着更利于践行多边主义的方向发展。尤其要积极参与国际新兴领域治理规则制定的多边议程，主动发起倡议、设置议题，争取话语权、主导权，充分表达中国立场，提供中国方案，发挥应有作用，以反映国际公意、维护世界公平正义，为获得更加充足的合法性立良法、奠实基。

三、努力争取国际社会支持，筑牢协商赞同基础

协商赞同基础，在一定意义上是一个因变量，是武力运用行为具有理念价值、国际规制基础的必然结果，同时也是一个相对独立的自变量，因为它并非由理性简单推算的结果，而有赖于国际行为体间的互动实践和共识取得。所以国际战争等武力运用应加强与国际社会互动，以对话争取理解，以协商增进互信，以合作赢得支持，避免“单边主义角色”，不断增强合法性。

一是积极争取世界舆论支持。世界舆论实际上是一种公众舆论，它超越了国界，往往直接体现着国际社会的公意。当在某些问题上国际社会形成共同意见时，其重要的意义就在于能在一定程度上将不同国家团结起来，以增强合法性的赞同基础。当今世界科技发达、信息透明，国际社会行为体多元、民主意识强烈，任何事关武力运用的重大敏感、热点问题，都能在世界范围瞬间掀起舆论的洪波狂澜。因此，中国应及时向世界公布

---

① 《习近平同美国总统奥巴马会晤》，《人民日报》，2015 年 9 月 26 日第 2 版。

② 习近平：《携手努力，并肩前行，开创新时代中俄关系的美好未来——在中俄建交 70 周年纪念大会上的讲话》，《中华人民共和国国务院公报》，2019 年第 17 期，第 6—7 页。

有关焦点问题的真相，申明维护国家主权、安全和领土完整或维护世界和平、保障人权的正义立场和法理基础，用事实揭穿对方阴谋，声讨其非合法性行为，充分争取舆论支持，赢得国际社会的理解。

二是努力赢得大国及国际组织的认可与支持。联合国、世界主要大国等国际行为体的态度，往往直接代表着国际社会的主流声音，左右着国际舆论，如果罔顾其意见而独断专行，就必然招致合法性的不足。当然，重视联合国和国际社会主要大国等国际行为体的意见，并非要彻底放弃自己的立场，而意在使自己的立场更趋于完善和合法化，特别是当自己的正义立场暂受孤立时，更应加强协商，善于辩护与说服，把行动的目的和正义的标准联系起来，或者与适当的、对方可接受的行为标准联系起来，从而求同化异，得到认可和赞同，赢得支持。同时，也要重视利益协调、交换与发现，加大与相关国家在涉及彼此核心利益问题上的相互支持力度。不可否认的是，国家等行为体的交往中，利益始终是强劲动因。谈论战争合法性问题，既不能陷于“利”而不顾及“义”，也不能不顾及“利”而空谈“义”，因为“义”往往见诸于合理的“利”，彻底地“舍利取义”是不切实际的。然而，“利益从来是相对与变化的而非绝对与静止的，是可以通过观念的认同与社会的互动来建构的”。[①] 所以要获得国际社会的广泛赞同和支持，就应当对自身的自私狭隘予以克服，做到不仅满足本国或相关国家需要，还要顺应国际社会的普遍希望，努力使国际社会的普遍关切和利益诉求尽可能地得到最大限度的实现。

三是注重实施武力运用的多边主义。多边战争（武力运用）是正在兴起的一种重要范式，是多边主义在战争或武力运用领域的特殊运用。实践表明，在敌对双方进行大规模战争（武力运用）时，多边主义偏向是一个基本特点。多边行动之所以受宠，很大程度上缘于其相对单边主义的明显优势。第一，从物质成本与稳定性看，多边行动相对于单边行动自负成本、稳定性弱的特点具有明显优势，因为其由相关同盟国协力参与，不但有利于降低和分担成本，而且有着较强的稳定性。第二，从对冒险行为的克制看，多边行动透明度高，各国之间、其他国家以及社

---

① 朱同银：《协商赞同：国际战争合法性的来源》，《社会科学》，2016 年第 6 期，第 39 页。

会对这几个国家可以实行一定的监督，从而使得相关方变得更为谨慎，这就约束、抑制了那些为一己私利而冒险或扩张的行为。第三，天然地具有较强的合法性和较低的政治、社会成本，这是最为重要的，而对单边行动来说，即使处于同等情形，也会冒着被质疑和谴责的风险。所以，中国应积极适应当代多边主义日益制度化的趋势，在捍卫国家统一，或遂行国际维和、反恐怖作战等任务时，应充分利用联合国、上合组织等践行多边主义的平台，扩大同相关国家的利益交汇点，不断探索合作的新模式，加强协调合作，积极争取相关国家政治支持、战略支援、力量参与和配合保障，分担社会和政治高昂成本，化解风险挑战，充分增强和争取行动的合法性。

总之，当今世界，随着全球化不断深入发展且不可逆转，各国相互交往和依存日益深化，国际社会内在联系急遽密织，日渐丰饶的国际体系网络对国家主权带来越来越多的缠缚，国家绝对主权受到诸多限制和消蚀，国际社会成长的积累或许将在未来诞生出一个迥然相异的国际秩序。然而，这并不意味着“战争无非是政治通过另一种手段的继续”① 已经终结。国际战争合法性是战争政治属性成长的现代性体现，反映出国际社会在理念价值、国际规制、民主共识等维度的时代发展，及其对战争的内在约束与塑造。

因此，国际战争合法性的中国意义，并不是道德的孤芳自赏和私利的偏执设计，而是新时代中国顺应时代发展、遵循战争规律、胸怀天下大势自觉作为的客观反映。国际战争合法性问题的探讨，对于中国在面对战争逼迫而进行防御自卫或发挥负责任大国作用而遂行国际维和、反恐怖作战等任务时争取和赢得武力运用合法性，对于增强国家软实力、实现中华民族伟大复兴、推动构建人类命运共同体具有十分重大而深远的意义。然而，武力运用合法性，从客观上讲，是国际社会对具体武力运用权力和行为的自愿赞同与认可，而从主观上讲，武力运用者根据合法性形成所基于的理念价值、国际规制、协商赞同基础对自己从价值观指导到具体行动的

① ［德］克劳塞维茨著，中国人民解放军军事科学院译：《战争论（第一卷）》，解放军出版社 2005 年版，第 26 页。

自我克制，显得更为根本。简而言之，武力运用合法性状态，根源在施动者的表现，效果在国际社会的评判。因此，中国应坚决秉持国际正义，严格行动约束，同时，积极加强与国际社会的良性互动，唯此才能厚植合法性基础，获得更为充足的合法性。

结　语

反对战争的人可以说，战争使胜利者变得愚蠢，使失败者怀恨在心；支持战争的人可以说，通过它的双刃剑效应，战争使人更加野蛮，也就因此更加真实——战争是文化的冬季或蛰伏期；人类从战争中走来，在善与恶的角逐中变得强大。

——［德］弗里德里希·威廉·尼采[①]

一、简要的结论

随着全球化的演进，国际共享的理念价值与国际组织、制度和法规的不断孕育繁衍，战争合法性已经成为国际社会现代发展和全球治理中日益凸显和不可回避的问题。研究这一问题的意义，一是和平与战争构成世界政治这枚硬币相依相存的正面与反面，国际社会中的战争问题始终是国际关系研究的核心问题之一；二是国际战争合法性问题是国际社会发展特别是全球治理下必须关注的问题；三是国际战争合法性审视是与坚持和平发展并不矛盾且为其必须重视的重大问题，走和平发展之路，必须谨防战争，并着眼于增强国家软实力，理性对待战争。

国际战争合法性，汲取了政治合法性的深刻营养，具有丰富的内涵。与国内政治合法性相比，国际战争合法性存在鲜明的特点：一是行为主体在体系中所处的位置“去优势化”；二是处于无政府环境，自助逻辑难以

① Friedrich Wilhelm Nietzsche, “Human, All Too Human (1), A Book for Free Spirits”, Vol. 3, trans by, Gary Handwerk, Stanford, CA: Stanford University Press, 2000, p. 239.

超越；三是拥有的共同理念价值相对稀薄；四是国际规制不够丰满，且大多不具强制性；五是对有效性的迷恋会造成价值的迷失。拥有合法性的国际战争，无论对于战争、战争施动者，还是整个国际社会的发展，都具有十分重要的意义。

理念价值、国际规制、协商赞同三大基础是战争合法性最主要的源泉，即国际战争合法性，不仅源于战争所基于的一定国际社会共同核心价值观念的形成与昭引，还来源于依据或遵守一定的国际规制，以及国际社会经过一定商讨协调而达成的共识公意。

国际战争合法性基础在权力特性的广延性、综合性、强度三个维度上表现出非一致性。根据战争合法性基础权力特性的充足与缺失情况，可以将国际战争合法性程度划分为合法性充足、合法性欠足、合法性缺乏和合法性丧失四个等级。

对海湾战争、阿富汗战争、伊拉克战争、伊拉克入侵科威战争等的合法性状态考察分析，对国际战争等武力使用常见类型的合法性分析，印证和阐释了国际战争合法性理论的科学合理性，并进一步告诉人们：合法性的有无最关键的是取决于是否具有理念价值基础，国际规制基础的强弱对合法性具有直接的支撑与消解作用，而国际社会的支持往往使战争具有天然的合法性。

国际战争合法性有着诸多方面的价值与力量。从国家层面看，它对于国家软实力的增强具有重大意义，软实力是硬实力的社会化效应，而战争合法性在本质上是软实力的重要内生因素。因此，现实中当面对合法性战争机遇的逼迫时，国家应辩证地把握，理性地应对。

国际战争合法性作为战争政治属性成长的现代性体现，反映出国际社会的时代发展从多个维度对战争的约束与塑造。对于中国而言，重视和争取战争等武力运用的合法性，对国家软实力成长、实现中国梦、推动人类命运共同体构建具有十分重要的价值。这也反映出国际战争合法内涵特征与中国和平发展内在要求存在本质一致性。中国应当坚定秉持和倡导国际正义，积极遵守和建设合理的国际规制，努力争取国际社会支持，筑牢合法性基础。

二、粗浅的展望

国际战争合法性是全球治理难以绕开的话题，合法性战争也是国际社会发展有时不得不依靠的推动和捍卫力量。而问题的渊薮在于，战争是人类社会目前乃至未来很长阶段，难能逾越的现实。

虽然怀有良好愿望的人们总是希望和平、反对战争，但是现实往往就是这样残酷，战争就在我们身边，从未远离。2015 年 10 月 3 日，美国对阿富汗北部的空袭导致一所由医疗慈善组织“无国界医生”运营的医院中 22 人死亡，该组织控诉以美国为首的驻阿富汗联军是“战争屠杀”。美军先是声称受到了威胁才实施了空袭，而在该组织认定这是欺骗，宣称将独立调查此事后，7 日，美军又修正了最初说法，说当时阿富汗部队报告遭到塔利班攻击并请求美国实施了这次空袭[①]……双方的争吵还在持续，而就在同一天的《参考消息》上又报道了北约与俄罗斯围绕叙利亚问题的隔空较量[②]。可见，和平是现实的，却极易破碎，战争以各种形式的萌动从未停止。和平如宁静的夜空，值得守望，却随时会被子弹呼啸的尖叫所划破。

每一个养育和平的重大因素也能养育战争。战争的根源，自古而今，一直众说纷纭。在马克思主义看来，战争源于社会的经济矛盾，经济利益是战争的最终目的，私有制和阶级是战争发生的社会基础，霸权主义是当代战争的主要根源。[③] 这是从人类社会发展的最本源性意义上的洞悉，令人醍醐灌顶。而另一些角度的审视，亦不乏补益。

只要无政府社会的根本逻辑，还没有从机制到文化上彻底改变，那就意味着和平的根基仍很脆弱，战争的阴影仍未远遁。尤其是对于霸权国家，“还没有任何一个例子能说明一个支配国愿意向新兴强国让出对国际体系的统治权以避免战争。也没有任何例子能说明，新兴的强国不会施加它们优势的压力以及抑制试图改组这一体系以使其容纳它们的安全与经济

① 《美军改口：应阿方请求空袭医院》，《参考消息》，2015 年 10 月 7 日第 3 版。

② 《北约与俄围绕叙问题隔空较劲》，《参考消息》，2015 年 10 月 7 日第 2 版。

③ 薛国安主编：《军事思想概论》，国防大学出版社 2012 年版，第 95—121 页。

利益。”[①]

力量的平衡与准确评估也很重要。真正的和平更像是一种建立在力量之上的恐怖平衡，当每次类似于第二次世界大战这样的决定性的全面战争，所确立的力量等级越清晰持久，和平就越持久。然而，“甚至一场胜负决绝的战争也不可能有永久的影响，因为胜利总是一项损耗的资产”。[②]而当这种力量等级的界线在相关国家心目中变得模糊而漂移，那么，和平就变得飘忽不定。“当两国间的交往事务至关重要时，调节这些事务的方式也至关重要。终极调节者是军事力量。当两国持有关于它们自身军事力量的相反评估，而且所攸关的问题对两国都至关紧要时，战争就颇有可能。”[③] 一次用以定格实力地位、拒绝对方漫天要价的战争也许一触即发。

可是，和平的变迁也应受到重视。世界就是这样，国家当时的经济、政治、军事状态往往构成了当时的战争与和平观念，当这些基础变迁后，观念也随之变化，而制约战争的国际规制却没有变化，当这种矛盾发展到不可调和时，只能以暴力的形式使其土崩瓦解。而“和平方式和战争方式的根本区别在于，它不是用武力实现国际格局的‘瞬间’更替和突变，它是一种渐进或缓进的方式，避免了战争灾难，却大大延长了国际格局转换的时间”。[④] 和平是什么？其实是以国际矛盾的渐进解决取代国际变革阵痛的长时间权力转移。然而，无论是战争还是和平的方式的结果，都不是最终方案。正如卡列维·霍尔斯蒂所言：“社会、经济与政治生活是不断变迁的。人们不要期望一种和平解决方案在历史的某一时刻会冻结。在一场大战刚结束后看来是公正并可行的事，在二十年或三十年后有可能是不公正、不可行的。”“和平变迁是国际关系中最困难的问题之一，需要人们给以更多的思考。”[⑤]

---

① ［美］罗伯特·吉尔平著，宋新宁、杜建平译：《世界政治中的战争与变革》，上海人民出版社 2007 年版，第 212 页。

② ［澳］杰弗里·布莱内著，时殷弘译：《战争的原因》，商务印书馆 2011 年版，第 269 页。

③ ［澳］杰弗里·布莱内著，时殷弘译：《战争的原因》，商务印书馆 2011 年版，第 79 页。

④ 俞正樑：《国际关系与全球政治——21 世纪国际关系学导论》，复旦大学出版社 2007 年版，第 76 页。

⑤ ［加］卡列维·霍尔斯蒂著，王浦劬等译：《和平与战争：1648—1989 年的武装冲突与国际秩序》，北京大学出版社 2005 年版，第 295 页。

总之，在当今，过于乐观的和平思想，其实是一支自制自用的麻醉剂。正如布莱内在《战争的原因》中形象描写的十九世纪曾出现的那种因工业化、商业和知识进步能促进和平而带来的盲目乐观景象：“欢呼那似乎正在稳步迈向国际和平神坛的拜神行列，曼彻斯特教义的信徒们见到了手持火炬者的明亮光焰，却未见到在那后面行进着手持利剑者的密集方阵。”①

对于国际社会而言，应当看到战争的双重性质：一方面，它是必须加以限制和遏制的威胁之一；另一方面，它又是藉以实现国际社会发展目标的工具。“只有在必须把战争限制在可以承受的范围之内这个前提之下，今天的人们才会同意把战争视为执行法律、维持均势和促进正义变革的手段。”② 因此，战争合法性的空间仍然存在，并随着非合法性战争的存在而进行“魔高一尺，道高一丈”的成长；合法性战争的需要也无法替补，正义与法律的力量，从来不会向邪恶低下高贵的头颅。

二十世纪九十年代以来，以全球市场为动力的全球化浪潮冲击愈加猛烈，包括国际战争在内的各类跨国问题已超越民族国家边界，不顾一些冲突对抗和单边主义做法形成的逆全球化“寒流”，成为全球治理必须面对的政治议程。随着国家相互依存程度的加深，求合作促和平已经成为时代旋律，对国际战争的审视已经进入全球治理的视域。合法性评判比仅谈论正义性愈加显得更有现代性、操作性和科学性。

但是，国际战争合法性的评价始终是个挑战性的难题。这不仅因为其受到评判者立场观点异同、信息获取多寡的影响，即便是我们所依据的理念价值、国际规制、协商赞同评判坐标，不同维度之间有时也存在冲突矛盾。因此，努力正确反映和客观评价战争的这种复杂发展状况，正是国际战争合法性研究的努力方向。

当然，我们有理由相信，在人类社会发展的进程中，在跨国问题的逼迫下，国家会越来越超越一国私利、摒弃对权力的片面追逐，而趋于坦荡

① ［澳］杰弗里·布莱内著，时殷弘译：《战争的原因》，商务印书馆 2011 年版，第 33—34 页。

② ［英］赫德利·布尔著，张小明译：《无政府社会——世界政治秩序研究》，世界知识出版社 2003 年版，第 158 页。

无私和开放包容，国际社会能通过积极的国际体系建构、深入的对话合作、丰富的共享文化繁荣，最终开辟出一种有效的和平变革机制，最大限度地推动康德文化的发展、根除霍布斯文化的回潮，把社会观念与力量的日常演变，纳入有序的经常化肯定的运行轨道，从而使世界各国携手跨越“修昔底德陷阱”，“营造公平正义、共建共享的安全格局，共同消除引发战争的根源，共同解救被枪炮驱赶的民众，共同保护被战火烧灼的妇女儿童，让和平的阳光普照大地，让人人享有安宁祥和”①，让每个民族、每个国家的前途命运都紧紧联系在一起，迈向人类和平、发展、公平、正义、民主、法制的未来，真正建设一个远离恐惧、普遍安全的世界，拥抱人类命运共同体。

① 习近平：《习近平谈治国理政（第三卷）》，外文出版社2020年版，第433页。

参考文献

一、中文文献

1. 孙武：《孙子兵法》，远方出版社2007年版。

2. 《论语》，上海古籍出版社2007年版。

3. 《管子》，上海古籍出版社1989年版。

4. ［古希腊］修昔底德著，谢德风译：《伯罗奔尼撒战争史》，商务印书馆2018年版。

5. ［德］马克思、恩格斯：《共产党宣言》，《马克思恩格斯文集（第2卷）》，人民出版社2009年版。

6. ［德］马克思、恩格斯：《马克思恩格斯选集（第3卷）》，人民出版社1995年版。

7. ［德］马克思：《马克思致保尔·拉法格和劳拉·拉法格（1870年）》，《马克思恩格斯全集（第33卷）》，人民出版社1973年版。

8. ［德］马克思：《政治经济学批判》（1857年），《马克思恩格斯全集［第46卷（上）］》，人民出版社1979年版。

9. ［德］马克思：《资本论（第一卷）》（1867年），《马克思恩格斯全集（第44卷）》，人民出版社2001年版。

10. ［德］恩格斯：《反杜林论》（1877年），《马克思恩格斯全集（第3卷）》，人民出版社1995年版。

11. ［德］恩格斯：《家庭、私有制和国家的起源》（1884年），《马克思恩格斯选集（第4卷）》，人民出版社1995年版。

12. ［德］恩格斯：《恩格斯致奥古斯特·倍倍尔》（1891年），《马克思恩格斯全集（第38卷）》，人民出版社1972年版。

13. 中国人民解放军军事科学院：《列宁军事文集》，战士出版社 1981 年版。

14. 毛泽东：《抗战十五个月的总结》（1938 年），《毛泽东军事文集（第 2 卷）》，军事科学出版社、中央文献出版社 1993 年版。

15. 毛泽东：《毛泽东选集（第 2 卷）》，人民出版社 1991 年版。

16. 毛泽东：《中国革命战争的战略问题》，《毛泽东选集（第 1 卷）》，人民出版社 1951 年版。

17. 邓小平：《邓小平文选（第 3 卷）》，人民出版社 1993 年版。

18. 《邓小平年谱（1975—1997）（上）》，中央文献出版社 2004 年版。

19. 习近平：《在纪念中国人民抗日战争暨世界反法西斯战争胜利 70 周年大会上的讲话》（2015 年 9 月 3 日）。

20. 习近平：《携手构建合作共赢新伙伴 同心打造人类命运共同体——在第七十届联合国大会一般性辩论时的讲话》，人民网，2015 年 9 月 29 日。

21. ［英］霍布斯著，黎思复、黎廷弼译：《利维坦》，商务印书馆 1985 年版。

22. ［英］托马斯·莫尔著，戴镏龄译：《乌托邦》，商务印书馆 1959 年版。

23. ［英］威廉·葛德文著，何慕李译：《政治正义论》，商务印书馆 2007 年版。

24. ［英］约翰·基恩著，刘利奎译：《公共生活与晚期资本主义》，社会科学文献出版社 1999 年版。

25. ［英］戴维·赫尔德著，燕继荣等译：《民主的模式》，中央编译出版社 1998 年版。

26. ［英］戴维·米勒、韦农·波格丹诺著，邓正来译：《布莱克维尔政治学百科全书》，中国政法大学出版社 1992 年版。

27. ［英］弗兰克·帕金著，刘东等译：《马克斯·韦伯》，四川人民出版社 1987 年版。

28. ［英］弗里德利希·冯·哈耶克著，邓正来译：《自由秩序原理》，生活·读书·新知三联书店 1997 年版。

29. ［英］劳特派特修订，王铁崖、陈体强译：《奥本海国际法（上卷第一分册）》，商务印书馆 1989 年版。

30. ［英］詹宁斯·瓦茨修订，王铁崖等译：《奥本海国际法（第 1 卷第 1 分册）》，中国大百科全书出版社 1995 年版。

31. ［英］赫德利·布尔著，张小明译：《无政府社会——世界政治秩序研究》，世界知识出版社 2003 年版。

32. ［英］克里斯·布朗、克尔斯滕·安利著，吴志成、刘丰、刘佳译：《理解国际关系（第三版）》，中央编译出版社 2010 年版。

33. ［瑞典］瓦尔·卡尔松、［英］什里达特·兰法尔主编：《天涯成比邻——全球治理委员会的报告》，中国对外翻译出版社公司 1995 年版。

34. ［法］让·雅克·卢梭著，徐强译：《社会契约论》，中国社会科学出版社 2009 年版。

35. ［法］让·雅克·卢梭著，吕卓译：《论人类不平等的起源》，中国社会科学出版社 2009 年版。

36. ［法］卢梭著，李平沤译：《社会契约论》，商务印书馆 2011 年版。

37. ［法］卢梭著，李平沤译：《政治经济学》，商务印书馆 2013 年版。

38. ［法］埃米尔·涂尔干著，渠东译：《社会分工论》，生活·读书·新知三联书店 2013 年版。

39. ［法］让－马克·夸克著，佟心平、王远飞译：《合法性与政治》，中央编译出版社 2002 年版。

40. ［德］马克斯·韦伯著，林荣远译：《经济与社会》上卷，商务印书馆 1997 年版。

41. ［德］马克斯·韦伯著，阎克文译：《马克斯·韦伯社会学文集》，人民出版社 2010 年版。

42. ［德］尤尔根·哈贝马斯著，张博树译：《交往与社会进化》，重庆出版社 1989 年版。

43. ［德］尤尔根·哈贝马斯著，刘北成、曹卫东译：《合法化危机》，上海人民出版社 2000 年版。

44. ［德］克劳塞维茨著，中国人民解放军军事科学院译：《战争论（第一卷）》，解放军出版社 2005 年版。

45. ［德］克劳塞维茨著，中国人民解放军军事科学院译：《战争论（第三卷）》，解放军出版社 2005 年版。

46. ［瑞士］A. H. 若米尼著，刘聪译：《战争艺术概论》，解放军出版社 2006 年版。

47. ［瑞士］皮埃尔·德·塞纳尔克朗著，陈思译：《规制理论与国际组织研究》，《国外社会科学》，1994 年第 4 期。

48. ［荷］格劳秀斯著，何勤华等译：《战争与和平法》，上海人民出版社 2005 年版。

49. ［意］阿奎那著，马清槐译：《阿奎那政治著作选》，商务印书馆 2011 年版。

50. ［意］尼科洛·马基雅维里著，潘汉典译：《君主论》，商务印书馆 1985 年版。

51. ［美］戴维·伊斯顿，王浦劬译：《政治生活的系统分析》，华夏出版社 1999 年版。

52. ［美］保罗·A. 萨缪尔森、威廉·D. 诺德豪斯：《经济学》上册，北京经济学院出版社 1996 年版。

53. ［美］约翰·罗尔斯著，何怀宏、何包钢、廖申白译：《正义论》，中国社会科学出版社 2009 年版。

54. ［美］约翰·罗尔斯著，张晓辉等译：《万民法》，吉林人民出版社 2001 年版。

55. ［美］塞缪尔·P. 亨廷顿著，王冠华、刘为等译：《变化社会中的政治秩序》，上海人民出版社 2012 年版。

56. ［美］列奥·施特劳斯、约瑟夫·克罗波西主编，李天然等译：《政治哲学史》，河北人民出版社 1993 年版。

57. ［美］丹尼斯·朗著，陆震纶、郑明哲译：《权力论》，中国社会科学出版社 2001 年版。

58. ［美］罗伯特·曼加贝拉·昂格尔著，吴玉章、周汉华译：《现代社会中的法律》，译林出版社 2008 年版。

59. ［美］西摩·马丁·李普塞特著，张绍宗译：《政治人——政治的社会基础》，上海人民出版社 2011 年版。

60. ［美］罗伯特·达尔著，王沪宁等译：《现代政治分析》，上海译文出版社 1987 年版。

61. ［美］罗伯特·卡根著，赵晨译：《美国的合法性危机》，《当代世界与社会主义》，2004 年第 5 期。

62. ［美］汉斯·摩根索著，徐昕、郝望、李保平译：《国家间政治：权力斗争与和平》，北京大学出版社 2006 年版。

63. ［美］肯尼思·华尔兹著，信强译：《人、国家与战争：一种理论分析》，上海人民出版社 2012 年版。

64. ［美］肯尼思·华尔兹著，信强译：《国际政治理论》，上海人民出版社 2008 年版。

65. ［美］罗伯特·基欧汉著，苏长和、信强、何曜译：《霸权之后：世界政治经济中的合作与纷争》，上海人民出版社 2006 年版。

66. ［美］罗伯特·基欧汉、约瑟夫·奈著，门洪华译：《权力与相互依赖（第四版）》，北京大学出版社 2012 年版。

67. ［美］约瑟夫·奈著，张小明译：《理解国际冲突：理论与历史》，上海人民出版社 2005 年版。

68. ［美］约瑟夫·奈著，王迎晖等译：《美国世纪结束了吗?》，国防大学出版社 2015 年版。

69. ［美］约翰·鲁杰著，苏长和等译：《多边主义》，浙江人民出版社 2003 年版。

70. ［美］亚历山大·温特著，秦亚青译：《国际政治的社会理论》，上海人民出版社 2000 年版。

72. ［美］玛莎·费丽莫著，袁正清译：《国际社会中的国家利益》，浙江人民出版社 2001 年版。

73. ［美］玛莎·芬尼莫尔著，袁正清、李欣译：《干涉的目的：武力使用信念的变化》，上海人民出版社 2009 年版。

74. ［美］迈克尔·沃尔泽著，任辉献译：《正义与非正义战争：通过历史实例的道德论证》，江苏人民出版社 2008 年版。

75. ［美］约翰·米尔斯海默著，王义桅、唐小松译：《大国政治的悲剧》，上海人民出版社 2003 年版。

76. ［美］罗伯特·吉尔平著，宋新宁、杜建平译：《世界政治中的战争与变革》，上海人民出版社 2007 年版。

77. ［美］亨利·基辛格著，顾淑馨、林添贵译：《大外交（修订版）》，海南出版社 2012 年版。

78. ［美］亨利·基辛格著，胡利平、林华、曹爱菊等译：《世界秩序》，中信出版集团 2015 年版。

79. ［美］斯坦利·霍夫曼著，林伟成等译：《当代国际关系理论》，中国社会科学出版社 1990 年版。

80. ［美］奥兰·扬：《全球治理：迈向一种分权的世界秩序的理论》，俞可平主编：《全球化：全球治理》，社会科学文献出版社 2003 年版。

81. ［美］詹姆斯·N. 罗西瑙主编，张胜军、刘小林等译：《没有政府的治理》，江西人民出版社 2001 年版。

82. ［美］理查德·塔克著，罗炯等译：《战争与和平的权利：从格劳秀斯到康德的政治思想与国际秩序》，译林出版社 2009 年版。

83. ［美］理查德·N. 哈斯著，陈遥遥、荣凌译：《规制主义——冷战后的美国全球新战略》，新华出版社 1999 年版。

84. ［美］皮埃尔·塞林格、［法］埃里·朗格著，王芳等译：《海湾危机——秘密档案》，世界知识出版社 1991 年版。

85. ［加］斯蒂文·伯恩斯坦、威廉·科尔曼著，丁开杰等译：《不确定的合法性：全球化时代的政治共同体、权力和权威》，社会科学文献出版社 2011 年版。

86. ［加］卡列维·霍尔斯蒂著，王浦劬等译：《和平与战争：1648—1989 年的武装冲突与国际秩序》，北京大学出版社 2005 年版。

87. ［澳］杰弗里·布莱内著，时殷弘译：《战争的原因》，商务印书馆 2011 年版。

88. ［秘鲁］哈维尔·佩雷斯·德奎利亚尔著，王联等译：《德奎利亚尔回忆录》，新华出版社 2000 年版。

89. 罗斯、初习：《以数量取胜——小国在安理会的影响力大增》，

《国外社会科学文摘》，2001 年第 8 期。

90. 吴如嵩等：《中国军事通史（第 3 卷）》，军事科学出版社 1998 年版。

91. 朱梅生主编：《军事思想概论》，国防大学出版社 1997 年版。

92. 薛国安主编：《军事思想概论》，国防大学出版社 2012 年版。

93. 孟祥青：《孟祥青讲稿自选集》，国防大学出版社 2014 年版。

94. 秦亚青：《霸权体系与国际冲突：美国在国际武装冲突中的支持行为（1945—1988）》，上海人民出版社 2008 年版。

95. 周丕启：《合法性与大战略：北约体系内美国的霸权护持》，北京大学出版社 2005 年版。

96. 周丕启：《国际关系中的政治合法性》，《世界经济与政治》，2002 年第 3 期。

97. 罗援：《菲律宾敢对华动粗？以石击卵》，《环球时报》，2012 年 5 月 14 日。

98. 陈玉明：《漫谈战争的合法性问题》，《书屋》，2003 年第 7 期。

99. 朱同银：《全球治理视角下的国际战争合法性》，《国际观察》，2012 年第 5 期。

100. 潘兴明：《战争与现代国际社会——基于联合国应对战争路径的研究》，《外交评论》，2008 年第 4 期。

101. 赵华胜：《阿富汗：失去的机会和前景》，《国际观察》，2010 年第 6 期。

102. 支绍曾等：《论阿富汗战争的非传统性》，《军事历史》，2004 年第 1 期。

103. 陈玉聃：《人性、战争与正义：从国际关系思想史角度对修昔底德的研究》，上海人民出版社 2012 年版。

104. 张胜军：《全球结构冲突与美国霸权的合法性危机——解读伊拉克战争后的世界政治》，《美国研究》，2003 年第 3 期。

105. 郭树勇、王义桅：《关于战争合法性与战争观念重构的对话》，香港《中国评论》，2000 年 9 月号。

106. 郭树勇：《战争合法性与美国军国主义》，《博览群书》，2003 年第5期。

107. 郭树勇：《试论合法性战争与中国崛起》，《太平洋学报》，2006年第6期。

108. 郭树勇：《大国成长的逻辑：西方大国崛起的国际政治社会学分析》，北京大学出版社2006年版。

109. 郭树勇：《中国软实力战略》，时事出版社2012年版。

110. 郭树勇：《国际政治社会学简论——马克思主义的视角》，时事出版社2014年版。

111. 郭树勇：《建构主义与国际政治》，长征出版社2001年版。

112. 袁正清：《国际政治理论的社会学转向：建构主义研究》，上海人民出版社2005年版。

113. 张春：《权势和平转移与中国对美战略选择》，《教学与研究》，2007年第3期。

114. 周尚文、郝宇青等：《合法性视野下的苏联政治》，上海人民出版社2006年版。

115. 高丙中：《社会团体的合法性问题》，《中国社会科学》，2000年第2期。

116. 张星久：《论合法性研究的依据、学术价值及其存在的问题》，《法学评论》，2000年第3期。

117. 张康之：《合法性的思维历程：从韦伯到哈贝马斯》，《教学与研究》，2002年第3期。

118. 杨光斌：《“合法性”问题再认识》，《河南社会科学》，2008年第4期。

119. 郭晓东：《重塑价值之维——西方政治合法性理论研究》，华东师范大学出版社2007年版。

120. 孙国东：《基于合道德性的合法性——从康德到哈贝马斯》，《法学评论》，2010年第4期。

121. 孙学峰：《国际合法性与大国崛起：中国视角》，社会科学文献出版社2012年版。

122. 简军波：《现代国际合法性条件与美国的困境》，《世界经济与政治》，2007 年第 3 期。

123. 李海龙：《论国际社会中的合法性》，《太原理工大学学报》（社会科学版），2009 年第 3 期。

124. 郭寒冰：《当代国际社会合法使用武力问题研究》，时事出版社 2012 年版。

125. 倪世雄等：《当代西方国际关系理论》，复旦大学出版社 2001 年版。

126. 俞正樑：《国际关系与全球政治——21 世纪国际关系学导论》，复旦大学出版社 2007 年版。

127. 王沪宁：《文化扩张与文化主权：对主权观念的挑战》，《复旦学报》（社会科学版），1994 年第 3 期。

128. 时殷弘：《国际政治的世纪性规律及其对中国的启示》，《战略与管理》，1995 年第 5 期。

129. 王逸舟：《全球化时代的国际安全》，上海人民出版社 1999 年版。

130. 王逸舟：《论联合国的安全保障作用》，袁士槟、钱文荣主编：《联合国机制与改革》，北京语言学院出版社 1995 年版。

131. 张小明：《约瑟夫·奈的“软权力”思想分析》，《美国研究》，2005 年第 1 期。

132. 江西元、夏立平：《中国和平崛起》，中国社会科学出版社 2009 年版。

133. 夏立平：《论当代国际机制发展趋势与中国的选择》，《国际问题研究》，2007 年第 1 期。

134. 叶江：《全球治理与中国的大国战略转型》，时事出版社 2010 年版。

135. 苏长和：《中国的软权力——以国际制度与中国的关系为例》，《国际观察》，2007 年第 2 期。

136. 苏长和：《全球公共问题与国际合作——一种制度的分析》，上海人民出版社 2000 年版。

137. 门洪华：《国际机制的有效性与局限性》，《美国研究》，2001 年第 4 期。

138. 门洪华：《国际机制与美国霸权》，《美国研究》，2001 年第 1 期。

139. 门洪华：《国际机制与中国的战略选择》，《中国社会科学》，2001 年第 2 期。

140. 门洪华：《论国际机制的合法性》，孙学峰主编：《国际合法性与大国崛起：中国视角》，社会科学文献出版社 2012 年版。

141. 俞可平：《全球化：全球治理》，社会科学文献出版社 2003 年版。

142. 俞可平：《全球治理引论》，《马克思主义与现实》，2002 年第 1 期。

143. 崔磊：《自愿联盟与美国外交》，《世界经济与政治论坛》，2005 年第 2 期。

144. 韦宗友：《权力、软权力与国家形象》，《国际观察》，2005 年第 5 期。

145. 何杰：《权力与制度——国际机制理论的现实主义分析》，《欧洲研究》，2003 年第 4 期。

146. 王乐夫、刘亚平：《国际公共管理的新趋势：全球治理》，《学术研究》，2003 年第 3 期。

147. 吴勇、毛国辉：《战争权的法理研究》，《南京政治学院学报》，2006 年第 6 期。

148. 于营：《权力、利益、观念——国际机制的三种理论范式分析》，《长春大学学报》，2005 年第 1 期。

149. 刘宏松：《合法性、有效性与 G20 机制改革》，《国际观察》，2014 年第 3 期。

150. 刘宏松：《机制合法性与国际机制的维持》，《学术探索》，2005 年第 2 期。

151. 肖月、朱立群主编：《简明国际关系史（1945—2002）》，世界知识出版社 2003 年版。

152. 张薇：《浅析布什主义对国际法的挑战——从阿富汗战争到伊拉克战争》，《湖北社会科学》，2004 年第 4 期。

153. 马小军：《历史与地理的动力——阿富汗战争解读》，《书屋》，2002 年第 10 期。

154. 赵建文：《关于国家主权的性质和地位的理论演进》，《郑州大学学报》，2000 年第 6 期。

155. 古祖雪：《联合国改革与国际法的发展——对联合国“威胁、挑战和改革问题高级别小组”报告的一种解读》，《武大国际法评论》，2006 年第 2 期。

156. 伍艳秋：《浅议人道主义干预的立法规制》，《现代国际关系》，2002 年第 10 期。

157. 刘阿明、王联合：《先发制人与预防性战争辨析——以布什政府国家安全战略为例》，《学术探讨》，2004 年第 11 期。

158. 王然：《人道主义干涉的国际法问题探讨》，《湖北警官学院学报》，2013 年第 4 期。

159. 谢志高：《伊拉克战争美军有“十怕”》，《解放军报》，2003 年 4 月 7 日。

160. 程星原：《伊拉克总统萨达姆》，《国际资料信息》，2003 年第 3 期。

161. 田宗会、尚德君：《新解海湾危机》，《内蒙古民族大学学报（社会科学版）》，2009 年第 2 期。

162. 吴必康：《“春秋无义战”，抑或“修昔底德陷阱”？——英美渐进式霸权转移的历史和理论逻辑》，《学术前沿》，2014 年第 5 期。

163. 刘海山：《国际法》，法律出版社 1992 年版。

164. 中国社会科学院语言研究所词典编辑室：《现代汉语词典》，商务印书馆 1996 年版。

165. 李云龙：《国家主权过时了吗?》，《学习时报》，2003 年第 107 期。

166. 赵迎辉：《对人道主义干涉的国际法思考》，山东大学 2010 年硕士研究生论文。

167. 郝雨凡、张冬燕：《美国安全战略往哪儿走》，《环球时报》，2001 年 12 月 7 日第 7 版。

168. 任毓骏：《布什二月来中国》，《环球时报》，2001 年 1 月 14 日第 1 版。

169. 《鲍威尔称冷战后时代结束》，《参考消息》，2001 年 10 月 20 日第5版。

170.《西班牙首相称“伊战是一个巨大错误”》，新华网，2004年10月16日。

171.《美军改口：应阿方请求空袭医院》，《参考消息》，2015年10月7日第3版。

172.《北约与俄围绕叙问题隔空较劲》，《参考消息》，2015年10月7日第2版。

173.《跨越“修昔底德陷阱”习奥会给“地球村”一颗定心丸》，央广网，2015年9月26日。

174.《对伊拉克实行全面强制性制裁》，联合国新闻部：《联合国纪事》，1990年第4期（第7卷）。

175.《“宪章的绝招”》，联合国新闻部：《联合国纪事》，1990年第4期（第7卷）。

176.《安全理事会关于波斯湾地区危机的决议》，联合国新闻部：《联合国纪事》，1991年第1期（第8卷）。

177.《上海合作组织成员国外交部长联合声明》，新华网，2002年1月7日。

二、英文文献

1. A. J. P. Taylor, The Struggle for Mastery in Europe, 1618—1918, Oxford: Clarendon Press, 1954.

2. Alexander Wendt, "Constructing International Politics", International Security, Vol. 20, No. 1, 1995.

3. Andreas Hasenclever, Peter Mayer and Volker Rittberger, "Theories of International Regimes", London: Cambridge University Press, 1997.

4. Andreas Hasenclever, Peter Mayer and Volker Rittberger, "Theories of International Regimes", London: Cambridge University Press, 1997.

5. Bertrand de Jouvenel, "Authority: The Efficient Imperative", in Carl J. Fredrich, ed., Authority, Nomos I (Cambridge, Mass.: Harvard University

Press, 1958) .

6. Charles Lipson, "Standing Guard: Protecting Foreign Capital in the Nineteenth and Twentieth Centuries", Berkeley: University of California Press, 1985.

7. Christine Chinkin, "The State That Acts Alone: Bully, Good Samaritan of Iconoclast?" EJIL (2000), Vol. 11, No. 1.

8. Colin Powell, "Text: Powell Says Iraq's Non – compliance with UN Rulings Concerns All", 2002, http: // Canberra. usembassy. gov/hyper/2002/0905/epf402. htm.

9. David A. Baldwin, "Paradoxes of Power", New York: Basil Blackwell, 1989.

10. David E. Sanger, "Beating Them to the Prewar", The New York Times, September 28, 2002.

11. David Shambaugh, "China's Soft – Power Push", Foreign Affairs, July/August 2015.

12. Donald Puchala and Raymond Hopkins, "International Regimes: Lessons from Inductive Analysis", in Stephen D. Krasner ed., International Regimes, Reking University Press, 2005, p. 65.

13. E. Vattel, "The Law of Nations".

14. Geoffrey Symcox, ed al., "War, Diplomacy and Imperialism 1618 – 1763", New York: Walker, 1974.

15. Georg Schwarzenberger, "The Frontiers of International Law", London: Steven & Son, 1962.

16. "German Prosecutor Refuses Rumsfeld Probe", Washington Post, February 11, 2005.

17. Gerrit Gong, "The Standard of 'Civilisation' in International Society", Oxford: Clarendon, 1984.

18. Hans Morgenthau, "Politics Among Nations—A Struggle for Power and Peace", Knopf Publisher, 1978.

19. Hans Kelsen, "The General Theory of the Law and State", trans. by A. Wedberg, Harvard University Press, 1946.

20. Herbert Blumer, "The methodological position of symbolic interactionism", in Blumer, "Symbolic Interactionism: Perspective and Method", Englewood Cliffs, NJ: Prentice – Hall, 1969.

21. Hobbes, "Leviathan", London: Blackwell, 1946.

22. Ian Hurd, "Legitimacy and Authority in International Politics", in International Organization, 1999, Vol. 153, No. 12.

23. Jack S. Levy, " Declining Power and the Preventive Motivation for War", World Politics, Vol. 40, No. 1, 1987.

24. James G. March and Johan P. Olson, "Rediscovering Institutions: Organization Basis of Politics", New York: Free Press, 1989.

25. John Boli and George M. Thomas, eds. , "Constructing Word Culture: International Nongovernmental Organizations since 1875", Stanford: Stanford University Press, 1999.

26. John F. Murphy, "The United States and the Rule of Law in International Affairs", Cambridge University Press, 2004.

27. John Gerard Ruggie, "Continuity and transformation in the word polity: toward a neorealist synthesis", World Politics, 1983, Vol. 35, No. 2 (January).

28. Johan Rawls, "The Law of Peoples—with 'the Idea of Public Reason Revisited'", Cambridge, Mass, Harvard University Press, 1999.

29. John Tomlinson, "Cultural Imperialism: A Critical Introduction", London: Pinter Publishers, 1991.

30. John T. Rourke, "International Politics on the World Stage", Monterey: Cole Publishing Company, 1995.

31. J. Rothschild, "Political Legitimacy in Contemporary Europe", B. Benitch, Legitimacy of Regimes, Beverly Hill: Sage Publications Inc. , 1979.

32. Joseph S. Nye, Jr. , "Bound to Lead: The Changing Nature of American Power", New York: Basic Books, Inc. , Publishers, 1990.

33. Jenny Teichman, "Pacifism and the Just War", Oxford: Basil Blackwell, 1986.

34. John Ikenberry, “After Victory: Institutions, Strategic Restraint, and the Rebuilding of Order After Major War”, Princeton and Oxford: Princeton University Press, 2001.

35. John J. Mearsheimer, “Better to Be Godzilla than Bambi”, Foreign Policy, January/ February 2005.

36. Joseph S. Nye, Jr. , “Soft Power”, Foreign Policy, Fall 1990.

37. Joseph S. Nye, Jr. , “Soft Power: The Means to Success in World Politics”, New York: Public Affairs, 2004.

38. Joseph S. Nye, Jr. , “Think Again: Soft Power”, Foreign Policy, February, 2006.

39. Joseph S. Nye, Jr. , “The Power We must not Squander”, New York Times, Jan. 3, 2000.

40. Kalevi Holsti, “Peace and War: Armed Conflicts and International Order, 1648 - 1989”, New York: Cambridge University Press, 1991.

41. Kenneth N. Waltz, “Theory of International Politics”, Reading, Mass. : Addison - Wesley, 1979.

42. Klaus Schwabe, Woodrow Wilson, “Revolutionary Germany, and Peacemaking, 1918—1919”, Chapel Hill, N. C. : Univercity of North Carolina Press, 1985.

43. Krotochwil and Ruggie, “International Organization: A State of Art or an Art of State”, International Organization, Vol. 40, 1986.

44. Lapid, Yosef and Friedrich Kratochwil, eds. , “The Return of Culture and Identity in IR Theory”, Lynne Rienner Publishers, 1996.

45. Leo Gross, “The Peace of Westphalia, 1648—1948”, The American Journal of International Law, 1948.

46. Martha Finnemore, “National Interests in International Society”, Ithaca, N. Y. : Cornell University Press, 1996.

47. Martha Finnemore, “The Purpose of Intervention: Changing Beliefs about the Use of Force”, New York: Cornell University Press, 2003.

48. Mary Ellen O' Connell, “The UN, NATO, and International Law after

Kosovo", Human Rights Quarterly, Feb. 2000.

49. Max Weber, From Max Weber: "Essays in Sociology", H. Gerth and C. Wright Mills, eds. , London: Routledge, 1977.

50. Melvyn P. Leffler, "The Specter of Communism: The United States and the Origins of the Cold War, 1917 – 1953", New York: Hill and Wang, 1994.

51. Michael Gelven, "War and Existence", Philadelphia, PA: Pennsylvania State University Press, 1994.

52. Michael N. Barnett and Martha Finnemore, "The Power and Pathologies of International Organizations", Ithaca, N. Y. : Cornell University Press.

53. Paul W. Sehroeder and Robert Jervis, et al. , "Systems, Stability, and Statecraft: Essays on the International Histoy of Modern Europe", New York: Palgrave, 2004.

54. Paul W. Sehroeder, "World War Ⅰ as Galloping Gertie: A Reply to Joachim Remak", in Paul W. Sehroeder and Robert Jervis, et al. , "Systems, Stability, and Statecraft: Essays on the International Histoy of Modern Europe", New York: Palgrave, 2004.

55. Richard Ned Lebow, "The tragic vision of politics: Ethics, interest and orders", Cambridge: Cambridge University Press, 2003.

56. Richard Ned Lebow, "Why Nations Fight: Past and Future Motives for War", New York: Cambridge University Press, 2010.

57. Quincy Wright, "A Study of War", Chicago, 1942.

58. Robert Axelrod, "The Evolution of Cooperation", New York: Basic Books, 1984.

59. Robert Keohane, "After Hegemony: Cooperation and Discord in the Word Political Economy", Princeton: Princeton University Press, 1984.

60. Robert O. Keohane, Joseph S. Nye, Jr. , "Power and Interdependence in the Information Age", Foreign Affairs, Sep/Oct. 1998.

61. Robert Keohane, "International Institutions: Can Interdependency Work?" Foreign Policy, Spring 1998.

62. Robert Keohane, "International Institutions and State Power: Essays in

International Relations Theory", Boulder: Westview Press, 1989.

63. Robert Keohane and Lisa L. Martin, "The Promise of Institutionalist Theory ", International Security, Vol. 20, No. 1, Summer 1995.

64. Robert V. Morley and John P. Marwitt, "Ecology, Economy, and Warfare in Lowland South America", in Martin Nettleship et al. (eds.), "War: Its Causes and Correlates", The Hague: Mouton, 1975.

65. Stanley A. Renshon, et al., "Understanding the Bush Doctrine: Psychology and Strategy in an Age of Terrorism", New York: Routledge, 2007.

66. Stanley Hoffmann, "Janus and Minerva—Essays in Theory and Practice of International Politics", Westview Press, 1987.

67. Seymour Martin Lipset, "Political Man", London: Heinemann, 1969.

68. Stephen D. Krasner, "International Regimes", Ithaca: Cornell University Press, 1983.

69. S. Todd Lowry, "Bargain and contract theory in law and economics", Samuels, 1979.

70. The National Security Strategy of the United States of America (2002).

71. Torbjorn L. Knutsen, "The Rise and Fall of World Orders", Manchester: Manchester University Press, 1999.

72. UN (2003) Press Release SG/SM/8600, Secretary General Says United Nations Has Duty to Exhaust All Possibilities of Peaceful Settlement Before Resorting to Use of Force, http: // www. un. org.

三、网站资源

1. http: //www. un. org/zh/documents/udhr.

2. http: //www. unhchr. ch/html/menu3/b1p_genoci. htm.

3. http: //baike. baidu. com/view/51998. htm? fromtitle.

4. http: //baike. sogou. com/v220377. htm.

5. http: //www. un. org/en/sc/repertoire/studies/middle_east. shtml.

6. http: //mil. cnr. cn/jszl/201008/t20100802_506826537_1. html.

7. http：//www. china. com. cn/chinese/junshi/308293. htm.

8. http：//www. people. com. cn/GB/historic/0820/2731. html.

9. http：// Canberra. usembassy. gov/hyper/2002/0905/epf402. htm.

10. http：//zh. wikipedia. org.

11. http：//www. xinhuanet. com.

后　　记

本书是以我在上海交通大学博士学习期间完成的学位论文为基础，进一步深入研究形成的成果。

从 2011 年我带着研究的模糊设想入学开始，到完成论文写作与答辩，整整五年。从毕业后将论文暂时束之高阁，到接续思考、成书付梓，又整整五年。十年磨一剑，拙陋未敢示。可是，不管怎样，其中却浸溢着学习的艰辛、求索的心血和攀登的汗水。

当年，攻读博士对我而言，其实是跟自己“过不去”。是时，我已历经部队基层、机关多个岗位的磨练，对于适应眼前的教研需要而言，还是较有余地的。但遥想未来可能的更高层次的教研要求，同时也受惑于虽经十数年环境封闭、事务繁重窒役却仍“残喘复活”的梦想，试图做一次学习提升成为强烈的蠢蠢欲动。而这对于刚进入新工作环境，工作、生活以及家属工作、子女教育尚未完全安顿下来的我来说，显然是一次一波未平一波又起的“折腾”。然转念一想，人生年近不惑，求学季已难再；如能拨冗去惰静学，仰观宇宙变幻，俯察人类沧桑，学而济智，习而强能，研而益世，不亦快哉！

古人云：兵者，国之大事，虽忌以兵强天下，但不可不察也。在面临世界百年未有之大变局的今天，越是处于和平国度，越是民族走向伟大复兴，就越应不忘挑灯看剑，胸怀国世之大，注重研究军事、研究战争。正因为此，我将国际战争合法性作为博士阶段学习研究的重要课题。然而，国际战争合法性研究并非易事，因为它涉及哲学、政治学、国际关系学、国际关系史、战争学、战略学、战争史、军事思想史、社会学、法学、经济学等，众科交集，群知辐凑，唯须更精勤不息、辛劳不止。因为思维的生长，往往并非线性与显性，唯有获得精神营养寸积铢累的富足，才能惊现忽如一夜春风来的拔节和灌浆。在记忆中，三更灯火五更鸡，是作息常态；一步两个台阶上下楼梯，是节奏常态；举箸时仍沉于思考，地铁上犹手不释卷，是生活常态；宁肯和衣躺在办公室里由两个椅子临时拼就的"铺面"聊解午困，也不愿回寝而多费往返时间，是节时常态；远离繁华喧嚣、甘守一片宁静，是心境常态……多年的执著，感触最深、最能支撑自己的，是深埋于心的坚守："心中有梦不孤单"。有了梦想，努力就有方向；有了梦想，攻关就有力量；有了梦想，克难就不彷徨；有了梦想，孤独也觉温暖；有了梦想，纵然失败也会重燃希望。

但是，我的任何努力若有所成效，须臾离不开老师、领导、朋友和家人的无私关心与有力帮助。

首先，衷心感谢郭树勇教授！郭教授对本书的写作始终高度关注，予以悉心指导和不断鼓励。无论是论著的主题选择、提纲拟定，还是内容撰写、案例选用，乃至文献引录、遣词造句，都与我深入交流，及时跟进指教，纠偏导向，倾注了大量心血。特别是写作每每陷入困境之时，其平和而信任的鼓励，广博而独到的学术启发，给我平添了闯的信心、勇气和力量。

同时，要感谢求学时老师们的教诲！他们有的是声名远播的学界大师；有的是才华横溢的杰出专家；有的也仅是初出茅庐，背着双肩包挤地铁，为着生计发展焦灼，却又为学术燃烧热情的青涩年少，但都不单给我以有形的学术滋养、写作的建设性意见和独到指点，而且以严谨的治学为教之行，诠释着求真尚实的科学精神、厚德流光的人文情怀和敦品励学的育人理念，使我受益匪浅！

最后，要向我的家人表示感谢！家人的支持永远是我的力量源泉和坚强后盾。特别是我的爱人，她是一个外刚内柔、拥有美好内心、甘愿为爱奉献一切且懂得化繁为简的贤慧女人，其以成夫之学为美，足以比肩古之乐羊子妻。她为我和家庭付出很多，我一直亏欠她很多。为使我的研究更凝神聚思，她甚至甘当我的手和脚、眼与肩，以分担纷扰的琐事。她不断增添的根根白发和变得日益粗糙的双手，是她对家庭全力操劳、对女儿倾心养育、对我无微不至体贴照顾和始终如一支持策励的铭心见证。我还要感谢聪颖的女儿，她面带天真的笑靥，扎着妈妈给梳编的走路时轻轻甩动的羊角辫，她向小朋友炫耀自己有个博士爸爸时的稚真和自豪，她在我疲倦时用纤细柔巧的手指，在古筝上或掀起排山倒海的洪波涌起，或轻拨叮咚呢喃的《渔舟唱晚》，给了我无比的快乐、无穷的动力和无垠的遐想。我还要把深深的谢忱献给亲爱的母亲与父亲！就在我辗转于上海和北京边工作边写作期间，他们先后永远地离开了我们。子欲养而亲不待，学将成却与谁共悦？曾记得，母亲站在村口，目送我远去求学的背影；驻足门前，远眺我们过年回家匆忙而快乐的脚步；躺在病榻，目视我向她道别后默默地走出她的房门，而她已没有举首叮嘱的气力……曾记得，父亲因气管炎急性发作病危，我请假火速回家探侍，并将他送进 ICU 救治；幸得渐愈后，我们约定来年春天一定陪他去一直让他神往的北京，看看天安门，看看毛主席；可冬天，父亲又旧病复发，且不愿再"打扰"我的工作与学习，坚持不让告诉我，及至弥留之际，当哥哥再泣问要不要将我唤回，否则就来不及时，他仍艰难地摇头……一个孩子就是这样，也许能走遍天涯海角，却永远走不出父母慈祥的目光和爱的温暖与无边宽广！

给了我无私帮助、寄予我期望的人还有很多，恕我在此不能一一列述他们的名与事，但愿这本浅薄的作品能有丝许价值，以回馈大家给我的挚情厚爱！